孩子本無錯 父母逼太過

菁英培養、才藝投資、陪讀輔導，究竟是父母「想要」還是孩子「需要」？

孫桂菲，欣悅 —— 編著

家長是孩子賦予我們的稱謂，
也是社會賦予我們的稱謂——

從寶寶來到這世上的第一天起，
我們便開始為這新來的小生命付出關愛……
但是，「愛」的定義是什麼？

本書將帶你探討現代教育上的特點與偏差，
讓我們重新學起，從頭做起，與孩子同步成長！

目 錄

目錄

第四章　解決孩子的問題

第五章　教育：按規律辦事

第六章　教育孩子的藝術

第七章　孩子的智力

目錄

第八章　孩子的非認知能力（一）

第九章　孩子的非認知能力（二）

第十章　孩子的行為能力

第十一章　孩子的學習

目錄

第十二章　怎樣對待孩子

第十三章　走出教育的盲點

前言

從你的寶寶來到這個世界的第一天起，你——孩子的爸爸或媽媽——便開始為這個新來的生命而付出關愛。孩子是希望，是未來，是我們未盡事業的繼承者。身為孩子的家長，我們有義不容辭的責任，哺育和培養我們的下一代，引領他們走上健康成長之路。

家長：是孩子賦予我們的稱謂，也是社會賦予我們的稱謂。我們的任務就是要培養一個健康、智慧，有獨立個性、品行和人格的社會化的人。

前不久，據某教育科研機構調查發現，現在，全社會受教育程度普遍提高了，但是，絕大部分家長根本不懂得家教，70％的家庭教育存在盲點。由此可見，以科學的態度、正確的方法培養和教育子女確實是迫在眉睫的緊要課題。

怎樣培養和教育好孩子，既是一門科學，也是一門藝術。對於一個負責任的家長來說，從孩子誕生的那一天起，每一天都是新鮮的，值得學習和研究的。因為孩子成長的每一天所發生的故事，我們都未曾體驗過。所以，我們都必須重新學起，重新做起；做到在教育中學習，在學習中教育。

在本書中，將與你一起探討以下內容：

其一，也許你的許多精力要用在自己的事業上，但是，要培養和教育好孩子，必須要抽出時間來了解孩子各方面的情況。十年樹木，百年樹人，了解孩子是教育孩子的基礎。

其二，家長是孩子成長的一面鏡子。作為家長，要擺正的位置，只有不斷發現自己做家長的缺點和不足，不斷修正自己的過失和錯誤，不斷完善和提高自己。這樣的家長才是合格的家長。

其三，家長要為孩子的茁壯成長營造一個良好的環境，這個環境是

前言

一個綜合的系統，既包括物質的因素，也包括觀念因素，還包括方法的
因素。

其四，在孩子成長的過程中，不可避免會出現種種問題，作為家長，
是不是能順利加以解決，為孩子的成長掃清障礙呢？這裡面也有許多規律
和方法可循。

其五，望子成龍，望女成鳳，是許多家長的心願。但是，教育是有規
律可循的。我們不能違反規律給孩子給予太高的要求，而必須要認清規
律，掌握規律，並按規律辦事。

其六，孩子的行為能力等的培養和塑造，是教育孩子的重頭戲。家長
是孩子的第一任老師，孩子一天天長大，變得健全、成熟，是一個自然的
過程，也是一個需要家長持之以恆地關注，並輔以正確的方法進行教育、
引導的過程。

其七，孩子在學校的學習，在很大程度上是在老師的教導下進行的。
但是，家長也扮演舉足輕重的角色，家長怎樣做才能恰到好處呢？這裡面
也有許多規律和方法可循。

其八，孩子是上一代人生命的延續，沒有上一代人就沒有孩子，從這
個意義上講，孩子是依附於父母而存在的；但是，孩子同時又是一個獨立
的個體，他們有獨立於父母之外的對世界的認知、個人的思想和情感世
界。因此，在家長與孩子的關係上，便具有了上述兩個方面的色彩。家長
怎樣對待孩子，在家庭中給孩子怎樣的地位，在教育孩子時採用怎樣的方
法，這其中有許多值得深入了解的內容。

其九，現在，許多家庭在教育子女方面存在認知上和方法上的偏差，
家庭教育存在許多盲點。身為家長有必要對此進行自我反省，有則改之，
引以為戒。

第一章　走近孩子

第一章　走近孩子

我們的孩子需要什麼

孩子們有哪些需求呢？概括起來主要有：

愛的需求

到底什麼是愛呢？《聖經》說：愛是容忍、慈祥、不嫉妒、不誇張、不自大、不動怒、凡事包容、凡事相信、凡事盼望……心理學家認為，孩子最需要的愛就是無條件的愛。孩子最害怕的就是被遺棄與遺忘。對孩子來說，母親的愛是無條件的包容，這種無條件的愛會使人感受到很深的「安全感」。人一旦有了安全感，自信、穩定、自在的感覺就會油然產生，這樣，人才能勇敢地冒險，不怕艱苦。這種愛的需求是人類的最基本的需求。

被聆聽、被了解的需求

孩子在小時候，透過父母的擁抱、搖動等親暱舉動，很容易感受到被愛。但在長大的過程中，孩子開始有了自己的意見與看法、有了自己的朋友與世界、有了自己的喜好與語言。這時候噓寒問暖，也能使他們知道父母愛他們。但是能讓他們「體會」到父母無條件的愛，就需要聆聽他們，使他們感受到被了解、被接納。青少年尤其需要被聆聽、被了解，因為他們受到許多壓力，但卻無處表達、申述；另一方面，由於內分泌的影響，孩子的情緒相當不穩定，若父母能了解他們，一定對他們很有幫助。

獨立自主的需求

一個人的一生有兩個性格獨立發展期，一個是在 2 歲時，一個是在 12、13 歲時。這兩個時期的發展如果受到阻礙，則會影響到一生。當然這

兩個時期對父母、對子女都是最困難的時期，孩子要開始走出父母的安全保證，向外獨立去探索，絕不是一件容易的事。而父母開始感覺到孩子漸漸遠離自己，也會感到不適應。這個時候父母要有更大的耐心與雅量，要允許他們嘗試走出家庭與依賴的小世界，並能隨時給予他們關懷、支持與鼓勵。這個獨立自主的需求是非常重要的。如果一個孩子在這兩個階段沒有受到鼓勵與支持，他的自我感就會發生混淆、困擾甚至薄弱的現象。當他長大之後，就會有做決定的困難，很難信賴自己與別人，常常要依別人的意見看法來行事，自己很怕有獨立不同的看法。顯然，如果真是這樣，其內心的衝突會影響到他與外界的來往。

成就的需求

每個人都需要「成就」一些事情，自信心、自尊心才會由此建立起來。小孩子尤其需要被鼓勵與引導，自己獨立完成某些事情。這個成就的需求與獨立自主的需求有很大的相關性。在有關的心理學理論上，三歲到六歲這個階段是培養一個人成就、自信的關鍵時期。做父母的如何能滿足孩子的這個需求呢？其實也不難，就是要放手讓孩子們去做一些事情，不要因為怕他們會失敗而代替他們或給予太多的指導，「放心」是很重要的方法。

遊樂的需求

每個人都需要遊樂，聽音樂、玩遊戲、游泳、騎馬、聊天等，這些都沒有任何功利目的，只是輕鬆自在而已。現在的許多孩子彈琴、下棋、游泳等都成了功利性的目的，父母的「望子成龍，望女成鳳」的心理，嚴重阻礙了孩子們的心情放鬆和得到平衡的發展。一個再成功的人，如果沒有休閒的時間放鬆自己，活起來就像一盤失了味的菜，不只是生活沒有意義，心理也會

第一章　走近孩子

出如自私、沒有同情心、古板等傾向，甚至成為有暴力傾向的人。

身為父母，如果過分嚴厲或是追求完美，往往會忽略與阻礙孩子這方面的需求，是不利於孩子成長的。孩子的這幾個需求的界線不是分割得非常清楚，它們貫穿在孩子日常生活之中，是孩子成長的幾種重要「維他命」，缺一不可。

父母們要在「自我了解」、「自我同理」的情況下，時常進行自我反省，重新檢討自己的教養方式，也時常觀察自己的孩子，是否在他們的成長過程中提供給他們這些需求？我們了解、聆聽他們嗎？我們讓他們有獨立自主的機會嗎？我們有沒有注意到給他們遊戲、玩耍的時間？

▎了解孩子要從細微處開始

「三八」婦女節，老師為了教育孩子們關心父母，結合美術課，要求大家回家為媽媽縫一個椅墊。孩子們聽了都很積極。

有個孩子回家顧不上做作業，翻箱倒櫃找出針線等物，為媽媽縫了個椅墊。他想給媽媽一個驚喜，就把椅墊先藏起來，不讓媽媽看見。

媽媽下班回家，劈頭問道：「作業做完了嗎？」孩子回答說：「還沒有。」媽媽一聽就生氣了：「放學這麼久了，你都在做什麼？」孩子說：「媽媽，今天是三八婦女節，我為妳做了個禮物。」說著拿出了藏在門後邊的椅墊。他本以為媽媽會高興，沒想到的是，媽媽抓過椅墊，說：「你不做作業，弄這東西幹什麼？」一邊說一邊把孩子忙了半天做的椅墊拆毀了。

孩子當時的心境可想而知。他在一針一線縫椅墊的時候，一定想像著媽媽回家看到這份特殊的禮物時的歡欣。他萬萬沒想到媽媽會這樣。他大失所望，他對媽媽的愛，一下子轉為怨恨，恨媽媽不懂自己的心。

　　一件本來非常難得的好事就這樣變成了壞事。媽媽是望子成龍的，她恨不得孩子把所有的時間花在學業上，每科都考滿分，將來上好高中、好大學。她並不想傷害孩子，她深愛孩子，但是她卻不太懂得孩子的心，她的言行傷害、打擊了孩子。孩子送給她深深的愛，她回報給孩子的卻是冷漠和無情，孩子為此感到傷心、沮喪和怨恨，他會長時間不開心，就算做作業也沒有心思和積極性了。

　　教育專家認為教育要「抓住時機」。孩子為父母親手縫椅墊，這就是一個很好的教育時機，它的意義遠不止於孩子會勞作，其意義主要表現在人的情感上。如果是細心的和善於表達感情的媽媽遇到這種事情，肯定會以一種恰當的方式向孩子表示感激，並會真誠地欣賞孩子的「傑作」。

　　孩子的社會關係網路，也就是他與父母、親戚的關係和同伴關係，對他的心理正常發展關係很大。當他們經常能感覺到爸媽非常關心他、理解他、支持他，同伴也理解和支持他的時候，他就感到安心，面對困難就有勇氣去克服、面對壓力他就不會感到害怕和焦慮。但是像這個孩子的媽媽那樣行事，卻無法給孩子這種感覺。孩子會懷疑和不解：「我媽媽怎麼是這樣的人？」如果是心理脆弱的孩子，他會長時間感到憂鬱，會沉浸在一種壓抑的心境中，高興不起來。

　　當然，這個粗心媽媽的表現並不能代表大多數媽媽，大多數媽媽也不會像她那樣做。在現實中，我們做父母的，特別是年輕父母，應該懂得孩子的需求，應該高度重視孩子的情感、情緒發展。

　　專家們認為許多孩子一向不大管別人的情緒、情感怎樣，不論對方高興還是傷心，心裡感到壓抑還是輕鬆愉快，對他來說都不太重要，因為他不會被別人注意，或者不被認為是什麼大事情。形成這種自私、冷漠的性格，就在於父母在孩子很小時自覺或不自覺的被培養出來的。這種家庭

教育環境，就如同一個人到醫院去，說「我病了」。醫生會問：「感冒發燒？還是哪裡不舒服？」如果他說：「我心情不好，總是不高興。」，醫生可能會說：「你回家吧！我治不了。」他認為你沒有病。但是，如果在西方國家，醫生聽到你說這句話，他一定會非常重視，他會認真地建議你去找個諮商師看一看。因為在他們那裡，如果一個人情緒、情感上出了問題，同樣會被人們當成一個大問題。

了解孩子的心理特點

教育專家認為，教育孩子要先了解孩子的心理，尤其是當孩子產生叛逆心理時，更要因勢利導，不可蠻橫。

假如你想讓孩子學習繪畫，首先要看他是不是有這方面的興趣，再逐步了解這方面的知識，使其主動地去學習。千萬不要強加於他，又是叮嚀，又是催促，弄得孩子對這種學習成為負擔，產生了叛逆心理，也就失去了主動學習的興趣。

不少父母一提起教育孩子就頭疼，原因就在於他們把自己的思維方式強加在了孩子身上。他們忘記了孩子因年紀小，對許多事物還處在神祕、模糊的階段。就此行事，怎能不適得其反呢？

當你看到孩子用紙船在水盆中玩，不小心弄了一地水時，便不分青紅皂白把他的紙船毀掉了。然而，你可知道，在你眼裡的那是小小的紙船，但在孩子眼裡，就可能是一艘乘風破浪的巨輪！

當孩子與鄰居的孩子吵架時，你也許會強硬告訴他，下次不准和那個孩子玩。可是沒過多久，他們又玩得不分彼此，因為他們之間並沒有那麼複雜。

教育孩子首先必須了解孩子的心理和特點，絕不能把自己的意願強加

在孩子身上，否則，會事與願違，欲速則不達，甚至毀掉孩子。

孩子有孩子自己獨特的心理，他們渴望自己能被父母理解。然而在絕大多數父母的觀念中，兒童就是小孩子，是「尚未長成大人的人」，於是高高在上地看待孩子、了解孩子，因此很多時候無法真正進入孩子的心靈世界，甚至存在著與童心世界相隔甚遠的心理障礙，經常發生剝奪童心、童趣的事情。如，不許弄溼鞋襪、不許玩泥沙、不許上樹等，認為玩耍是浪費時光，強行安排孩子的課餘時間，如加做父母布置的作業、練書法、學彈琴等，根本沒有孩子自由支配的時間。

也許孩子的許多言行、舉止、樂趣和嗜好，在大人眼中是荒唐可笑的，是難以理解的，但是在孩子心中它們卻是美妙的，是他們的天堂和樂園。不管父母認可與否，遊戲是孩子抒發情感、認識世界的主導活動之一。

孩子透過自由遊戲獲得感性知識，接觸世界，觀察世界，開發了智力和創造力。在自由遊戲中，他們漸漸明白了人怎樣和自然界打交道，勞動怎樣改變世界，自己應怎樣接觸世界。不管是做什麼，如玩泥巴、挖沙了、繪畫、做玩具、扮家家酒、疊房子等，孩子的雙手靈巧性受到鍛鍊，四肢的運動促使了大腦最富創造性區域的開發。

如果認為孩子會越玩越野而橫加阻攔，試圖束縛其手腳，那麼會對孩子的心理造成傷害。正確的方式是，只有在孩子玩耍入迷或出格時，教育他們注意安全和衛生，誘導他們將興趣轉移到高雅、益智的遊戲上，而不應粗暴干涉、嚴厲訓斥甚至拳腳相向。

▌讓孩子敞開心扉

孩子喜歡與父母聊天，是對父母的信任，這很可貴。只要有可能，父母千萬不要打斷孩子的話，或者表示厭煩，因為這麼一來，孩子的自尊心

就會受到傷害。

也許孩子在校內外遇到不愉快的事情，一時又找不到可以信任的人訴說，只好獨自憋在肚子裡，待回到家再向父母傾訴。孩子這麼做，無非有兩個目的：一是孩子不滿的情緒在傾訴過程中獲得充分宣洩，從而使身心恢復到常態；二是孩子的一番傾訴是為了尋求解決問題的良策。對於前者，父母自然不必多話，只需坐下來傾聽即可。對於後者，父母就得認真思索一番，調動自己豐富的人生經驗累積去指導孩子如何解決問題。

有時，孩子可能在學習或其他校園活動中獲得了優秀的成績。這時，孩子向父母訴說的目的無非是想讓父母與他一同分享成功的喜悅。對於這類訴說，父母更應該認真對待，並且向孩子祝賀：昔日的汗水與努力沒有白流。可能的話，父母還可搞個家庭活動，以表示慶祝，與孩子一同分享成功的喜悅。

其實，家庭是孩子安全、可靠的港灣，孩子回到家中，有權利在這個港灣中獲得心理上的調整與生理上的恢復，以便更好投入到讀書與生活中去。由此可見，孩子在家庭中向父母敞開心扉，父母理應高興，並格外予以關注。

▍縮小與孩子的差距

心理學的研究表明，10 歲～ 20 歲為青春期。在這一時期裡，青少年的身心都會發生一系列巨大變化。從兒童期進入青春期階段最重要的心理現象是「自我意識」的強化，「自我意識」的發展，標誌著他們結束了童年，逐步產生了思考問題的濃厚興趣，熱衷於爭論和思想交流，甚至在探索真實的人生方面也表現出極其嚴肅的態度。他們急於獨立，渴望被大人尊重，更希望得到社會承認，卻屢屢慘遭失敗。因此，他們以苛刻的眼光

審視著父母與社會，在他們對大人的強烈的輕視感中，甚至帶有一定程度的仇恨。這種自主的青春期意識，使這一階段的家庭代際衝突猶如大海的波濤永無寧日。

也有的心理學家劃出了年齡段的特徵：10 歲之前是對父母的崇拜期，20 歲之前是對父母的輕視期，30 歲之前是對父母的理解期，40 歲之前是對父母的深愛期，但直到 50 歲才會真正了解自己的父母。因此，所謂代際衝突，主要指 10 ～ 20 歲的青少年與父母的衝突，是青春期現象，而國中生則是這種現象最具典型意義的群體。

說到青春期，有一個現象不容忽視，即由於父母的晚婚晚育，又由於當代青少年早熟，子女的青春期與父母的更年期重合在了一起。與子女青春期裡性能量高漲相反，更年期裡的母親性腺功能衰退乃至逐漸消失。有些母親平時就容易精神緊張或情緒波動，引起植物神經功能紊亂而產生一些症狀，如血壓不穩定，陣發性燥熱、頭痛、煩躁、失眠等更年期綜合症。父親的更年期雖然比母親遲 5 年左右，卻因工作勞累和家庭責任沉重，變得固執、火氣大、易激怒。

青春期與更年期都是人生重大轉折時期，子女與父母親均處於格外緊張的狀態，彼此的期望值驟然劇增，而心理承受力卻異常脆弱。他們都要求對方多體貼自己，寬容自己，任性又敏感多疑。在這樣的時期，一旦碰撞出火星，便極可能把兩代人一併燒傷。

一些父母認為，自己的孩子，自己生，自己養，每天生活在一起，還用了解嗎？其實不然。孩子身上尤其是心靈上每天都在悄悄地發生變化，如果不細心對待，父母並不能了解。這是父母與孩子之間天然的或後天的差距所造成的。

父母與孩子的心理差距首先是由心理發展不在一個水準引起的。由於

第一章　走近孩子

孩子的感覺、知覺、思維等尚未發展成熟，他們對外界的感覺與成人是不一樣的。

作為父母，你有時也許會發現，自己在孩子面前的權威性下降了，孩子人不大心不小，樣子還挺張狂。這是今天許多父母都碰到的難題。退回幾十年前，父母對孩子幾乎有絕對的權威性，他們喜歡說類似「我過的橋比你走的路都多」之類的話。可是在今天，你敢說比孩子知道得多嗎？資訊化社會動搖了長輩的權威地位，電腦時代是成人與孩子同步進入的，而孩子往往比大人掌握得更快，知道得更多，至少在這個領域，父母開始失去自己的權威。至於孩子的張狂，假如你的孩子正處在在 10 歲至 20 歲之間，這完全是正常現象。

孩子在 10 歲至 20 歲之間時，是與你衝突最為激烈的時期。從兒童期進入青春期的少年階段，最重要的心理現象是「自我意識」的強化，他們渴望獨立又屢屢失敗，常以苛刻甚至挑釁的目光審視父母和社會，這就是代際衝突。但是，代際衝突具有不可預期的正面意義，它是社會前進的基本形式之一。當然，父母的權威主要來自人格的魅力，而不僅僅是身分賦予。不過，如何對待新知識和新資訊，尤其是如何對待走向新世紀的下一代，往往成為兩代人能否和諧相處的關鍵。當你不接納下一代時，兩代人關係極容易雪上加霜；而當你接納下一代時，兩代人都會生機勃勃富有活力。

作為成熟的父母，應該是善於與孩子溝通的，即善於發現孩子在想什麼，在幹什麼。當孩子做出一些成人難以理解的事情時，父母不是當即質問或訓斥，而是平心靜氣地思考一下：孩子的行為是否有合理性？如果缺乏合理性又是為什麼？經過這樣的思考，父母則容易了解孩子，而了解孩子恰恰是教育的成功之道。

▋孩子應該有祕密

　　試想，哪個獨生子女的父母不擔心孩子出事？而且凡是出事往往與某個祕密有關。所以，絕大多數父母和教師都不希望孩子有祕密。

　　研究指出，近 30% 的孩子的日記和信件，被父母偷看過。有些父母甚至理直氣壯：「我們是你的爸爸媽媽，還是監護人，看看你的日記和信件算什麼？」可以說，父母們包括教師們大都希望孩子是「水晶人」，能讓人看得明明白白，不存在絲毫祕密。

　　早已具有權利意識的當代青少年，自然無法容忍父母對自己隱私的侵犯，他們用各種方式表示強烈的抗議，甚至說：「我知道爸爸媽媽很愛我，可他們愛的我想去死，因為我一點點自由都沒有了！」

　　矛盾如此尖銳，於是，一個值得討論的話題出現了：是否允許孩子擁有自己的祕密？有祕密對孩子成長有利還是有弊？

　　走向獨立是現代人的基本特徵之一，而擁有個人祕密並能恰當處置，則是走向獨立的要素。對個人來說，祕密往往與責任緊密相連，並且要獨立承擔責任。從這個意義上講，沒有祕密的「水晶人」是永遠長不大的，有遠見的父母與教師應該允許孩子有自己的祕密。

　　由於學生多是未成年人，獨立面對某些有危險性的祕密，可能會因經驗不足處置不當而發生麻煩甚至是災難。因此，要在孩子很小時，就要教育他，當意識到不安全的時候，當意識到自己難以面對複雜處境的時候，應及時向父母和教師求助。應該相信，父母與教師是最能夠給青少年切實幫助的人，而善於求助也是一個現代人的生存本領。

　　兩代人應該相互尊重各自的祕密，並將此視為尊重他人人格尊嚴的重要內容。尤其是父母要尊重孩子的權利，不偷看孩子的日記和信件，不偷

聽孩子的電話，不強迫孩子說出不想公開的祕密。當然，父母負有監護人的責任，但這監護是監督與保護之責，是以尊重為前提的。父母的魅力在於透過自己的教育影響，使孩子能夠獨立面對祕密並從容、恰當的處置。

　　如果做到了這三條，在孩子成長的道路上，祕密就成了催化劑。細想一下，誰成長的過程中沒有祕密的滋養呢？關鍵在於正確的導向罷了。

第二章　做一位合格的家長

▎父母要提高自身的素養

著名教育家蘇霍姆林斯基（Sukhomlinskii）指出：「有一種包羅萬象的最複雜和最高尚的工作，對所有人都是一樣的，而同時在每個家庭中又各自是獨特的，那就是對人的養育和造就。」他認為：「沒有研究過教育學基礎知識的青年公民不應該有成立家庭的權利。」

父母應成為孩子的榜樣。你想改變你的世界，首先就應該改變自己；你要塑造自己的孩子，首先要塑造好自己。

父母是孩子健康體魄的撫育者，優秀品格的薰陶者，聰穎智慧的開發者，美好心靈的塑造者。

家庭教育的品格，從根本上來說取決於父母的素養。在現代社會裡，做什麼工作都要培訓，都要經過考核或考試，甚至要有文憑和證書。唯獨做父母，不需要培訓和考試，只要有了孩子，自然就成為父母了。

但是，並不是有了孩子就能教育好孩子。英國著名社會學家史賓賽（Herbert Spencer）說過：「無論是從父母本身的幸福來看，或是從對子女和後代的性格和生活的影響看，我們都必須承認，懂得對兒童進行體育、智育、德育的正確方法是非常重要的知識，這應該是每個男女所受教育中的最後課題。」

父母是家庭教育的主要實施者，決定著孩子教育的目標、內容和方式。家庭對孩子教育的關鍵不在於花多少時間去「管」孩子，對孩子「管」多了，還是「管」少了，而是父母是不是用科學的方法去管孩子，即「管什麼」和「如何管」。

決定家庭教育水準的是父母的內在素養和教育方法。經調查父母的道德素養、文化素養和心理素養發現，一些家長的教育觀念還存在一定的偏

差。首先是普遍忽視品德發展、人格培養、實踐能力和社會責任感等社會性教育。調查統計表明，父母對孩子各方面發展的重視程度，把成績排第一位的占了 56%，而對道德品格、個性培養、社會交往能力排在前幾位的比例很低。一些中、小學教師反映：有意對孩子進行社會性教育的父母不到 1/3，尤其在責任心和自制力方面僅占不到 10%。教育方法上也存在問題，對待孩子的錯誤，仍有 30%的父母採取指責、打罵、挖苦或無所謂的態度。

父母的心理健康和孩子的心理健康相關的程度很高，然而當代父母的心理素養不容樂觀。不少父母在激烈變化的社會現實中，無法面對自己的心理和行為做出調節，常常將壞情緒轉換成各種非理智行為，或往孩子身上宣洩，或懶得與孩子溝通，或轉化成對孩子不切實際的高標準嚴要求。調查數字表明，多數父母很少與孩子溝通，與孩子溝通能保證 1 小時左右的占 19%，不一定和沒時間的占 65%；在和別家孩子對比時，不如意、自卑或嫉妒的占 64%。

還有一個重要的問題，就是父母自身的文化知識水準影響到家庭對子女的知識和能力的傳遞。這種傳遞對於孩子將來的成才，可能無法發揮決定性的作用，但其影響卻是十分重大的。

家庭中老一輩人向年輕一代人進行知識和能力的傳遞，有的是透過子承父業的方式進行的。如：1908 年諾貝爾醫學獎獲得者保羅·埃爾利希（Paul Ehrlich），他的父親就是一個著名的醫生。父親在醫學方面的科研激起了他極大的興趣，他還經常幫助父親做實驗，最終，他發明了「六〇六」藥劑，被人們尊為「血液學和免疫血液學之父」。科學上的重大突破往往並不是一代人的研究所能完成的，子承父業，實際上是一種知識的接力。1903 年諾貝爾物理學獎獲得者亨利·貝克勒爾（Henri Becquerel）正是

出生於一個物理學世家中。他的祖父是一位電學專家，曾發現了晶體壓縮生電現象和抗磁性物質。父親也是一位電學專家，開拓了對磷光物質和非極化電池的研究。到了亨利・貝克勒爾這一代，正是由於祖父和父親打下的基礎，透過繼續努力，他終於揭開了放射性的奧祕。

但是，更多的諾貝爾獎的獲得者卻不是以子承父業的方式進行知識的傳遞。提出電子原子碰撞定律的赫茲（Heinrich Hertz），他的父親是有名的法學家。發現 X 射線的康普頓（Arthur Holly Compton），他父親是一位哲學家。諾貝爾獎獲得者湯姆森，培養了 9 位諾貝爾獎獲得者（包括他的兒子），而他的父親是一位農牧業改革家。雖然父母親與子女工作和研究的領域不同，但仍然有著知識和能力的傳遞。

首先，有學識有教養的父母，一般總是在知識和教養上對子女有嚴格的要求。再說，知識是相通的，知識可以遷移，知識可以轉化，父母在某些方面的特長，可以遷移為子女其他方面的特長。另外，具有高度文化水準的家庭的知識優勢，不僅表現在父母身上，還表現在知識的廣泛的社會連繫上，他們在與朋友交往時，所研究的課題和知識的資訊都會影響孩子。

因此，子女的成才，需要有一個知識的溫床，父母的知識優勢，為子女贏得優勢的知識創造了良好的條件。

做一位有威信的父母

父母如何在孩子面前樹立起自己的威信？往往做父母的都想在孩子面前樹立起威信，有些父母期望用金錢或棍棒來建立自己的威信。這方面的盲點不少，概括起來有以下幾種：

✧ **靠壓制建立威信**：這種父母把威信與威嚴相混，常常用打罵和訓斥來建立權威。

✧ **靠嬌寵建立威信**：這種父母對晚輩百依百順，要什麼給什麼，想以此讓晚輩聽話。

✧ **靠收買建立威信**：父母經常給孩子許諾，用各種禮品、金錢收買孩子，想使孩子服從自己。這種情況在一些父母從小不與孩子生活在一起的家庭中比較突出，由於子女多年不在身邊，感情比較淡漠，於是，父母就用物質手段來滿足孩子，用意是為聯絡孩子的感情。實際上，這樣做並不會有好的效果，甚至會害了孩子。

✧ **靠說教建立威信**：父母對孩子居高臨下，經常責備和威嚇孩子，以顯示自己的地位。這種情況在一些父母作風明顯的家庭表現比較突出。他們對孩子的教育不知如何去引導，而只是一味批評壓制，嚴肅有餘，活潑不夠，不僅抹煞了孩子的天性，也使孩子唯唯諾諾，只看父母的臉色行事，不會去辨別是非。

✧ **靠吹牛建立威信**：父母總是向孩子講當年如何過五關斬六將，成就如何顯赫，想以此獲得孩子的尊敬。這種情況，在孩子年幼時，尚能管用，孩子長大後，慢慢就會產生厭煩情緒，甚至會瞧不起父母，因為孩子佩服的是父母的為人和事業，而不是父母的吹牛自擂。瑪里‧居禮（Marie Curie）把自己所取得的成就十分淡化，把獎章給女兒當做玩具玩，從來不對女兒說自己的工作有多麼偉大，然而她贏得了女兒的尊敬和崇拜。

蘇聯著名教育家馬卡連柯（Makarenko）指出過，在晚輩中特意樹立的權威是不可能存在的，這種人為的權威永遠是徒勞無益的。

第二章　做一位合格的家長

　　每位父母都希望在孩子心目中有威信，希望孩子尊重自己，怎樣才能成為有威信的父母呢？父母需要能做到以下幾點：

◇　**愛**：每個孩子都需要愛，許多孩子對愛的需要遠勝過一兩件玩具禮物。但父母如何表達自己的愛呢？輕拍孩子的肩，臨睡前給孩子一個吻；與孩子道別時跟他揮揮手；在孩子回家時給他一個問候。這些都是在向孩子表達「我愛你」。同時，也讓孩子傳遞這種愛，讓他們愛父母，愛他人，把愛具體化。

◇　**道德規範**：在孩子健康成長的道路上，需要你提供一些做人處世的規矩，以便讓他懂得凡事不能為所欲為，以及自我約束的重要性。父母應該做遵守道德規範的表率，並把遵守道德規範的行為傳遞給孩子，共同遵守，養成習慣後做到自覺遵守。

◇　**以身作則**：你傳遞給孩子最重要的資訊往往不是用語言方式來達到的。在孩子的整個成長期，他都會模仿父母的行為，並以此為楷模。因而身為父母的要時時提醒自己，孩子正在觀察自己。孩子只要感興趣的事情，便會像「錄影機」那樣，將其他人的一言一行完全複製下來，存檔處理，並在適當時機表達出來。在這段時期，孩子相處最多、接受最多資訊的是來自於父母的言行。因此，父母必須十分注意自己的一舉一動，要想為你的孩子樹立一個好的榜樣，父母必須做到以身作則。

◇　**自尊**：兒童的自尊是透過父母對他的尊重培養出來的。體罰是對孩子的一種不尊重，冷嘲熱諷或試圖改變他的個性也是對孩子的不尊重。尊重孩子，就必須將孩子視為獨立人格的人，允許他發展自己的愛好和追求。即使孩子的發展與父母為他設計的目標並不一樣，或者他的

有些表現父母很難理解，但也應該尊重他的個性。關心孩子，並不是什麼都替他做主，應鼓勵他獨立思考並勇於探索，讓他知道父母隨時都在關注著他。

✧ **良好的習慣**：儘早開始培養孩子良好的健康習慣。要做到這一點，父母的行為是很重要的。父母堅持刷牙、健身或注重飲食健康，都是在給孩子無意中灌輸一種觀念，要照料好自己的身體。

✧ **多跟孩子在一起**：即使生活再忙再累，父母也要讓孩子知道他在你心目中始終是第一位的，盡量在用餐、週末和節假日與孩子在一起。

✧ **學習動力**：所有那些愛學習的父母都在無形中為孩子樹立了一個榜樣，但也應該注意不要揠苗助長，超過了孩子的承受能力。對孩子來說，壓力過大會影響他們學習的內在動力。

✧ **幽默感**：與孩子一起歡笑，讓他能看到事物還有輕鬆和愉快的一面。不要總是對孩子一本正經，笑聲能讓我們更加熱愛生活。

✧ **夥伴關係**：從孩子兩歲開始，就需要同齡玩伴，透過與自己年齡相仿或略大的孩子玩耍。孩子在和夥伴的玩耍間能學會妥協、同情和合作，還會發展出一些新的技巧、興趣、責任心等等。不要限制孩子與同齡人的接觸，父母所要做的是適時地給他們一些指導。

▎當心！孩子可能反感你

嚴於律己，寬以待人是傳統美德。但現在的許多父母恰恰是反其道而行之：嚴於教子而寬於律己。他們把自己所有的希望與夢想都轉嫁到孩子幼弱的肩膀上，指望孩子考高分，上名校，出國留學，還要學會一大堆的特長；而自己卻以年齡大了（其實並不算大）等種種理由放鬆對自己的要求，不讀書，不看報，不熱心工作，不鑽研業務，馬馬虎虎，不思進取。

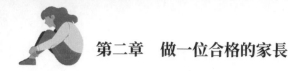

　　這就出現了一個最原始的問題：你給孩子樹立了一個什麼榜樣？你有什麼理由要求孩子這樣那樣做？

　　金無足赤，人無完人。成人們可以堂堂正正地用這個道理來解釋甚至開脫自己的過失，可有時在對待孩子時就換了另一個標準。孩子稍有過失，或考分名次稍有下降，便斥責打罵，甚至用棍棒來懲罰孩子的過失。

▌竇燕山痛改前非

　　《三字經》說：「竇燕山，有義方。教五子，名俱揚。」這是對竇燕山教育子女經驗的總結。竇燕山，原名竇禹鈞，五代後晉時期人，他的老家是薊州漁陽，也就是今天天津的薊縣。過去，漁陽屬古代的燕國，地處燕山一帶，因此，後人稱竇禹鈞為竇燕山。

　　竇燕山出身於富裕的家庭，是當地有名的富戶。據說：竇燕山為人不好，以勢壓貧，有貧苦人家借他家糧食時，他是小斗出，大斗進，小秤出，大秤進，明瞞暗騙，昧心行事。由於他做事缺德，所以到了 30 歲，還沒有子女。竇燕山也為此著急，一天晚上做夢，他死去的父親對他說：「你心術不好，心德不端，惡名張注天曹，如不痛改前非，重新做人，不僅一輩子沒有兒子，也會短命。你要趕快改過從善，大積陰德，只有這樣，才能挽回天意，改過呈樣。」

　　從此，竇燕山暗下決心，痛改前非，再也不做缺德的事。一天，他在客店中撿到一袋銀子。為找到失主，他在客店裡整整等了一天。失主回到客店尋找，他原封不動地將一袋銀子歸還給失主。竇燕山還在家裡辦起了私塾，邀請名師教課。有的人家，因為沒有錢送孩子到私塾讀書，他就主動把孩子接來，免收學費。總之，自那以後，竇燕山就像是換了一個人似的，周濟貧寒，克己利人，廣行方便，大積陰德，廣泛受到人們的稱讚。

後來他的妻子連續生下了五個兒子。他把全部精力用在培養教育兒子身上，不僅時刻注意他們的身體，還注重他們的學習和品德修養。在他的培養教育下，五個兒子都成為有用之才，先後登科及第：長子中進士，授翰林學士，曾任禮部尚書；次子中進士，授翰林學士，曾任禮部侍郎；三子曾任補缺；四子中進士，授翰林學士，曾任諫議大夫；五子曾任起居郎。當時人們稱竇氏五龍。

當時有一位叫馮道的侍郎曾賦詩一首說：「燕山竇十郎，教子有義方。靈椿一株老，丹桂五枝芳。」這裡所說的「丹桂五枝芳」，就是對竇燕山「五子登科」的評價和頌揚。

為什麼老師的愛更勝一籌

愛學生是老師的天職，愛孩子是母親的天性，這兩種愛究竟哪裡不一樣呢？

在學校，孩子是團體的一分子，老師把愛付給每一個孩子；在家裡，孩子則享盡獨生子女的「特權」，媽媽把所有的愛給了自己的寶貝。

在學校，老師對孩子的要求堅持一貫性、一致性和靈活性；在家裡，對孩子的要求則根據孩子心情的變化而變化，媽媽會遷就自己的寶貝，處處讓著他。

當孩子不吃飯時，老師會鼓勵他獨自進餐，會分析不吃飯的害處給他聽，必要時，則讓孩子少吃（如生病時），因為老師明白孩子餓時自然會吃。而媽媽則一邊餵，一邊哄，有時為餵一口飯會跟著孩子後面跑，或者恐嚇、命令、強迫孩子吃，生怕餓著孩子。一頓飯下來，孩子哭哭啼啼，媽媽急火攻心。

有好吃、好玩的東西時，老師要求大家共同分享，而媽媽則恨不能把

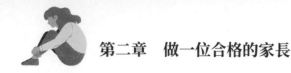

所有的好東西都讓自己的孩子獨享。

當孩子能做的事情不做時，老師會編個故事讓孩子明白道理，自己動手，而不是幫忙代替。孩子一時想不通時，則暫時把事情放在一邊，等孩子想通後再做。媽媽則常常包辦代替，一則怕孩子累著，二則嫌孩子手腳慢，不如自己動手來得爽快。

當孩子摔倒時，老師會鼓勵孩子自己爬起來，安慰孩子的同時，和孩子一起分析摔倒的原因，讓孩子從中取得經驗教訓，避免類似事情的再次發生。媽媽則會立刻奔過去扶起來，一邊哄孩子，一邊責怪讓孩子摔倒的東西。

面對孩子無理取鬧時，老師會跟他講道理，讓孩子明白無理取鬧不能解決問題。媽媽則會又哄又騙，或滿足孩子無理要求，或打罵一通強迫孩子停止哭鬧。

你不覺得老師的愛更深沉、更博大麼？如果你希望自己的孩子獨立性強，就請不要溺愛孩子，放手讓孩子自己去做，並讓孩子明白那樣做的道理。

學習型家庭

21 世紀的社會將是全球一體化的時代，資訊技術的時代，知識經濟的時代，可持續發展的時代，更是一個終身學習的時代。人類文明已發展到了一個新的轉捩點，教育從來沒有像今天這樣成為關係人類生存命運的重要前提，學習也從來沒有像現在這樣成為一個人最基本的生存能力，學習功能在諸多家庭功能中，從來沒有像今天這樣引起人們關注。

可以說：家庭也是重要的學習環境，也是幫助其成員終身學習的首要機構，學習型家庭已成為 21 世紀家庭的主要特徵與形態。因為學習已成

為每個人乃至整個社會開啟富裕之門的鑰匙，學習終將成為每個人一種回報無限的投資。

「學習型家庭」的概念，出自於「學習型組織」的理念，從學習化社會、學習化城市、學習化社區、乃至學習型家庭，是學習型組織中的最基本單位。作為學習型組織中最小的一個細胞，仍具備以下基本特徵：

✧ 每個家庭成員都能確立終身學習的理念，並具有自主的學習的動機。在個人生涯與家庭生命週期的每個階段，使學習成為人生永恆的主題，使學習成為生活中不可缺少的一個組成部分，每個人只有透過學習才能真正獲得生存與發展的空間。

✧ 學習型家庭必須建立在平等、民主、相互尊重的人際關係基礎之上。不管是夫妻之間還是親子之間，在個人發展、家庭發展，還是生活學習上都能相互關心、相互支援，以此來實現家庭情感互動功能，營造家庭溫馨學習的氣氛，建立互動式的共同成長的學習模式。

✧ 建立暢通無阻的溝通管道。溝通是家庭成員之間相互理解的前提。如果父母能彎下身體與孩子平等對話，子女對長輩能尊重體諒，代溝就可以跨越，兩代人的心靈上就可以產生雙向互動，而學習與分享就是這種家庭成員之間雙向溝通的重要管道。

✧ 共同分享的觀念。這既是一種家庭成員之間共同分享的觀念，又是小家庭與大社會共同分享的觀念。在家庭內部，夫妻之間、母女之間、父子之間、婆媳之間、前輩與晚輩之間都是一個共生體，相互依存，共同發展，既各自承擔家庭義務和責任，又共同分享成果和利益。家庭作為社會的細胞，既承擔社會義務，又分享社會的權益。

✧ 發展創新的精神。家庭的可持續發展離不開創新，學習的目的是為了創新。為了創新必須營造家庭民主的有利於創新的氛圍，平等地討論

各種問題，尊重孩子不同的見解，父母不搞一言堂，不居高臨下，允許孩子與自己討論問題，父母首先應具有創新意識，不斷開拓知識面，對新生事物有一種敏感性和正面進取精神。

✧ 具有理智化解家庭矛盾的能力。在家庭生命的不同週期出現各種矛盾是不可避免的。學習型家庭透過學習能妥善理智地處理化解矛盾，使家庭永遠充滿歡樂和笑聲，使家庭成員永遠樂觀向上。

✧ 學習型家庭不僅重視知識的價值，更需要了解智慧的本質，重視智慧的學習。在書本中學習固然重要，在生活中、在實踐中、在社會中、在大自然中的學習，更有助於使家庭每個成員成為充滿智慧的現代人，不僅具備適應社會的能力，而且具有解決問題的能力，絕對不是只有死記硬背的書呆子。

✧ 不斷增加家庭投入，其中包括時間投入和必要的家庭學習硬體的物質投入。這種投入是建立在家庭物質生活逐步改善的基礎上，這種投入是建立在每個家庭合理科學配置休閒時間的基礎上，使家庭學習的硬體和軟體同步發展，使家庭的學習與學習的家庭完美統一。

按照過去的觀念，人的一生被清晰地劃分為學習與工作兩個階段。先是上學讀書，然後工作，在工作中運用你所學到的知識與技能。在這種觀念支配下，在家庭中，父母的主要任務是工作、賺錢，孩子成了學習的主體。在新經濟時代，知識以前所未有的速度進行更新，學校裡所學到的知識很快老化，我們只有終其一生地對自己知識進行更新，才能趕上知識變化的步伐。按照現代的觀念，作為孩子的父母‧‧，為了自身的生存和發展，為了更好適應社會，為了提高生活的品格，都必須學習，工作和學習必然「合二為一」，生存和學習將成為每個父母的生命的兩大主題。

在學習型家庭，父母應成為家庭中學習的主體，不僅要帶頭學習，為

孩子作學習的表率，而且和孩子一起學習，相互學習。特別在網路時代，父母與孩子都處於同一起跑線，父母已失去了「知識權威」的優勢，如果不繼續學習，無法承擔「教育者」的角色。與之相反，應放下父母的架子，老老實實向自己教育對象學習，向孩子學習，與孩子共同成長。

學習型家庭不可能只有一個統一的模式，也不可能只學習同一內容。由於不同的家庭人員結構，家庭人員的不同文化層次，父母的不同職業，家庭成員的不同的興趣愛好，面臨不同的需求，因而學習的內容也各不相同。

作為學習型家庭的目標，提高家庭成員的自身素養，適應社會發展，扮演好不同的社會角色，學習各類知識不僅是社會對每個社會成員的需求，更是每個家庭成員自我完善、不斷提高生活品格的需要，從文化教育到科技新知，從藝術素養到衛生保健，從體育休閒到法律常識，從環境保護到投資理財，從公益服務到道德規範……

當從縱向分析，在每個家庭不同生命週期，不管是家庭創始期、生兒育女期、子女進學校期，還是家庭有青少年期、兒女長大離家期、空巢期、退休期……不同階段家庭成員對學習內容的需求是不盡一樣的。

另外從橫向分析，家庭中每個成員，有的正處在求學階段，有的處在工作階段，有的處在退休養老階段，各人追求的目標是不一樣的，因此，學習的內容也不應追求統一。但不管學什麼，大家都懷著一個共同的目標：開發自身潛能，實現自身價值，拓展生活領域，促進生活美滿，實現人生理想。

當今的社會是開放的社會，地球似乎正在變小，而變成一個地球村，我們都是其中的村民。因此，今天的學習型的家庭從本質上說已不是傳統意義上的「書香門第」，其根本區別在於「學習型的家庭」的學習方式是

開放式的，而不是「閉門唯讀聖賢書」。

　　從學習型家庭的學習目標分析：學習不僅為了獲得知識，更重要的是提升自己的智慧，具備適應社會的能力。所以學習的途徑除了在書本中學習之外，還可以在社會中、在大自然中、在現代科技中、在生活實踐中、在人際交往互動中學習，這是一種開放式的學習。

　　隨著國際互聯網的發展，今天的學習可以不受國家地域的限制，我們可以自由地在地球的每個角落自由點擊，獲取資訊，增長知識。

　　當今的家庭生活正出現這麼兩個特點，每天的生活節奏變得越來越快，社會競爭愈來愈劇烈，但每年、每月的休閒時間總是愈來愈多，如何合理分配，充分利用休閒時間，成了創建學習型家庭的重要一環。

　　如果我們把一天 24 小時劃分三塊：工作上班時間、睡眠時間、可支配的休閒時間。如何提高休閒時間的學習含量，將成為創建學習型家庭的關鍵所在，在工作忙、時間少的前提下，更需要擠出時間來學習。這種學習時間大致又可分為兩大類：第一類為個人進修學習時間，第二類為全家分享時間，其中包括共同討論家庭事務時間，全家共同閱讀時間，全家相互談心溝通時間。這三種時間是屬於家庭成員共同時間，需要家庭中每個成員共同來創造。

　　學習大致有三種形式：第一是個人書本式學習，主要表現形式為個人獨自看書讀報等；第二種是團體式學習，主要表現為參加進修讀書班、研討會等；第三種是生活式學習，主要表現形式如社會生活中人際間互動和自然環境中的旅遊觀賞等。學習型家庭的學習方式既有個人書本式學習，又有團體式學習，也有大量的是生活式學習。

　　當然，家庭學習方式隨著每個家庭生活方式的變化，其學習的方式也在不斷變化。同樣分享學習，有的家庭利用晚餐時間，全家一邊吃飯，一

邊交流資訊，共用心靈感受；有的家庭飯後散步，一邊觀賞路邊一花一木，一邊交換思想心得，共同描繪心靈藍圖。

◇ **學會求知**：是指人們對主客觀世界及其變化規律的認識和把握。在科技迅猛發展，知識頻繁更新的今天，是否會求知，是否會獲得知識，能否對人類創造的知識財富掌握得快些多些，能否向前景輝煌的求知領域挑戰，變「不知」為「知之」，變「知之不多」為「知之甚多」已成為決定人生價值大小的關鍵所在，也成為父母能否成為稱職父母的重要標準。

◇ **學會做事**：掌握了知識，如果不在實踐中得到運用，那麼再多的知識也無助於改變個人的命運。學會做事，關鍵在於個人的能力，其中包括：交往能力，與他人共處的能力，管理和解決問題的能力和創新能力等。對父母來說，教育孩子是一種能力，家政管理也是一種能力，在實踐和體驗中，家庭中的每個成員都應不斷提高自身能力，進而出色地擔當各自的社會角色。

◇ **學會共處**：人生來帶有「以我為中心」的傾向，但事實上離開他人，任何人都無法生存。人類社會既是一個競爭的社會，更是一個合作的社會，沒有合作，將一事無成。夫妻之間、親子之間、婆媳之間、家庭人員之間、鄰居之間，不搞獨霸、獨占，不以我為中心，人與人之間學會溝通、合作，只有學會共生、共處、寬容、分享，才能改善我們的生存環境，調節人際關係，提高生活的品格。所謂共處，既是觀念問題，又是方法和技巧，不管是做事還是生存，都離不開共處。

◇ **學會生存**：人的一生是一個自我完善、自我發展的過程，這是一個無止境的學習過程。人和其他生物的不同點，主要就是由於他的未完成性。事實上他必須從他的生存環境中不斷學習那些自然和本能沒有賦

予他的生存技術，為了求生存和求發展，不得不繼續學習，去尋找學習目標和學習內容，不斷完善自我，達到自我實現。

學習型家庭是現代社會的產物，學習型家庭的學習是以提高生活品格為出發點和歸宿。透過學習，開發了自身的潛能，實現了人生的價值，在這同時還獲得了個體生存與發展的自由，相應地，也必須承擔起對家庭、對鄰里、對社區、對國家的責任和義務。

第三章　讓孩子茁壯成長

孩子的營養普遍缺什麼

現代人營養素的缺乏有個明顯的特點，就是輕中度的營養不足，即沒有表現出明顯的缺乏症狀，但身體內的營養素已不足以滿足正常生理功能的需要。這種不足往往容易被人們視而不見。目前兒童最容易發生的營養不足或缺乏，最為突出的是下面幾個方面：

❖ **鐵的不足或缺乏**：現在大多數鐵缺乏的兒童，其症狀不是表現為臉色發青，而是驗血的時候發現血紅素低。缺鐵可影響兒童智力發育，孩子往往注意力不集中，記憶力降低，學習努力但成績不好。不明原因的父母只怪孩子不用功、不爭氣，卻不知道應該怪自己不懂科學。如果說補，這一類孩子要補充的應該是鐵質，特別是容易被身體吸收的鐵。

❖ **鈣的不足**：多年來的營養調查反映，人們膳食中的鈣質攝入量明顯低於推薦攝入量。兒童每天需要約 800 ～ 1000 毫克鈣，其中從食物中攝入的總鈣量只有 400 ～ 500 毫克。專家主張給孩子喝奶以補充一部分鈣質，但是喝一杯奶也只能攝取約 200 毫克鈣，因此仍要透過其他途徑補充 200 ～ 300 毫克鈣質，以促進孩子的全面發育，包括身高的發育。

❖ **維生素的不足**：在我們目前的膳食中，最容易在烹調、加工過程中丟失的物質是維生素，速食中的維生素就更少得可憐。一些孩子容易疲乏，懶於活動，相當一部分原因是由於身體內某些維生素不足造成的。研究顯示，學齡前兒童和中小學生維生素 B1 的攝入量只占推薦攝人量的 60% 左右，農村情況更差，這些都是不容忽視的問題。

促進孩子的腦發育

如果說人類與其他高等動物有什麼根本不同，那就是人類嬰兒在出生時，身體的所有器官中，腦在大小容量上最接近於成人，在成年之前，腦的發育也是最快的。

具體來說，新生兒出生時的腦重相當於成人腦重的 30%，兩歲時達到成人腦重的 70%。在二到六歲期間，兒童的腦重從成人的 70% 達到成人的 90%。到 20 歲左右，腦重量才完全達到成人的水準。

腦的重量為什麼會增加？是因為腦細胞增多了嗎？不是。因為腦細胞的數量在孕期 20 周左右就達到了人生的最高峰。此後，腦細胞數量不會增多，只會減少。那麼，腦重的增加靠什麼？是靠大腦神經纖維和神經膠質細胞的增多，靠大腦神經纖維的髓鞘質化和神經元突觸數量的增加。大約一半的腦容量是由神經膠質細胞占有的，它們不負載資訊，但它們負責髓鞘質化，也就是在神經纖維表面覆蓋一層髓鞘質，其功能是使資訊傳遞更有效。從懷孕第四個月到兩歲，神經膠質細胞迅速增多。

大腦是智慧的物質基礎，要想讓孩子更聰明，就必須給孩子的腦發育創造好條件，也就是說，父母一定要保證使孩子的腦重以正常的速度增長。保證腦重增長的因素主要有兩個方面，一是營養，二是環境。在營養方面，足夠的蛋白質、維生素、礦物質和熱能是非常重要的，對此，父母們比較容易做到。關鍵是在環境方面，所謂環境，就是給孩子提供具有豐富的心理刺激、有助於孩子心理發展的環境。這方面，很多父母不是很懂，也不知道怎樣做最好。

零至六歲兒童的心理發展，主要指的是在動作技能、身體協調性、感知、注意、記憶、語言、思維和想像力等方面的發展。有一點需要指出，

神經心理學家發現，對右利手的兒童來說，三到六歲會出現左半球的急劇發展，右半球在八到十歲才出現加速度發展。在左右半球的分工上，左半球主要掌管語言能力和形象思維（說話、讀寫、畫畫、以具體實物支援的思維等），而右半球掌管空間能力和抽象思維（判斷距離，看地圖，辨認幾何圖形、離開具體實物的思維等）。對左利手的人，上述機能正好相反。

心理學有一個術語，叫做敏感期。所謂敏感期，就是個體的某種心理機能在某個時期突然快速發展，如果錯過了這個時期，比如由於環境剝奪等原因妨礙了該機能的正常發展，以後這種機能就很難彌補。

那麼，大腦的發育有加速度和敏感期嗎？回答是肯定的。例如，患斜視症的兒童，如果早期沒有進行外科手術治療，其深度知覺將會受到永久性損害，因為深度知覺依靠融合而成的雙眼視覺圖像。

對人類腦電波活動的研究發現，從嬰兒期到成年期，腦發育間隔地出現若干個速度加快時期。以掌管人思維活動的最重要部位 —— 額葉為例，它的加速發展有這樣幾個時期：三至四個月嬰兒主動夠東西時；八個月左右嬰兒會爬、會尋找隱藏的東西時；12 個月左右嬰兒會走並能做出更難的尋物行為時；一歲半到二歲，語言逐漸豐富的時候；12 歲、15 歲、18 ～ 20 歲，抽象思維獲得發展的時候。

在世界各地，做父母的都希望自己的孩子能變得更聰明些。以兒童心理學研究最發達的美國為例，由於美國心理學者的研究發現，尚不會說話的嬰兒就會做很多事情，所以一些人出於商業目的，到處成立所謂「早期學習中心」，讓嬰兒學習字母和數字，使嬰兒能認幾百上千的單字。大一點的幼兒則學習完整的閱讀、數學、科學、體操等課程。

針對父母們盲目地讓孩子學習知識的現象，美國一些發展心理學家指

出，逼迫孩子學習他們尚未做好心理準備的東西，可能會導致他們對學習興趣的退縮，扼殺他們的學習興趣。表面上似乎是豐富了給孩子的心理刺激，實際上卻造成刺激被剝奪的後果。因為孩子感興趣的事情你不讓他做，孩子不感興趣的東西，你強迫他做，這不是刺激被剝奪嗎？當學了這些課卻沒有培養出小天才時，父母會非常失望，他們把幼小的孩子看成是無能的人，看成是失敗者。這些課程剝奪了嬰幼兒以健康心理走向成熟的機會，也妨礙了父母以輕鬆、愉快的心態參與到孩子早期成長的過程中去。

所有的爸爸媽媽都有一個共同的願望 —— 讓自己的孩子變得聰明、伶俐。可是怎樣才能使孩子更加聰明呢？父母應該怎樣做，才有助於孩子的大腦發育呢？這就需要爸爸媽媽的幫助了，因為孩子大腦的發育，除了先天素養外，後天的營養與智力的關係最為密切。科學研究證明，孩子可以透過食物來改善大腦的發育，健腦食品具有這種功效。除妊娠期外，寶寶從出生到兩足歲也是大腦發育的關鍵時期。如果營養充足就能保證和促進大腦的發育，反之則會影響和阻礙腦的發育。營養成分中以醣類、蛋白質和微量元素最重要，腦是人體的司令部，活動最多，要消耗人體能量的 1/5 到 1/4 左右，因此要補充足夠的醣類，以便供給大腦的能量。蛋白質不僅能促進腦細胞數目的增加，而且能促進大腦的生理活動。微量元素中以鋅和銅最重要，它們是促進智力發育的重要物質，科學研究證明，學習成績優良的學生，在他們的頭髮中鋅和銅的含量都比較高，另外，脂類物質、維生素等也都是大腦所需的營養物質。

父母如何安排健腦食物，為孩子智力發育提供幫助呢？專家建議注意以下幾點：一是健腦食物應適宜於孩子的消化吸收，要根據孩子的年齡、消化吸收能力來選配健腦食物。比如一歲以內的孩子適宜於食母乳，而不

適宜於食硬殼類食物。只有能夠消化吸收，才能使大腦得到營養。否則，不但達不到健腦的目的，反而損傷孩子的消化功能。

適宜於孩子的健腦食物主要有以下幾種：

✧ 母乳：母乳是最佳的補腦食物，它可以提供大腦發育所不可缺少的不飽和脂肪酸，特別是亞麻油酸，這些物質在牛奶中幾乎是沒有的。所以母乳餵養是孩子大腦發育的重要營養保證。

✧ 動物內臟及瘦肉、魚等含有較多的不飽和脂肪酸及豐富的維生素和礦物質，因此孩子可適量吃一些動物的腦、肝、瘦肉及魚等。

✧ 水果：特別是蘋果，不但含有多種維生素、無機鹽和醣類等構成大腦所必需的營養成分，而且含有豐富的鋅。鋅與增強孩子的記憶力有密切的關係。所以常吃水果，不僅有助於孩子身體的生長發育，而且可以促進智力的發育。

✧ 豆類及其製品：含有豐富的蛋白質、脂肪、碳水化合物及維生素 A、B 等。尤其是蛋白質和必需氨基酸的含量高，以谷氨酸的含量最為豐富，它是大腦賴以活動的物質基礎。所以孩子常吃豆類及其製品有益於大腦的發育。

✧ 硬殼類食物：含脂質豐富，如核桃、花生、杏仁、南瓜子、葵花子、松子等均含有對大腦思維、記憶和智力活動有益的卵磷脂和膽固醇等，因此，可以適量讓孩子吃些硬殼類的食物。

✧ 蔬菜、海鮮等食物也有助於孩子大腦的發育。

二是健腦食物應適量、全面，不能偏重於某一種或是以健腦食物替代其他食物。食物種類要廣泛，否則易致孩子營養不全甚至營養不良，不僅影響身體的發育，也會影響智力的發育。

　　三是健腦食物的種類及數量應逐步添加，食物種類全面不等於一哄而上，要注意孩子的特殊進食心理和尚未完善的消化機能。食物要安排得豐富且應經常變換。孩子對陌生的食物或是特殊氣味的食物如海鮮等不易接受時，父母在增加新的食物時應盡量烹調得可口，色香誘人，如應設法說服孩子，誘導孩子進食。

　　四是均衡食用酸類食品和鹼類食品。對酸類食品如穀物類、肉類、魚貝類、蛋黃類等的偏食，易導致記憶力和思維能力的減弱，故應與鹼類食品如蔬菜、水果、牛奶、蛋清等科學搭配，均衡食用。

　　五是要讓孩子經常呼吸新鮮空氣，這樣才會使孩子更加聰明。

　　在促進孩子心理發展方面，一個基本原則是「順其自然」。所謂順其自然，就是要尊重孩子的天性，尊重孩子的個人興趣、偏好，讓孩子玩他們喜歡的玩具，做他們喜歡做的遊戲，做他們喜歡做的事情，同時給以恰當的引導，適當的控制，使孩子的興趣和願望不脫離社會期望的方向。

　　具體來說，大腦發育需要刺激豐富的環境，這樣的環境有哪些特徵呢？舉例來說，美國幼兒教育強調六個領域：大動作領域、精細動作領域、適應能力、認知領域、語言溝通領域和社會交往領域。

- ◇ 多帶孩子到戶外去，走、跑、跳、攀爬（大動作）；多給孩子機會讓他畫畫、做手工、做點穿針引線、擇菜類的家務（精細動作）；
- ◇ 讓孩子學習自我照料，自己吃飯、喝水、穿脫衣服、繫鞋帶、鋪床疊被、刷牙漱口、洗手洗腳、大便小便、沖洗馬桶（適應領域）；
- ◇ 教孩子參與活動，理解概念，分類排序，回憶事件，數數，加減，認識拼音字母，背誦少量琅琅上口的詩歌（認知）；教孩子正確使用單詞、短語，遣詞造句，把自己的想法和願望說明白（言語溝通）；

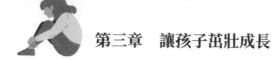

✧ 在社會技能方面，孩子要學會和同伴交往、合作、互相幫助，要學會
　了解自己，了解別人。

　　所有這一切，就是為孩子大腦發育創造的好條件，也是為孩子的心理
和諧發展創造的好條件。

▌溫馨的家庭氣氛

　　孩子的快樂是和「家」連繫在一起的。他們牽著大人的手像小鳥歸巢
般飛回到自己的家中時，那裡的一切都是熟悉和親切的：門廳裡放著威武
的紅色玩具賽車，床頭趴著毛色烏亮的玩具熊，床下還堆著五彩的積木，
而家裡瀰漫著的輕鬆、溫馨、童話般美好的氣氛更是孩子的至愛。在孩子
的眼裡，家是世界上最溫暖、最可靠的安身之所。

　　是的，孩子們在溫暖的家中嬉戲、放鬆、學習、成長，作為父母，又
有什麼理由不為孩子營造這樣一方溫馨的天空呢？

　　蘭蘭是個開朗快樂的小女孩。可是最近兩個月以來，蘭蘭在學校變得
沉默寡言，情緒波動很大。到下午離校的時候，蘭蘭總是第一個站在門邊
焦灼等候，父母稍微來晚一點，她就會哇哇大哭。是什麼讓蘭蘭變得如此
情緒反常？原來，蘭蘭的爸爸媽媽最近經常吵架，衝突激烈時甚至當著蘭
蘭的面扭打在一起，這樣的場景給蘭蘭的心靈投下了陰影。

　　在養育孩子的過程中，千萬不要忘記夫妻之間的愛會給孩子帶來心理
安全感，孩子從這裡體會到什麼是愛，什麼是關懷，也從這裡開始學習
如何與人相處。要讓孩子成長得健康快樂，父母之間和諧相處是重要的
條件。

　　美國人做過一項有趣的調查，他們用錄音的方式，經過數星期記錄百
對夫妻的對話，當刪除了「將鹽遞給我」這類生活必用的話題後，夫妻間

在一星期內的平均談話只有 27 分鐘。的確,孩子的到來,打破了寧靜的兩人世界,家庭生活的重心發生了改變,生活節奏也驟然加快,洗奶瓶、換尿布、烹煮合孩子胃口的飯菜、陪孩子玩,從早忙到晚,身心疲憊。但是只要有心,總能擠出時間交談。

適當放鬆心情,享受夫妻之間的兩人世界是必要的。年輕的媽媽不必為此感到內疚和不安,在可能的情況下,在週末將孩子託付給老人或者兄弟姐妹照看,享受一段輕鬆的時間,既能增進夫妻之間的感情,也能夠以快樂的心情和充沛的精力回到養育孩子的工作中。

有人戲謔孩子是夫妻關係的潤滑劑,也有人說孩子是夫妻爭執的導火線。撫育孩子的日常勞累往往使我們只看到憂慮和沉重的一面,而忽略了幸福快樂的一面。只有當孩子長大成人,回首往事時,年邁的父母才從中體味到養育中的甘美。為何不從現在開始充分享受這一去不復返的天倫之樂呢?春天的草坪上,爸爸媽媽牽著孩子的小胖手漫步;冬日裡父母和孩子在雪花飄飄中打雪仗;在家中的床上逗引寶寶開懷大笑。這是世界上最美麗的畫面,是充溢著愛情、親情的畫面。

心理學研究證實父親在促進孩子成長方面扮演著獨特的角色。父親和孩子之間的交往與母親和孩子的之間的交往方式是不同的。

父親和孩子的遊戲更多地充滿勇敢、冒險、堅定、力量和創造的特點。母親和孩子的遊戲則更多地傾向於照顧、安靜、情感的特徵。缺乏父愛有可能使孩子變得害羞、膽怯、自卑和缺乏創造性。因此,作為父親可以試試下面的做法吧。

✧ 伸開雙臂,經常擁抱你的孩子。

✧ 經常蹲下來和孩子說說話。

✧ 和孩子一起玩遊戲。

✧ 試著為孩子做一頓飯，保證孩子會說這是世界上最美味、最可口的飯菜。

✧ 給孩子講一個你小時候最愛聽的故事。

　　生活中經常會聽到年輕人抱怨老人的育兒方式太老太土，而老年人則指責年輕的父母責任心不夠。這樣的矛盾在三代同堂的大家庭中更為突出，成為家庭生活協奏曲中的一個不和諧音符，影響到孩子的健康成長。要解決這個問題，還是需要年輕父母與老一輩之間的相互溝通和協調。

　　尊重孝敬老人是年輕父母首先要做的事情。請記住「今天我們怎樣對待父母，明天孩子就會怎樣對待我們」。

　　老年人在家庭中占有重要的地位。他們時間充足，社會經驗和生活經驗豐富，大多數老人有著勤勞、節儉、責任感強的傳統道德風尚。他們的言行能夠對兒孫起著潛移默化的影響，而「隔輩親」的強烈情感更能促使他們去輔導和教育子女。年輕父母應該客觀地看到老一輩在教育上的優勢並予以充分的承認和肯定。

　　由於濃厚的親情往往使老人對孩子過分溺愛，而思想保守和僵化也容易損壞孩子的身心健康。因此父母不要把教育子女的責任全部推給老年人，即便工作再忙，也要將教育子女作為自己的一件大事來對待。

▌成長的「童話氣氛」

　　孩子是透過懵懵懂懂的感知，開始接觸周圍世界，逐漸認識和參與生活的。這個時期，也是做父母的感到最快樂的時期，溫馨的三口之家天天溢滿盎然生機，因為可愛的寶寶每天都會發生「奇蹟」，讓人喜出望外。瞧，個頭一天天升高，理解力一天天增強，語言一天天增多。許多父母千方百計改善孩子的物質環境，但卻不知為孩子營造一個適宜的精神環境，

錯過了孩子一生中最絢麗多彩的「童話」期。

　　運用童話這一藝術形式，是孩子早期教育一種最行之有效的家教方式。童話，就是用「兒童的話」去描述世界，透過幻想創造的情境和形象來曲折地反映生活，在娛樂中，給孩子以啟發和教育。同時，童話適應孩子的智力和心理特點，具有淺顯通俗，親切風趣的特點。

　　可以這樣說，任何孩子成長都要經歷一個從童話世界走向現實世界的階段，前者的基礎直接影響後者成長的素養。那麼，家庭如何營造「童話氣氛」，讓孩子盡情地遨遊美麗的「童話世界」，是做父母的必須考慮的問題。

　　葉聖陶說：「圖畫不單是文字的說明，且可拓展兒童的想像，涵養兒童的美感。」年輕的父母大都為自己的孩子開闢了小房間，即便居室面積有限，也為孩子劃出了一角。在這片屬於孩子的領地裡，父母應精心布置它，如壁上可張掛些動物圖片及幼兒活動圖片，多擺放一些動植物工藝品。傢俱樣式應選擇小巧、別緻、活潑、親切之特點，顏色宜豐富多彩，忌用單調壓抑色彩，要根據孩子心理特點，展現大自然歡暢、明麗的風格。孩子的床單、棉被、枕頭、窗簾、衣褲、鞋帽等生活用品均可伴以童話圖案。

　　一些父母在給孩子吃的方面很捨得花錢，對購置有教益的玩具卻不屑一顧；另一些父母一味追求高檔玩具，簡單地認為價格越高越能啟發孩子的智力。殊不知，有時簡單的玩具更能喚起孩子的想像力，活躍孩子的思維。當然，購買玩具要有個循序漸進過程，從孩子的不同年齡特徵出發，由淺入深，由簡到繁，父母最好邊玩邊誘導，啟發訓練孩子的思考能力。

　　一般說，孩子從三歲起，語言開始由簡單的詞彙向句子表述發展，句子結構由短到長，語意表達也由簡單到複雜。這段時期，語言發展水準與

智力發展水準成正比。因此,多講童話語言是訓練孩子語言能力的最佳方法。一些童話詞彙,如「月亮媽媽」、「星星寶寶」、「大風伯伯」、「太陽公公」……孩子容易記、容易念,因為它形象生動,極富趣味性。看到一種景物,多用童話語言來表述,然後讓孩子跟著複述。如看到牛羊雞鴨狗之類動物,就不斷鼓勵孩子描述它的外貌、神態、動作、心理,並推測它家住在哪裡,去做什麼等等。長時期下來,孩子就會逐漸養成觀察探索大自然的興趣和習慣。

　　童話對孩子有極強的適應能力。孩子眼裡的一切景、情、事、物均是童話,他們用童話的眼光和思維解釋眼裡的世界。父母應循序漸進購買童話書籍,並在一旁作必要的講解指導,讓孩子頭腦裡不斷累積童話故事,其次,多聽童話故事,既能培養孩子的聽力水準,又能啟發孩子的想像力,耳畔是美妙動聽的語言,腦中展開無盡美麗的想像;動畫片內容精彩,更直觀,更形象,能培養孩子分辨是非的能力,認識生活中的真善美與假惡醜。也可以安排一些時間聽輕音樂,用優美的旋律來培養幼兒一種和諧的精神和愉快的情感。

　　父母還要經常帶孩子去郊野,去農村,觀察各種家禽動物,觀賞迷人的自然風光。經常講一些童話故事,做一些童話遊戲也能逐步培養孩子對生活的感受和領悟,培養良好的意志和道德。

　　實踐證明,長期感受「童話氛圍」的孩子,感知能力、理解能力、判斷能力、鑑別能力、表達能力、想像能力、模仿能力、動手創造能力均超越極少接觸「童話氛圍」的同齡孩子。這就要求年輕的父母們想方設法為孩子成長創造契機,盡可能在家庭環境中創設「童話氛圍」,潛移默化地啟發薰陶孩子,提高他們的智力和心理素養。讓孩子把童話當做認識世界的工具,走向生活的階梯,一步步長大成人。

以愛滋潤孩子的心靈

在家庭中，孩子的需要首先是物質的需要，即與衣、食、住、行有關的用品、學習用品和其他活動用品的需要。在當今物質條件比較優越的社會裡，在大多數只有一個孩子的家庭環境中，孩子的這些需要一般都能獲得不同程度的滿足。因為物質需要在孩子的所有需要中屬低層次的需要，易於引起父母的關注。孩子高層次的需求是精神需求，在部分家庭中，還沒有引起父母足夠的關注。在家庭中，孩子的精神需求從情感上說，最大的需要就是父母的愛。

父母對孩子的愛是一種真摯的、深切的感情，具有極大的感染力。當孩子感覺到父母對他的愛時，他會意識到父母對他的關心和信任，產生滿意、安全、舒適、溫暖、愉快的內心感受；如果父母對孩子冷漠、粗魯、不耐煩，孩子會意識到父母對他的忽視與排斥，就會產生不滿意、不愉快、孤獨、恐慌的內心感受。父母的愛一旦激起了孩子的內心感受，就可使孩子意識到自己存在的價值，產生實現這種價值的更高的精神需求，因而就更樂意接受父母的教育，對前途充滿信心，積極向上。如果孩子長期感受不到父母的愛，或對父母的愛感受不深，就容易在惆悵的迷霧中徘徊，陷於情感饑渴而缺乏激情和勇氣去追求更高的精神需求，因而就會精神不振，灰心喪氣，不求進取，甚至尋求一些不健康的情感刺激。實際生活中，有些孩子的落後，其原因往往可以追究到這個問題上來。

心理學的研究表明，人的情感貫穿於一切心理活動之中。因此，孩子德、智、體諸方面的發展都需要父母的愛。

首先，孩子良好品德的形成需要父母的愛。孩子體會到了父母的愛所產生的正面情感，作為孩子所有正面情感的一個重要部分，能促成孩子產

生高尚的道德感和理智感，並且成為孩子為實現自己美好願望而進行的意志行動的推動力量。一位國二的學生在作文中寫道：「雨越下越大，看來等雨停了再回家吃午飯的希望不大了。爸爸出差了，媽媽胃病發作正厲害，還能冒大雨騎車走過七八裡鄉村碎石路送傘給我嗎？看著一些同學和他們送傘來的爸爸或媽媽一起高高興興回家的情景，我不禁難過起來。一抬頭，我看見一個熟悉的身影朝教學大樓的走廊走來，是的，是媽媽！……當我拿著媽媽送來的傘，捧著媽媽送來的便當，望著媽媽在雨中遠去的背影時，一股愛的暖流從我心中淌過。媽媽啊，我一定刻苦學習，努力做一個對社會有貢獻的人！」這個孩子的作文形象地描述了父母的愛促成孩子的情感昇華，和為實現美好道德行為的心理狀態。

　　其二，孩子的智力發展需要父母的愛。在日常生活中，父母之愛在孩子心中激起的美好情感，常常瀰漫在孩子的所有活動之中，和其他美好的情感一起形成孩子良好的心境。心境的好壞對於孩子的學習有很大影響：愉快的心境可使孩子注意力集中，思維敏捷，提高學習效率；而憂鬱沮喪的心境會使孩子煩躁不安，思想渙散，降低學習效率。父母對孩子表現出同情、鼓勵、微笑、撫摸等愛的表情、語言和行動的時候，家庭中就容易出現寬鬆和諧的氣氛，有利於孩子智力活動的展開和深入。心境的愉快，氣氛的和諧是孩子順利進行學習活動的重要條件，它十分需要父母用愛心來創造。可以想像，假若一對夫妻忽視孩子的存在，經常爭爭吵吵，家裡充滿火藥味，孩子在家裡就不可能安靜學習，就不可能在知識的海洋中遨遊；如果父親或母親對孩子總是板著臉，或開口就訓斥、責怪，孩子在家裡就不可能進入藝術情景，自由自在練習彈琴、唱歌或練習畫畫。特別是孩子在緊張地進行難度大、內容複雜的學習活動時，如準備參加考試等，思維活動和學習效率特別容易受不良情緒的干擾。此時，孩子控制情緒的

水準往往降低，這時就特別需要父母用愛去滋潤孩子的心靈，使孩子穩定情緒，形成良好的競技狀態。

其三，孩子身體的成長需要父母的愛。古籍《內經》中記載，「怒傷肝，喜傷心，思傷脾，憂傷腎。」指出了不良情感對五臟的影響。蘇聯生理學家巴甫洛夫說過：「憂愁、顧慮和悲觀，可以使人得病；正面、愉快、堅強的意志和樂觀的情緒，能戰勝疾病，更可使人強壯和長壽。」當一種不良情感向孩子襲來時，父母的愛可以起到緩衝作用，消除孩子的不良情感。可見，父母的愛是孩子健康成長的安全島。另一方面，孩子在愛的氛圍中，會成為一個善良外向、敢於表露情感的人，形成樂觀、勇敢和機靈的個性特點。這種個性特點既可成為良好的運動素養，促進孩子在體育活動中增強體質，又可成為孩子抵禦不良情感傷害的屏障。

愛可轉化為孩子追求遠大目標的心理動力，愛能影響孩子品德的形成和個性發展的方向，愛是孩子健康成長的催化劑。那麼，我們父母如何做到對孩子充滿愛心呢？

「知之深」而「愛之切」，要了解孩子心理發展的特點，洞察孩子情感上的需要，不要把孩子看做是情感簡單的小天使，要看到孩子在青少年時期情感的豐富性和可變性。認識自己滿足孩子情感需要的意義，為孩子提供健康成長的動力。

父母不要簡單地以自己的個性特點去揣摩孩子的一言一行，更不能冷漠、鄙夷、疏遠孩子。對孩子要熱愛、尊重、親近，像蘇聯教育家蘇霍姆林斯基（Vasyl Sukhomlynsky）說的那樣：「應該像對待同志和直言規勸的朋友那樣跟孩子們打交道，同他一道分享勝利的喜悅和失意的憂傷。」如果你與孩子沒有感情上的交融，你的說教就會被孩子認為是嘮叨，你對孩子的管理就容易成為一種外加的強制行為而效果甚差。

如果你在自己的工作、生活或其他行為上輕易或隨意做出取捨抉擇，你就難以施放出對孩子的愛；夫妻吵架，家庭的感情基礎動搖了，孩子難以感受到真正的愛；夫妻鬧離婚，孩子成長的「搖籃」傾覆了，更談不上滿足孩子的情感需要，而且給孩子製造了心理障礙。另外，在家庭經濟、精神生活等方面的抉擇上，都要考慮是否表現出對孩子的愛。

你的面部表情、身段表情、語言表情都可以傳達你對孩子的愛。你對孩子的微笑，會使他愉快；你拍拍孩子的肩，孩子會感到你關心他；你撫摸孩子的頭，孩子會體會到你喜歡他；你柔和的語調，輕鬆的語言節奏，會使孩子產生親切感。溺愛會造成孩子個性上的畸形，生活價值觀的混沌，心理、思想上的扭曲。正如蘇聯著名教育家馬卡連柯所說：父母對自己的子女的愛不夠，子女就會感到痛苦，但若過分的溺愛，雖然是一種偉大的情感，卻會使子女遭到毀滅。

愛孩子的盲點

家庭日常生活中的飲食起居，就足以影響到孩子的身心健康，這種第一課堂的教育甚至會伴隨孩子的一生，也就是說人格中至少有 50％ 會打上家庭的烙印。

「愛」出來的肥胖

導致兒童健康第一大危害的肥胖，正是由於不良的飲食結構造成的。

許多孩子因過度肥胖導致患上成人病：高血壓、心臟病以及精神心理疾病。在對肥胖孩子的調查中，了解他們由於心理上的壓力，使小小的年紀心情就像成年人一樣沉重：擔心失學、就業、前途命運……醫生們說：應該呼籲父母們，為了孩子的未來，對家庭的膳食結構要真正負起責任來。

「睡」出來的缺陷

母嬰同室雖然可以增進親子感情，便於母親及時餵養，但最好在父母的大床旁邊，再為孩子放一張小床，幾年如一日的母子（女）同床容易造成孩子的戀母或戀父情結，而且讓已經長大的孩子再去單獨睡眠，孩子不容易適應 —— 大人換了床睡不著，小孩子也一樣喜歡在自己熟悉的床上睡覺。

但是，許多家庭出於對孩子的疼愛和遷就，很難讓孩子單獨睡眠，其理由如出一轍：「孩子膽小不敢。」這種孩子不敢其實是父母不敢。十歲左右的孩子就不應該再與父母睡同一個臥室，但是在「不敢」的理由之下，孩子名正言順地與父親，尤其是母親同床而眠直至長到十五六歲。

父母應該明白，孩子越大，其「不敢」就越影響心理的成長，這在心理學上被稱作「分離焦慮」。孩子產生戀母或者戀父情結，生活不能獨立，以致可能婚後對妻子或丈夫過分的依賴，甚至出現人格缺陷，表現出過分的占有欲。了解了這些，身為人之父母，就應調整一下自己的「不敢」，如果父母不想讓孩子的將來有人格缺陷的後患，就需要做到敢於讓孩子到他自己的房間去睡眠。

「穿」出來的困惑

幫助孩子挑選衣服，要選擇比較寬鬆、適於孩子運動、柔軟的純棉質地服裝。可許多父母為孩子選衣服時，首先考慮的並不是這些。有記者曾在某商廈的兒童服裝店前，採訪了十位沒有帶孩子的父母，其中五位父母，首先看重服裝的款式漂不漂亮、顏色如何，然後再看是不是純棉質地。如果不是或不接近純棉，但樣式時髦，也會認真考慮；如果是純棉質地，也寬鬆柔軟，但款式和顏色均不理想，也決不會選擇。

第三章　讓孩子茁壯成長

　　豈不知，片面追求漂亮，就容易忽視孩子的健康。比如，用於固定顏色的甲醛因顏色的鮮亮含量會相應增多，可能引起孩子皮膚過敏，甚至導致容易誘發的過敏症，困擾孩子一生。父母的片面求美，容易導致孩子出現兩種傾向：過度追求時髦和自我選擇的渴望被壓抑。

　　中國有句俗話：「穿衣戴帽，各有所好。」而如今孩子這種喜好在許多家庭中被剝奪了。許多十三四歲的孩子，其穿著只能由父母說了算，而沒有受到父母有關審美心理需求方面的引導。比如，現在有的女中學生喜歡穿較短的上衣，父母強行禁止，其實如果孩子在校外和家中穿也無妨，可以顯得青春活潑。在父母的一手遮天中，禁忌與道德上的羞恥感密不可分，短了不行，半透明也不行，常常讓孩子束手無策。某中學組織學生到東北參加冬令營，一些學生父母千叮嚀萬囑咐孩子一定要穿好棉衣，千萬不要感冒發燒。結果由於天氣較熱，那幾個孩子居然個個在冬天捂出了一身痱子。

　　孩子從小對著裝的選擇包含著審美的天性，對此，父母必須加以正確引導和愛護，而不是阻斷孩子建立審美意識的天然課堂。北京市家庭教育研究會為父母提出的倡議是：學會尊重、善於溝通。雖然只是看似簡單的穿著問題，卻可以關係到孩子自我意識、審美取向，甚至決策能力的培養。

「護」出來的退化

　　一位 13 歲的中學生，早晨準備騎自行車去上學時，外面下雨，其父執意去送，孩子說自己可以穿雨衣去上學，但父親怕不安全還是去送了。可是到下午放學，天早已放晴，這位元學生把電話打給正在工作崗位忙碌的父親：「你什麼時候來接我？」這位父親一時驚訝不小，才一裡路，13

歲的兒子為什麼不自己走回來？殊不知這位父親在氣憤之餘有沒有想到孩子的「懶」，正是與父母平日裡的百般呵護有著直接責任。

父母總是憂慮、抱怨孩子自護能力差，責怪學校、責怪社會，而自身對孩子的教育又是怎樣？事實上很多父母不明白，孩子比成年人動作靈敏、反應快。比如 1976 年唐山大地震時，大人被砸死了，而孩子躲在安全的角落裡倖存下來；再比如納粹分子在剿殺猶太人時，人們被逐出家園，竟有機敏的孩子像小動物一樣四處躲藏，避過災難。心理學有「防禦反射」之說，靈敏地避開危險是孩子的天性和本能，父母卻抓住孩子不肯放手，恰恰扼殺了孩子這種與生俱來的本能，造成可悲的「天然能力退化」。

收穫無奈

許多父母討厭孩子戲耍、「瘋鬧」，而對規規矩矩的「小木頭人」倍加讚賞。

父母以自己的好惡來決定孩子行動方式的做法，幼教專家對此深為感慨。這種不良的監護行為，會讓孩子對外部世界產生恐懼感，總覺得危機四伏，對事物丟失了本能的好奇心，對探索和創新容易產生心理障礙，性格懦弱，甚至懷疑自己。孩子將來不能獨闖世界，父母會反躬自省，但那將為時已晚。人類應該從狐狸的成長中受到啟發，狐狸「父母」會將小狐狸推出「家門」，以便讓其適應「社會」，這種愛是堅強的愛，而不是軟弱的愛。父母在向孩子示愛的同時，不也將愛的真諦傳授給孩子了嗎？

反之，父母不能以身作則，一方面教子無方，一方面又不斷給孩子上教育課，能有什麼說服力？比如一位父親嚴禁孩子吸菸，自己卻不能戒菸，孩子當然不會聽從。父母錯把溺愛當愛，結果將是什麼？一位母親給自己嬌縱任性、惟我獨尊的女兒買了一個會要「吃」、「喝」，「生

活」需要「照顧」的電子寵物，一個月後這位母親問女兒：「媽媽有一天老了、病了，不能照顧你了，你能不能照顧媽媽？」女兒想了一下，她的回答差點讓這位母親暈過去：「媽媽，你還是安樂死吧！」孩子一貫被照顧，無形之中把父母對她的關愛與她永遠的需求視為天經地義、理所當然，她不知道愛如果失去回報，也就會失去被愛。

父母對孩子百般關愛惟恐不周，有沒有阻斷孩子對日常基本生活自理能力的學習？一位考中上海復旦大學的學生，因生活不能自理，不再有媽媽給洗衣服，不再有媽媽給做可口的飯菜，適應不了新的生活，不得不退學返回北京。讀得萬卷書，行不得萬里路，難道我們為孩子付出了一切的父母，希望的是這樣的結局？

父母對孩子盲目教育和施愛，就會脫離社會現實的要求，因此要掌握科學、健康和理性的育兒方法，必須多學習，以便為孩子營造健康成長的生活氛圍。

那麼，有沒有完全不存在「因愛而害了孩子」的家庭？專家認為，大概沒有。只是聰明的父母會以自己的修養矯正自己，盡量避免愛的盲點，從而成為孩子自我意識的表率。既然如此，每個父母都應該經常自我反省一下，想一想自己的愛已經在多大程度上對孩子造成了危害，以避免收穫更多的無奈。

▎有益的習慣一：赤腳訓練

年輕的父母大都有這樣的體會：孩子們都不願意穿鞋。其實從健康的角度講，讓孩子經常赤腳玩耍是大有益處的。

在日本，把「赤足訓練」當成一門正式課程的學校已有 200 多所，著名的愛知大學附屬幼稚園不惜耗資 600 萬日元，將院內地面鋪上紅土，以

便讓孩子們赤腳在泥土上盡情玩耍。

　　腳是由骨骼、肌肉、肌腱、血管、神經等組織構成的運動器官。腳不僅支撐全身的重量，而且具有行走、跳躍等功能。因此，腳部血液迴圈的好壞與全身血液迴圈密切相關。孩子經常赤腳活動，可使腳底部肌肉群受到摩擦，有助於腳部以至全身的血液迴圈和新陳代謝，促進植物神經和內分泌的調節功能，提高大腦思維的靈敏度和記憶力以及機體對外界變化的適應能力。

　　經常赤著雙腳裸露在新鮮空氣和陽光下，有利於足部汗液分泌和蒸發、增加末梢血液迴圈、提高機體抵抗力和耐受能力、預防感冒和腹瀉等。赤腳運動對腳趾、腳掌心等部位還是一種良好的按摩，這種按摩可收到健脾益腎、鎮靜安神、強骨明目等功效，對小兒遺尿病、消化不良、小兒便祕、佝僂病等都有一定療效。

　　赤腳運動對鍛鍊孩子的踝關節至關重要。如踝關節柔軟性差，人在運動時極易跌倒，走路也極易疲勞。因此，讓孩子經常赤腳行走，使其稚嫩的足底直接受到泥土的摩擦，不但可增強足底肌肉和韌帶的力量，而且能提高踝關節的柔韌性，有利於預防幼兒扁平足的發生。

　　實踐證明，80%以上的兒童經過一段時間的赤足訓練體質明顯增強，身高、體重增加很快，大大減少了幼兒扁平足畸形的發生率。如東京某小學一年級學生推廣赤足訓練9個月，扁平足發病率已從原來的38.6%降至3,7%，而且連傷風感冒也很少發生。當然，讓孩子赤腳走路，路面一定要平坦、乾淨，謹防足底被雜物刺傷。在有鉤蟲病流行的農村，因泥土易受糞便中鉤蟲蚴的污染，不宜提倡赤腳行走。

▋有益的習慣二：愛運動

　　蘇聯教育家馬卡連柯說：「家庭應該用盡各種方法，鼓勵兒童對運動的興趣。不過，應該注意，不要讓這種興趣成為旁觀者的興趣。如果你們的兒子熱烈地愛好各種足球比賽，知道所有的紀錄保持者的姓名以及各種紀錄的數位，而自己卻不參加任何一種體育小組，不能溜冰，不能滑雪，不懂得怎樣玩排球，那麼，這種對運動只有旁觀者的興趣所能提供的利益是很少的，而且簡直就是一種毒害。」

　　運動是許多孩子都很喜歡的事情，因為運動可以使孩子得到快樂，學到知識和經驗，促進身心健康發展。也有一些孩子不喜歡運動，或者是由於受父母不愛運動的影響或限制，或者是由於不舒服，有病，等等。所以，父母要鼓勵孩子多運動，運動能使孩子身體健壯有力，反應敏捷，動作協調，聰明，樂觀，促進良好品德和思維的發展。

　　父母要注意培養孩子參與運動的興趣，而不是僅僅做個旁觀者，充當「啦啦隊」隊員。

　　對於運動持旁觀者態度，可使人缺乏對運動本身的真正的興趣和熱情，可成為空談運動的人。經常不參加運動，是一種不良的生活方式，是許多疾病（如高血壓、心臟病、中風、肺癌等）發生的重要原因之一。父母一定要鼓勵、督促孩子經常參加運動，這樣做的好處是很多的。特別是孩子功課忙、作業多時，更要鼓勵孩子堅持參加運動，這樣可以使他保持旺盛的精力，消除疲勞，提高學習效率。千萬不要把運動和讀書對立起來，認為多參加運動就會影響讀書。如果孩子不愛運動，你要找出原因，對症下藥，應從培養興趣入手，使他感到運動有樂趣，有益處。最好能以身作則，和孩子一起參加運動，這樣可以增進親子關係，玩得更加開心，有益於身心健康。

▌走向大自然

　　調查表明，幾乎所有的孩子都願意或渴望戶外活動。而至少有 60% 的孩子仍說自己平時很少有機會去爬山涉水、種樹養花、認識動植物，甚至還有 30% 的孩子訴說「如果我去外面玩，就要挨父母罵」。玩耍是孩子的天性，在大自然中「玩耍」更是一種認識世界、陶冶性情、鍛鍊身體、增長知識的有益活動。毫無疑問，父母應該帶領孩子走進大自然。

　　父母要激發孩子對大自然的興趣。雖然孩子天生愛玩，但也有一些孩子性格內向、行事膽小，有一些孩子則沉湎於玩具，不願過多地進行戶外活動。碰上這種情況，父母就更要有意識地加以引導了，可以從美麗的童話中激發他對大自然的興趣，也可以從講述自然常識入手，掌握若干知識後再帶其走進大自然，還可以用提問的方式潛移默化地引導孩子。對於獨生子女，一方面讓其融入自己的朋友圈，另一方面還應與他共同「玩耍」，一同欣賞大自然。極少數的孩子缺乏對大自然了解、認識的渴望，往往是與極少有機會親近大自然有關。父母以「平時工作較忙」、「孩子還是多讀點書」等為由，不主動給孩子走進大自然的自由和機會，顯然是錯誤的。

　　父母應培養孩子觀察大自然的能力。孩子都有強烈的好奇心，但僅靠這種自發的、無序的好奇心無法系統、準確地發現種種自然現象，掌握其本能和規律。因此，父母要隨時提醒孩子注意重要的、特別的、帶有規律性的自然現象，如暴雨、雷電、彩虹、颱風、或如季節更替、花開花落等等。讓他們觀察不同季節中的蟲獸、草木、不同時空的日光月色、雲淡霧濃，引導他們仔細思索其間變化。對於小學生，還可以讓其常寫觀察日記，培養觀察興趣和能力；對於尚未充分掌握文字表達的幼兒，則用請他

們回答問題的方式，思考分析一些淺顯易懂的自然現象。有可能的話，還可以用諸如編故事、做遊戲的形式，把自然現象融入其中，幫助孩子理解，以培養孩子觀察力。事實證明，具有較強觀察事物的能力的孩子，日後在掌握形象表達和抽象思維方面都要比別人高出一籌。

　　父母還需要注重培養孩子熱愛自然、融入自然的動手能力。相對於城市孩子來說，生活在農村的孩子對大自然無疑更親切、更熟悉，其中重要的原因，就是他們具有極強的融入自然、改造自然的主動性。他們熟知樹木的生長、開花、結果的全過程，是因為他們親手種了樹；他們了解兔狗、雞鴨、牛羊的生活習性，是因為他們自己親手餵養。只有將自己徹底融入自然，才會真正體會到空氣、陽光、山水是那麼的令人珍視，讓人熱愛，須臾不可分離！

　　當然，城裡的孩子不可能擁有太多的、直接的動手機會，但必要的「自動手」顯然不可缺少。因此，父母應盡可能地給孩子提供種一盆花、植一棵樹、養兩隻鳥的條件，提供去鄉下感受、去農村鍛鍊、去田野勞動的機會……當孩子親身感受到在自己的勞動下，美麗的花草蓬勃生長，可愛的動物健康成長時，他們就不僅充分體驗了勞動的愉快，更與大自然融為一體。毋庸贅言，只有熱愛自然的人才會熱愛人生。

第四章　解決孩子的問題

問題一：孩子性格太軟弱

許多父母對孩子性格軟弱，不能提出或堅持自己主張的狀況感到非常擔心。孩子的性格過分軟弱，只要遇到比自己強大的孩子，不管在什麼方面都會無條件地讓步。如果是在過去，這樣的孩子通常都會被表揚為聽話、文靜的好孩子，現在，隨著社會競爭的日漸激烈，孩子這種軟弱的性格就成了問題。特別是在今天，孩子們上學的年齡越來越小，性格軟弱的孩子在幼稚園裡就特別容易受到傷害。

那些在體質上比較敏感、心理上非常容易產生不安感的孩子，在性格上通常會較為軟弱。這樣的孩子從嬰兒期開始就經常容易受到驚嚇，常常哭泣不已，還非常害怕見到陌生人，一到陌生的地方就變得畏縮不前。

研究表明，每個孩子的性格都各不相同，有些孩子在新的環境中會顯得特別萎靡不振，容易害羞，同時還會感到巨大的心理上的不安。這些孩子從很小的時候起，只要受到一個小小的驚嚇，脈搏就會比普通的孩子快很多，其「自律神經系統」的運轉也變得極為活躍。即使長大之後，這種情況還可能會持續下去。成年之後，他們患上「心理不安障礙」、「憂鬱症」以及「對人恐懼症」的比例要比普通人高出很多。因此，父母在撫養自己孩子的時候，必須要考慮到這一點，及早地採取有針對性的措施。

這種性格上的傾向具有遺傳性的特徵，有的父母也具有同樣的傾向。在這種情況下，做父母的首先應該實事求是地承認這一事實，同時，設法為孩子創造一個他們比較容易適應的環境。也就是說，當你的孩子經常哭泣或者受到驚嚇的時候，父母不應該動不動就皺起眉頭，或者不分青紅皂白地訓斥孩子，而應該首先去保護他們，設法使他們的情緒平穩下來。

父母應該經常關心和照料自己的孩子，使他們逐漸熟悉一個新的場所。如果你的孩子非常討厭去一個陌生地方的話，你就不必硬要帶他去，

當然，這並不是說只要是孩子討厭的東西，就都要無條件地迴避。總之，需要耐心地等待，等到孩子們對某些事情熟悉起來以後，再做也不遲。父母要盡可能地為孩子們提供他們所喜歡的東西，使他們逐漸忘記恐懼，只有這樣，孩子才有可能適應新的事物和新的環境。不過，如果你過於急於求成，試圖透過強制手段使孩子適應某一新的環境，你的孩子就很可能有所反復，以後再也不願意去那個地方了。

越是這種「害羞」的孩子，他們在對待朋友的關係上就越是顯得消極被動，所以，父母要經常以培養孩子的社交能力為由，在他們還很小的時候，就讓他們去過團體生活了。然而，這種做法如果事先引導不力，孩子去被迫適應環境，常常會使孩子們感到更加吃力，從而失去其正常的適應社會的能力。常常可以看到許多這樣的事例：父母強制性地把孩子送到補習班，結果卻導致孩子患上了「心理不安障礙」這樣的心理疾病，最後只好找到醫院來接受治療。父母們這麼做，就好像是拉一根猴皮筋，如果你用力過猛的話，它就會喪失彈性。

其次，如果在孩子很小的時候，父母就沒有培養他們的正向自我意識，那麼這些孩子的性格常常也會變得非常軟弱。以下這些成長環境上的問題是使孩子們感到不安、變得懦弱畏縮的常見原因：父母在孩子的面前經常吵架或打架；或者孩子很小的時候就長時間和父母分開生活；或者孩子經常看到父親毆打母親的場面等。如果孩子反復地經歷這樣一些事情的話，就會產生「我是個一無是處的孩子」、「我是個不幸的孩子」、「我是父母的出氣筒」等等這些消極性的想法，從而失去自信心。

現在，有的功利心較強的父母們，在孩子很小的時候就開始教他們學習各種各樣的技藝，並為此而經常訓斥他們，這種情況也是使孩子們在成長的早期階段失去自信心的原因之一。

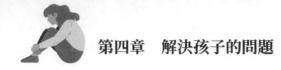

　　父母對孩子「為什麼偏偏就你沒有自信心呢」這樣的批評，以及他們為了恢復孩子的自信心所採取的要求孩子積極參加各種體育活動等等的方法，也會使孩子變得畏畏縮縮。因此，父母們首先應該做的，是提高孩子們的士氣，也就是說，要經常表揚他們，盡可能地不要批評他們。這樣，你的孩子就會逐漸用一種正面、肯定的眼光來看待自己。

　　如果孩子在一定程度上恢復了自信心，他們有時候會過分地堅持自己的主張，採取對父母進行反抗的態度。不過，這時父母們大可不必過於擔心，這是孩子們在好轉的過程中經常會表現出來的一種現象。因為他們一直被壓抑著不能提出自己的主張，現在他們第一次可以表現自我了，卻不知道應使用什麼樣的方法。也就是說，他們現在的這種表現是因為方法上的原因所致。因此，父母們要認識到，這種現象是孩子們一直被抑制的情感在突然之間迸發出來時，伴隨而來的一種十分自然的結果，要滿懷高興地去接受這一事實。如果你能做到這一點，並給孩子以最大限度的包容，孩子就會慢慢地學會應該如何自制。有的父母擔心，孩子會不會變得一身壞毛病，實際上，禮儀規範這類東西只有在孩子找到了自信心以後，才可以教給他們，否則，又有什麼意義呢？

▎問題二：孩子厭學

　　每個孩子都會偶然地抱怨學校，但有研究資料表明：5%～10%的孩子經常抱怨學校，他們不喜歡學校，他們厭學。

　　一些似乎沮喪或焦慮上課的孩子，總傾向於用請病假來蒙蔽學校和父母。作為父母，必須對此引起注意。

　　怎樣幫助孩子克服厭學的障礙呢？

　　使孩子不喜歡學校的原因之一是分離焦慮及其帶來的恐懼，它常發生

於家庭壓力較大的時期或孩子轉到一所新學校。

不幸的是，父母只是以他們自己的方式解決孩子的焦慮。事實上，一聲「今天真棒，下午我帶你去！」就比「別著急，如需我幫忙，十分鐘後我就到」鼓舞人心。

有位男孩子剛進入一所中學，就憂慮重重，從擔心在班裡掉隊到害怕挨打，他的母親不得不抽出時間前去督陣。當這位母親後來找到了問題的癥結，她就帶孩子到校，培養孩子的獨立精神，讓孩子以自己喜歡的方式去學，去認識周圍的環境，並常與老師見面。現在，兒子的擔心少多了，他已成了一個自控能力較強的學生。

為人父母者當然能幫孩子處理較讓人害怕的情勢，從在課堂上發言到參加考試——這些都可以在家裡事先「排練」一下，幫助孩子把一些較大的問題化小，轉變為可以操作的方式。

一些孩子不喜歡學校是因為他們在那裡沒有朋友，很可能是因為孩子一個人呆慣了，或者因為舉止不太容易讓同齡朋友接近。孩子感到孤單的問題可以透過提高孩子的社交技能來解決。有位教育專家說：孩子需要學習講話時如何看別人的眼神，如何大聲談話或竊竊私語。父母可以教給孩子一些「開放性的友誼」，例如主動介紹「我叫某某，你叫什麼？你想玩玩遊戲嗎？」等等這樣一些溝通用語，使一些非常孤獨的孩子願意講出自己片刻歡愉的任何事情。如果一個孤獨的孩子在某些領域較有才能，例如網路遊戲，這既有益於自信心的培養，也易於幫助他找到志同道合的朋友。

孩子有時候討厭學校是因為他們感到難為情，如果孩子精神緊張、焦慮，朋友很少，或自我評價降低，很可能是在學校遭到了別人的欺凌而找不出解決方法。

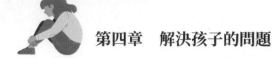
　　對此問題僅教育孩子「要自信」是不夠的，甚至在他很自信時，遭到欺凌都極有可能導致他的信心喪失。有位專家建議，在小學階段，孩子可以報告教師；到了中學以上階段，孩子應該學會謹慎交友，盡可能遠離可能遭到欺凌的地方。或者，鼓勵孩子結交新朋友，並聯合起來抗擊那些「小霸王」。

　　如果你的孩子不幸遭到欺辱，不要認為告訴欺負者的父母就可以解決問題，這種做法常常於事無補，反而會不自覺地教給孩子一種不正確的處理問題方法。為了不使孩子難堪，要妥善行事。

問題三：孩子有叛逆心理

　　有的孩子成長到一定階段，就會有一些叛逆心理表現，叫他向東他偏要向西，叫他不幹他非要幹。孩子叛逆心理的形成的原因是父母與孩子不能正常相處的相互作用。

　　父母必須注意自己與孩子的溝通方式。在很多時候，孩子不一定是叛逆的，可能孩子說了一句話，母親覺得不滿意，就大聲罵他，孩子受到刺激，也就大聲對抗，或以沉默抗議，或以叛逆行為抗議。久而久之，就會逐漸形成與父母之間一種相反的相互作用。孩子心理不滿，但不說出來，便以行為來表示自己的不滿。對孩子的錯誤，有些父母以為孩子還小，不懂事，而不加以糾正，使孩子養成習慣。有的父母常以專制的方法管教孩子，以命令的語氣說話，要孩子順從一切。個性較溫和的孩子會順服父母的權威，而個性較剛強的孩子，則會有反感，結果便形成叛逆行為了。

　　叛逆心理的主要表現有：親子關係界限模糊；父母感情不和，時常爭執，孩子討厭，在覺得無助時，便以逃避或以叛逆的行為來表現自己的不滿等等。

父母若發現孩子有叛逆心理，可採用以下方法來化解：

◇ **觀察溝通**：就是觀察孩子與自己的溝通方式。在很多時候，父母必須超脫自己的角色，從第三者的角度觀察孩子叛逆的問題，並以不同的角度對待孩子，做有限度的遷就。

◇ **保持冷靜**：急躁的父母，應該提醒自己，保持冷靜，並等待孩子冷靜後，再進行溝通。

◇ **尋求意見**：如何更好管教孩子，有時應該尋求別人最好是專家的意見，以便讓自己的思想更開闊。請記住，尋求意見包括自己的孩子，但千萬別將那些家教本來就有欠缺的父母也包括在內。那些人的「意見」很可能會加深你和孩子的矛盾。

◇ **開放自我**：父母眼見孩子的興趣會影響功課時，不要立即禁止，最好能試著了解情況。如陪孩子去電子遊戲中心，和孩子討論他們的偶像，從旁提醒什麼是應該學的，什麼是不應該學的。只有進入孩子的內心世界，才能相處得更融洽。當父母與孩子相處融洽了，孩子就不會再叛逆了。

◇ **不斷試驗**：父母管教孩子，要時常改變方式。孩子小時，一般只聽父母講，孩子聽；上了中學後，就應嘗試雙向溝通，也聽聽孩子的建議。一旦發現某一種方法行不通，就應隨時改變方法，不斷試驗，直至發現有效的方法。

◇ **實踐體驗**：就是透過實踐，進行體驗，以化解孩子的叛逆心理。如有父子倆散步，兒子看了西瓜一定要買，父親說離家太遠，提回去太累了，不買。兒子不高興：「我喜歡吃的西瓜你不買，你喜歡我學習好，我也不好好學。」父親一想，對獨生子說：「買瓜可以，你要負

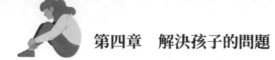

責提回家。」獨生子同意了，累得滿頭大汗才把西瓜抱回家，使兒子感觸很深：「吃個西瓜也真不容易啊。」

✧ **將心比心**：父母要與孩子將心比心，相互間的關係就會融洽，孩子也就沒有叛逆心理了。

✧ **分析說明**：父母要仔細分析孩子形成叛逆心理的具體原因，並進行充分的說明，這樣，孩子的叛逆心理就會逐漸消失。

　　為了從根本上來化解孩子的叛逆心理，父母必須做好與孩子的溝通。要做好溝通，其一，父母必須很具體地說出不滿意孩子的某種行為；其二，父母應說出自己不滿意的心情；其三，父母不要作無謂的批語和推測；其四，用提醒的語氣帶出，孩子才能感受到父母的出發點是關心自己；其五，以如何解決問題的方式啟發孩子思考，引導而非教導；其六，父母要威嚴地做出要求，但一定要注意語氣，並說明理由。

▎問題四：孩子不善交往

　　有的孩子在家裡活潑好動，聰明伶俐，而一旦來到新的環境接觸陌生人時，就會變得膽怯靦腆，呆板笨拙；有的孩子在學校裡獨自遊戲，自言自語，顯得很不合群；有的孩子則恰恰相反，與人交往處處逞強，橫行霸道，顯得盛氣凌人；還有的孩子遇到熟人時，即使大人強迫其對人要有禮貌，他也緘口不語，設法躲避。對孩子這些缺點，父母要及早留意，注意糾正。

　　美國心理學家哈里森指出，童年時期記錄在大腦中的是「父母意識」。有的父母篤信「老實人吃虧」的交往信條，教育孩子「誰碰你一下，你就還他一拳」，這些無疑潛移默化地影響著孩子。父母應注重提高自身修養，修正在與人交往中存在著的不良的習慣，如對人不禮貌、語言粗魯、態度冷漠等。

　　父母不要對孩子過分溺愛和保護。有的父母出於怕發生危險的心理，總喜歡把孩子關在家裡，不讓他們奔跑、爬高，過多地限制孩子與外界交往。有的父母因自己的孩子體質差，經常生病，對孩子更是加倍保護、照顧，恨不得把孩子放在「溫室」裡。處處不放心，就剝奪了他們與人交往的機會，使孩子依賴、膽小，對新環境難以適應，與人交往則顯得十分笨拙。還有的父母一味滿足孩子的要求，有好吃的讓他先吃，好玩的讓他玩夠，逐漸使孩子養成惟我獨尊，不尊重別人，不幫助別人，在與人交往時出現自私任性，霸道等情況。這樣的孩子必然失去朋友，久而久之，便養成古怪孤僻的性格。

　　為孩子營造一種良好的生活環境。現在城市居民住房多為單元結構，這本身就減少了孩子間交往的機會，再加上現代生活節奏緊張，鄰里間互不往來，也必然影響孩子。孩子之間即使偶有交往，也被某些父母的癖好所影響。如，有的父母特講乾淨，把家裡打掃得一塵不染，清理得整齊有序。當孩子的朋友來玩時，難免弄亂弄髒。然而，父母不懂得孩子的心理，當面指責孩子的朋友這也弄髒了，那也弄壞了，或者限制孩子們在家的某些活動。這樣，既損傷了孩子的自尊心，又影響了孩子與朋友間的友誼，結果是朋友再也不願來玩了。

▌問題五：孩子膽怯

　　膽怯是一種很常見的心理反應，在獨生子女中有一定的代表性，即使在成人中也很常見，只是成人更善於掩飾罷了。膽怯也是一種個性特徵，無所謂好與壞，不可認為沒有絲毫的膽怯就是完美的個性。

　　不少父母在談到孩子膽怯時，常常憂心忡忡，一籌莫展，擔心孩子現在不敢大聲說話，將來怎麼闖天下；憂慮孩子難訴委屈，將來可能不會保

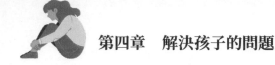

護自己；懷疑孩子一時的退縮會無法面對未來激烈的競爭。雖然完全可以理解做父母的顧慮，但是這些對膽怯的認識有失偏頗。父母需要站在孩子的立場，用孩子能夠接受的方式來對待他們，用孩子的標準來判斷衡量他們。孩子聲音低並不一定代表膽怯自卑，聲音高並不一定代表勇敢自信，否則，何以解釋孩子一時的靦腆、害羞呢？孩子對周圍環境的認識相當有限，一時的迴避退縮在所難免。只要膽怯沒有使孩子感到不快樂，沒有使孩子失去自信，特別是沒有阻礙孩子求知探索，都是可以理解和接受的。

如果孩子真的在很多事情上經常表現得畏懼、退縮，不願主動去嘗試，不能表達自己的想法和觀點的話，那麼，這個孩子確實存在一定程度的膽怯。對此，我們也不必不知所措，更不需要給孩子貼上膽怯的「標籤」，這樣做更無濟於事。父母惟一能做的就是幫助孩子走出膽怯，而不是大聲指責、嘲笑孩子，因為孩子已經面臨困境，這樣做只是雪上加霜。

膽怯的孩子，在家或學校易受到外界的忽視或歧視，孩子會感到自卑，越是自卑越不敢抬頭大聲說話，以致惡性循環。我們可以耐心地告訴孩子：「不用怕，有我們幫助你。」孩子會從父母的話中感受到關愛和信任，這對孩子消除自卑非常重要。父母應時常耐心地聽孩子的感受，了解孩子對各種問題的看法，做到有的放矢。

要消除孩子的膽怯，需多鼓勵孩子。開始，孩子只要有一些進步，哪怕聲音不如父母期望的那麼大，都要給予熱情和真誠的鼓勵。孩子在反復的鼓勵中，產生被認可、被接受的感覺，增強了大聲講話的信心，有助於消除講話時的緊張感。

父母還要多與老師溝通，爭取老師的幫助也很重要，請老師給予孩子必要的關懷，多鼓勵孩子。膽子小的孩子在群體中易被忽視，而且孩子最相信老師的權威和評價。所以，盡量爭取老師的幫助是非常重要的。

　　父母還應該可以用多種方式引導孩子與同齡人接觸。如請鄰居或同班較熟悉的小朋友到家裡玩，或與孩子們一同走進大自然，創造一種輕鬆、歡快的氛圍。在這種氛圍中，孩子的個性可以盡情展露，也利於他高聲講話、笑鬧、蹦跳，無所顧忌。另外，還可以讓孩子多給親朋好友打電話。

　　利用角色遊戲讓孩子理解自己在日常生活中所能扮演的角色，因勢利導，避免用枯燥乏味的說教。天下沒有引導不好的孩子，只有不善引導的父母。

　　培養孩子的責任心有利於孩子克服膽怯行為。我們不必事事搶在孩子前面，不必把他們照顧得無微不至。我們可以明白地告訴孩子他們應負責的範圍。我們不妨表現得很無助、很弱小，非常需要孩子的照顧，逐漸讓孩子擔負起一定的責任，把責任的接力棒傳到孩子的手中。有責任心的人就能自覺克服膽怯行為，日常生活中，我們都有這樣的體會。讓孩子照顧弱小或年幼的孩子時他會很感興趣，完全忘記了膽怯。有的女孩子膽怯，可一旦成為母親，要肩負保護、照顧孩子的責任時，膽怯會一掃而光，這不正說明責任可以戰勝膽怯嗎？

▍問題六：孩子的攻擊性

　　一個人生來就具有一種內在的攻擊傾向，但隨著生理心理的發展，這種攻擊傾向可能會指向一些有意義的目標，如征服外部環境，在駕馭環境中取得成功。朝這個方向發展的「攻擊性」，會變成人心理中的正向成分，如堅忍性、毅力、意志品格等。但是如果這種與生俱來的攻擊傾向指向一些不被社會讚許的目標，如傷害別人，就是有害的。在一些完全不能和別人和睦相處的成人以及那些犯罪者身上，可以明顯地看到這種攻擊性的後果。

第四章　解決孩子的問題

　　心理學中把攻擊性定義為他人不願接受的出於故意或工具性目的的傷害行為，這種有意傷害包括直接的身體傷害（打人）、語言傷害（罵人、嘲笑人）和間接的、心理上的傷害（如背後說壞話、造謠誣衊）。有傷害他人的意圖但未造成後果的攻擊性行為仍然屬於攻擊行為，但孩子們在一起玩耍時無敵意的推拉動作則不是攻擊行為。

　　社會學家、人類學家、心理學家從人種、文化和社會學、心理學角度對人的攻擊性成因進行過許多探索，發現了很多有趣的規律性，其中也包括家庭對兒童攻擊性形成的影響。這些影響表現在以下幾個方面：

　　一是父母的撫養方式。父母對孩子的態度和撫養方式對兒童攻擊性行為的形成有著重要作用。研究發現，冷漠拒斥的父母常會反覆無常地懲罰孩子，並且容許孩子表現的攻擊性衝動行為，他們更容易培養出攻擊性的兒童。這些冷漠拒斥的父母總是挫傷孩子的情感需求，給孩子樹立了對人漠不關心的榜樣。當孩子對別人表現出攻擊性時，他們採取不管不問的態度，這就使孩子的攻擊行為合理化，使孩子失去控制自己攻擊性衝動的鍛鍊機會。這些父母往往還有另一個特點，當他們對孩子的攻擊性行為無法忍受時，就會懲罰孩子、打屁股、打耳光。這又向孩子提供了一個攻擊性行為的模仿原型，不但達不到控制攻擊性的目的，反之卻在變相地暗示孩子當別人使你不滿意時，應該怎樣對待他。所以，研究證實了這一事實：常靠體罰來約束攻擊性行為的父母，他們的孩子在家庭之外往往是強侵犯性的。

　　二是孩子也會影響父母。關於父母撫養方式的一項研究發現，母親對兒童早期攻擊性行為的容許態度能最好地預示男性青少年期的攻擊性行為；其次的有效預測指標不是父母的撫養方式，而是兒童自己氣質的衝動性（高活動性、衝動性的兒童容易成為高攻擊性兒童）。從事這項研究的

問題六:孩子的攻擊性

奧爾維斯認為,一方面,高活動性、容易衝動的兒童會使母親精疲力竭,而變得對他的攻擊性很容忍,從而助長孩子的高攻擊性;另一方面,孩子的行為常常激怒母親,使她無法容忍而採用體罰的方式來警告孩子的攻擊性行為。這就是說,孩子自己也參與了家庭撫養環境,並在其中產生一定的作用,正是這種環境導致了兒童的攻擊性傾向。

三是父母對孩子缺乏監控。父母對孩子攻擊性的另一間接影響是透過對兒童遊戲、行為、朋友選擇等活動的管理和監控實現的。研究發現,缺少父母監控可能造成兒童與青少年的攻擊性和過失行為,包括與同伴打架、罵老師、違規等。對青少年犯的父母的調查發現,這些父母對孩子的行蹤、與什麼人交往、從事怎樣的活動等問題採取無所謂的態度。這種缺乏監控實際上充分表現了父母對孩子的不關心。

四是家庭模式容易滋生攻擊性行為。美國的一位心理學家吉羅德·派特森觀察了高攻擊兒童的家庭中父母與兒童相互作用的模式。這些兒童都是在家庭和學校愛打鬥、不服管教的孩子。把這些家庭和那些具有相似規模和經濟地位、但沒有問題的兒童的家庭進行比較,發現這些問題兒童的家庭很相似 —— 家庭成員之間很少表達感情,常常爭吵不休。他們把這種家庭環境稱為高壓式的家庭環境。在這種環境中,家庭成員之間的交往形式多為一成員迫使另一成員停止對他的侵擾。在形成高壓式交往的過程中,負強化產生重要作用,當一家庭成員惹怒另一成員時,後者就會用哭叫、打鬧和謾罵來還擊。這樣,攻擊性行為就得到了強化。

在這樣的家庭中,父母極少用鼓勵等正面方式來控制孩子的行為,而只會選擇高壓的策略。具有諷刺意味的是這種高壓環境出來的孩子對懲罰極其抵制,他們用相應的強力手段反抗父母,重複父母要制止的行為。他們用這種方式吸引父母的注意力,相反,在非高壓家庭中的孩子平時就經

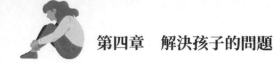

常得到關心，他們不需要用激怒其他家人的方式來得到關注。這種家庭的父母用懲罰方式教育孩子時也更為有效，他們能較好地掌控住局面而不致陷入對抗的處境。

由此可見，對家庭心理氣氛的影響是多方面的：父母與孩子之間高壓式的相互作用都會互相影響，最終形成一種有敵意的家庭環境。

那麼，父母應該怎樣做才能有效地控制孩子的攻擊性發展呢？

教育好有敵意、失控的攻擊性孩子，父母對此負有重要責任。在孩子攻擊性的影響因素中，遺傳因素大約占50％，其餘50％的因素中又有一部分是父母與孩子的相互作用所致。所謂遺傳，並不是說父母把打人、罵人這些具體行為遺傳給了孩子，他們遺傳給孩子的只是神經過程較強、情緒容易激動等自然特徵，這些自然特徵遇到合適的土壤，就會滋生出攻擊性行為。

因此，父母自己的行為，如怎樣對待孩子的脾氣大、愛哭、笨拙、無知和一時的錯誤，對孩子最初的攻擊性行為的形成，具有很大影響。如果孩子剛剛出生，就比別的孩子愛哭，脾氣大，父母就應該明白，自己正是孩子這種行為特徵的「製造者」。有些做媽媽的可能會報怨：我的脾氣並不這樣，怎麼能說是我遺傳給孩子壞脾氣呢？要知道，媽媽脾氣好，爸爸可能脾氣壞，媽媽爸爸脾氣都好，爺爺奶奶、姥姥姥爺可能脾氣壞──遺傳可能是隔代的。因此可以說，教育孩子的第一步是父母的自我克制和極大耐心。

吉羅德‧派特森觀察了一些由於父母的不正確教育方式而培養了攻擊性孩子的家庭內部相互作用特徵，據此提出一套「對攻擊性孩子」的家庭教育原則。他把這套原則告訴給父母，結果證明，用這些方法對待孩子，效果很明顯。這套原則的要點是：

✧ 不要對孩子的暴力行為讓步。

✧ 孩子反抗時，不要讓自己的高壓方式升級。

✧ 用一種冷處理的方法來對付孩子的暴力行為 —— 把孩子關在他們的屋裡，讓他們自己冷靜下來。

✧ 監控孩子那些表現不好的行為，建立一套分數體系：孩子做得好，便可得到好分數、獎勵或某些特許；表現不好，就得不到這些鼓勵。對年齡大些的孩子，父母可以和他們訂立「行為協定」，明確地告訴孩子，在家在校應如何表現，表現不好會得到什麼懲罰。要盡可能讓孩子參與行為協定的討論。

✧ 以熱情的方式對孩子表現出的親善行為予以鼓勵，尤其是那些習慣打罵、呵斥、責罵孩子的父母更應如此。鼓勵的態度會強化孩子的良好行為，使孩子表現出正向的情感。

派特森進行了幾年的追蹤，他發現絕大多數問題家庭很歡迎這種方法。當父母採用了這一原則之後，不僅問題兒童的攻擊性和偏常行為大大減少，而且母親的憂慮也逐漸減少，她們對自己、對孩子的感覺都好多了。有些問題家庭很快得到改善，另一些改變則稍慢些，需要費更大的精力。派特森認為孩子行為的失控根源在於家庭，在於父母子女之間不正常的、充滿敵意的相互作用，因此，僅僅關注問題孩子的失控行為是不夠的。

怎樣才能有效地控制孩子的攻擊性行為呢？海內外心理教育專家對這一問題已經研究了多年，他們提出了很多方法，下面介紹其中的幾種：

✧ **消除攻擊性的獎勵物**：判別並消除攻擊性行為的獎勵物以降低攻擊性是可行的辦法。例如，五歲的強強和明明一起玩時，蠻不講理地搶走

了明明手裡的玩具，惹得明明大哭起來。對強強來說，他的攻擊性行為的強化物就是對玩具的占有，這時，讓強強把玩具還給明明，就等於消除了強強攻擊性行為的強化物。如果不把強強手裡的玩具要過來，反而鼓勵他，以後他就還會搶別人的玩具。同樣，如果孩子打了人，父母不制止、不批評，那麼，這種不制止、不批評的態度，就成為孩子打人行為的強化物，使孩子覺得，打人並沒有什麼不對，以後還打人。所以，當孩子表現出攻擊性行為時，父母應該查明原因及時地處理，並且鮮明地表示自己的態度，使孩子意識到什麼行為是錯的、怎樣做才對。

✧ **鼓勵孩子的親善行為**：鼓勵孩子的親善行為，如分享、合作、幫助別人等也是消除孩子攻擊性行為的一種好辦法。在一項研究中，心理學家讓托兒所教師鼓勵孩子的除嚴重攻擊性之外的所有行為，特別獎勵那些親善行為，如分享玩具、合作等。兩周之內，這種方法有效地減少了兒童之間的身體攻擊和言語攻擊行為。幾周後的繼續實施又進一步降低了攻擊性。這就是說，對孩子的攻擊行為，並不一定非懲罰不可，成人可以對這種行為「視而不見」，而對他們的好行為大加讚賞，這種辦法同樣也可以降低孩子的攻擊性。這種無懲罰的方法的最大好處是，不給孩子提供「反攻擊」或「報復」的原型。因為懲罰孩子的攻擊行為，實際上也是一種攻擊行為，它可能使孩子在受到別人攻擊時採取報復手段。因此，只獎勵、不懲罰的教育方式可以避免懲罰帶來的消極影響。

✧ **冷處理**：如果孩子有非常嚴重的侵犯行為，父母和教師就不能採用只鼓勵、不懲罰的方法了，在這種情況下，冷處理也是一種有效的做法。所謂冷處理，就是暫時不理睬，對孩子表示冷漠，在一段時間裡

不理他，用這種方法來「懲罰」他的攻擊性。如把孩子一個人關在屋子裡，直到他自己平靜下來。儘管這種做法會產生一些怨恨，但不會向孩子提供呵斥、打、罵等攻擊原型。這種方法如能與鼓勵親善行為的方法配合使用，效果會更好。

◇ **榜樣訓練**：同伴之間發生衝突怎麼辦？通常的方法無非是反攻擊（報復）、自己緩解、別人勸解三種方式。後兩種方式是好的，但孩子並不能自覺地採取這種方法，必須經過訓練來學會。如果孩子經常看到大人或別的孩子採取採取這兩種方法來解決衝突，或父母、教師經常訓練他們採取這兩種方法解決衝突，他們以後就可能也採用這些方法來解決問題。

◇ **提供非攻擊的環境**：消除孩子的攻擊性有一種常用的方法是提供非攻擊性的環境，盡量減少衝突的可能性。例如提供充足的遊戲空間，避免因偶然的身體碰撞而導致的攻擊性衝突。研究證明缺少遊戲材料會引起攻擊性行為。如果玩具豐富，更多的孩子便可以不引起任何衝突地加入游戲中。另外，玩具本身的攻擊性定向（如槍、刀之類）也會導致攻擊性傾向。在一個對5歲至8歲兒童的研究中發現，被鼓勵使用攻擊性玩具的兒童比使用中性玩具的兒童更容易發生爭鬥。因此，對那些天性好鬥的孩子，要少給他們買刀、槍、武器等攻擊性的玩具。

◇ **培養孩子的移情能力**：心理學研究表明，無論小學生、青少年還是成人，在受害者明顯表現出痛苦時，都會停止攻擊。然而，學齡前兒童和高攻擊性的小學生則不然，他們會繼續打受害者（或繼續殘害小動物）。心理學家對此的解釋是，他們之所以這樣做，是因為他們缺乏移情技能，不會同情受害者，在傷害別人時，他們一點都沒感到羞愧或不安。

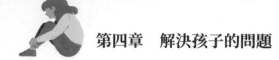

研究表明，培養兒童的移情能力，能有效地降低攻擊性。小學生在移情能力上得高分，教師評定的攻擊性行為就很少。而移情能力得分低的則表現出很高的攻擊性。在一項研究中，高攻擊性的 11 歲～ 13 歲的少年犯參加了為期十周的移情訓練後，他們的敵意和攻擊性明顯減少了，對 9 歲～ 11 歲兒童的移情訓練也獲得了同樣的結果。

在家庭中，父母可以透過提供移情原型和採取一些約束方法來培養兒童的移情能力。首先指出兒童攻擊行為導致的危害後果，同時引導孩子移情換位，想像受害者的感覺和心情。這是從本質上消除孩子攻擊性的一種好辦法。

▎問題七：孩子的糾紛

孩子從家庭進入學校，這就意味著開始獨立地進入社會群體。在這個群體中，孩子怎樣處理自己與他人的關係，尤其是孩子在受了欺負、產生委屈以後，父母和老師應該怎麼做，這是我們經常遇到的問題。

有位父母談到這個問題時很憂慮。她有個女兒，從小活潑開朗，心地善良，父母經常對孩子說，與人相處要文明禮貌，誠實友好。可是進幼稚園以後，女兒老是受別人欺負，讓她去告訴老師，她說：「老師說過，這類事你們自己處理。」幾年下來，一向活潑開朗的孩子變得忍氣吞聲。去年孩子上了小學，又發生一件事，那天在課堂上做作業，孩子拿橡皮時碰到了正在寫字的同桌同學的手臂，她連忙說「對不起」，可那位男同學還是一拳打過來。當時老師沒有看見這一幕，女兒又像往常一樣忍了下來。這位母親擔心這樣下去，孩子稚嫩的心靈將蒙上陰影，性格會被扭曲。

這位母親的擔憂不無道理。本來，孩子在一起玩耍時，打打鬧鬧的事經常發生，這種摩擦、打鬧的處理過程也是孩子學會與人相處的課程之

問題七：孩子的糾紛

一。但是孩子畢竟年幼，是非觀念尚未形成。尤其是現在有些獨生子女從小缺少夥伴，在家備受父輩、祖輩的寵愛，有的孩子性格很自私，在同伴中稍有不如意，便拳腳相加。另有一些孩子，因受到父母過分的呵護，反而失去了自我保護的能力，在粗暴、驕橫的孩子面前不知所措。因此，作為父母和老師，應該教會孩子處理好他們之間的糾紛並把此看做是對培養孩子人際交往能力、形成孩子健康的人格、提高分辨是非能力的重要時機。

前面那位父母提到，孩子在幼稚園時與同伴發生糾紛，老師總對她說「你們自己處理」。應該說，老師這樣的回答並沒錯，因為孩子只有在自己親自處理和其他孩子發生糾紛的過程中，才能學會人際交往的本領。但是，老師在說過「你們自己處理」之後，還應該留心、關注這件事情的發展和結果。如果孩子們對這件事處理得很公正，教師應該及時給予肯定；如果事情的結果像那位父母說的，受欺負的孩子沒有得到公正的對待，那麼，老師應該借這個機會幫助年幼的孩子辨清是非，並讓孩子們懂得，不能縱容野蠻的、攻擊別人的行為。同時要注意幫助那些性格懦弱、對別人的攻擊一味退縮的孩子，樹立起勇敢、堅強的品格。

作為父母，遇到孩子受欺負以後，應該持什麼樣的態度呢？

以前，很多父母往往這樣教育孩子：「如果你被別人打了。不要還手，可以去告訴老師，讓老師去批評對方。」現在做父母的則會這樣對孩子說：「首先，你不要去惹別人，如果別人來惹你、打你，你要毫不客氣地還手。」其實，我們不能把這個問題簡單地以「還手還是不還手」來回答，而應該從培養孩子健康人格的角度，針對具體事情中的具體問題進行分析處理。像上面提到的那位女孩子不小心碰了正在寫字的男同學，她已經說了對不起，卻還是挨了男同學一拳，的確是夠委屈的了。但事情已

經發生了，這時候父母最重要的是要幫助孩子分清對錯。父母應該肯定孩子的行為：「你是對的，那位男同學是錯的。在這件事上。你文明、有道理，你比他做得好，我為你自豪。」父母的肯定可以讓孩子去掉委屈情緒，產生自豪感。這種自豪感對性格懦弱、膽小的孩子來說，尤其重要。另外在肯定孩子的時候，還要教他在該爭的時候要去爭，特別是遇到有害於同學、危害團體的事情，要勇敢地站出敢於制止，必要時包括還手。

▎問題八：孩子受欺負

　　孩子之間在玩耍時你打他、他打你是常事，打過鬧過一會兒就過去了，吃虧占便宜是不記仇的。即使是誰欺負了誰，這也是孩子的事，最好是讓老師去解決，父母參與或大動干戈是不會有助於問題解決的。我們經常見到這樣的情景：這邊雙方父母正因為自己的孩子受了「欺負」吵鬧不休，沒完沒了時，而那邊兩個孩子又已經在一起玩了。

　　如果孩子真的受了霸道同學的欺負，父母不要一時衝動，向對方孩子大打出手，或者到學校避開教師直接向孩子發難。雖然你自以為出了一口惡氣，心理上找到了暫時的平衡，可卻丟掉了大人的尊嚴與人格。孩子之間的問題非但沒解決，往往又引發了雙方父母的矛盾衝突，惹出新的麻煩。更使自己始料不及的是，這樣一鬧，自己孩子在同學中的威信會降低。由於父母的參與，在孩子和他的同學之間製造了一種無形的屏障，使孩子與同學今後相處時會更加困難，給孩子的人際交往帶來負面影響。

　　最好的解決問題的辦法是，應勸說自己的孩子，對同學要寬容、大度，吃點虧就吃點虧，不要耿耿於懷，今後吸取教訓，避免這類事再發生就是了。如果對方欺人太甚，無法容忍，要鼓勵孩子把事情告訴老師或對方父母，請他們幫助教育、解決。

有時，孩子也會遭遇陌生人的欺負，如一些品行惡劣的高年級學生、社會無業青年的無端打罵恐嚇，攔截，索要錢財等。當危及孩子的人身安全時，父母獲悉後不可忽視，要教育孩子有安全防範和自我保護意識，遇到此類事件不要隱瞞，要及時告訴父母或老師。報紙上曾報導過北京一小學生在多次遭到兩名中學生攔截索錢後，不敢告訴父母，結果這兩名中學生得寸進尺，膽子越來越大，把這個小學生堵在家中殺害。做父母的要時刻關注孩子的變化，如孩子神態、舉止、活動反常，電話頻繁，接電話後神情不安，常有不三不四的陌生人來找，花錢大手大腳，家中出現丟失錢物等現象，一定要及時想辦法與孩子溝通，談心，儘快了解到真實情況，問題嚴重的還應立即報案，借助法律來保護自己的孩子。

▌問題九：孩子太嬌氣

在一項針對小學生調查中，很多小學老師都談到，現在很多小學生很嬌氣。

嬌氣的孩子有哪些特點呢？生活上，他們好吃懶做，喜歡吃好的，吃零食，生活自理能力差，不會疊被子，不會穿衣服、繫鞋帶，不會洗手絹。總之，過分地依賴大人，如果沒有爸爸媽媽照顧，他們一天也活不舒服。在學校的學習和活動上，不能承受壓力，只能成功，不能失敗，怕苦怕累，體育課多跑幾圈就回家告老師的狀。

從心理學角度分析，嬌氣指的是一貫怕吃苦、怕困難，遇到令人不舒適和困難的場合就情緒低落、止步不前的特性。那麼，一個本不嬌氣的孩子怎麼會變嬌氣的？對此，老師們說的一些具體事例很說明問題，也很值得思考。

一個非常普遍的現象是，每天小學校上學和放學時，門口都是車水馬

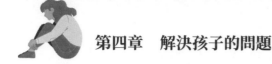

龍，接送孩子的父母們，開車的，騎車的，徒步的，爸爸媽媽接的，爺爺奶奶接的，接一二年級學生的，接三四年級學生的……這算得上我們國家一道獨特的景觀。如果你仔細分析，大概有一多半每天被接送的孩子，無論從安全還是其他角度，都根本沒必要接送。國外也有接送孩子的現象，但那是因為學生家離學校較遠，確實需要學校巴士或父母開車接送。

一位小學老校長頗有感慨地說：「上個世紀 50 年代初我上小學時，開學第一天是跟著哥哥去的，從此以後就自己上學，儘管那時也傳說著有什麼拍花子把小孩騙走之類的事。上個世紀 80 年代初我的孩子上小學時，開學第一天我送他去學校，從第二天起，就是他自己走，沒有再接送過。二年級時他轉學到另一所學校，上學必須過一條大馬路，我仍然不接送，因為交通法規規定，年齡不滿七歲的兒童，過馬路必須有成人帶領。小學生大多已年滿七歲，應該自己會過馬路了。

現在，在緊靠著我住的樓旁邊，有一所小學，從這所小學到我住的樓，只有一分鐘的路程，而我的一個鄰居，照舊接送他們的孫子上學、下學，直到孩子上二年級。在相鄰的另一個樓裡，住著一位著名科學家，他也接送他的父母在國外留學的孫子上下學達兩年之久。

接送孩子上學、下學，也有好處，如保證安全，顯示父母對孩子的愛心，密切親子之情等，但其突出的缺點，就是容易養成孩子的依賴性，變得嬌氣。如果父母過分地渲染現在社會多麼不安定，年幼的孩子在每天被父母接送的過程中，還可能形成一種對社會上的人們普遍的警惕和懷疑態度。這對他們的社會性發展是不利的。」

美國一位大心理學家艾裡克森把人生分為八個階段，每個階段有一對主要矛盾，其中第二個階段，一至三歲期間，主要矛盾就是自主性對懷疑。在這一階段，由於孩子形成了許多新的心理和運動技能，他們迫切希

望自己能在一些事情上做出獨立的選擇，父母應該在孩子力所能及的範圍內允許孩子做出自由選擇，這樣才能培養孩子的自信心和獨立性。否則，孩子就會時時處處對自己的能力感到懷疑。

不知道西方的父母懂不懂艾裡克森的理論，但他們中的大多數人，是在自己的孩子出生那天起，就讓孩子單獨地睡一個房間。在澳洲，一對年輕父母在睡覺之前把孩子抱進他自己的房間就不管了，並且在孩子大聲啼哭了十幾分鐘的過程中，始終陪客人聊天。客人心裡很不安，建議他們看一看孩子，把孩子哄睡了再說，而他們說，天天如此，孩子哭累了，就會睡的。那一天孩子哭得時間特別長，可能是因為家裡來了客人，孩子特別興奮的緣故。但這對父母始終沒去看一眼孩子。

在某市的一所小學，一個小學生因為上體育課多跑了幾圈，太累，回家就向父母告老師狀，結果孩子父母來到學校和體育老師大吵大鬧，說老師是故意懲罰孩子，才讓學生跑那麼多圈的。從這件事上隱約可以發現一種雙向的因果關係：父母的嬌慣，導致了孩子的嬌氣。孩子的嬌氣，又進一步導致了父母更錯誤的教育方式。這樣的學生並不能代表大多數學生，但這件事卻很典型，它說明孩子的個性和品格確實和家庭教育有關。

「嬌」孩子和「慣」孩子不同，「嬌」的主要成分是疼愛，被父母「嬌」的孩子，不一定嬌氣十足；但「慣」則不同，它的主要成分是放縱，過於寬，缺少嚴，「慣」出來的孩子十有八九是嬌氣的孩子。因此，從孩子很小的時候起，父母就應該掌握好尺度，對孩子嬌而不慣，寬嚴不誤。

嬌而不慣，寬嚴不誤，這不是一張空頭支票，必須有具體的教養策略跟在後面。以下是一點建議：

如果條件許可，儘早地讓孩子獨立睡一個房間。

第四章　解決孩子的問題

從孩子一歲開始，也就是孩子剛剛會說話，就努力尋找機會鍛鍊孩子的獨立選擇能力。例如，和孩子一起玩玩具之前，把一大堆玩具拿到孩子面前，問他：「咱們現在一起玩玩具，你說，玩哪個？」如果想給兩歲的孩子買一雙新鞋，可以帶孩子到商店的兒童鞋櫃前，跟他說：「我要給你買一雙鞋，你喜歡哪一雙？」

當孩子顯露出獨立性時，要加以鼓勵。比如你叫他幹一件事，他非要幹另一件事，只要他想幹的事在合理範圍之內，就不要強迫他幹你要他幹的事。不要把孩子這種行為看成是「不聽話」，而把它看成是孩子身上寶貴的自主性動機，抓住機會，給孩子自主、自立的自由。

在孩子遇到困難時，不要急於過去幫忙，哪怕他大哭大鬧，也不要急於去哄。這時，應該鼓勵他自己獨立地克服困難。有專家到日本考察時，見地鐵和火車裡，媽媽們常常自己坐下，讓五六歲的孩子站著，因為車起動或剎車，孩子摔倒了，她們也不上去扶，而讓孩子自己爬起來。專家問陪同的翻譯，這在日本是否普遍，他說，很普遍。日本人很注重培養孩子的獨立性和克服困難精神，不僅乘車是這樣，在日常生活中也如此。

不要給孩子從小創造過於舒適的環境。過去經濟條件差，這一點不用強調也容易做到，但現在生活條件好了，這一點就必須強調，必須刻意地去做。一位教師談到她的一個學生，家裡條件很好，但她整個小學階段只用了兩個書包，都是很普通的，鉛筆盒也只換過一次。平時父母給她零用錢，她從不亂花，反而在爸爸媽媽、爺爺奶奶過生日時給他們買禮物。這樣的孩子怎麼培養出來的？據那位教師說，主要是靠家庭教育，因為在這一點上，學校教育是相同的，為什麼只有她能做到？所以，從孩子很小的時候起，給孩子買吃的，穿的，用的，不要追求高檔，營養充足，美觀大方，科學實用，才是正確的標準。

要想孩子素養好，父母首先要素養好。要做到以上幾點，父母首先要從「我」做起。

▌問題十：孩子太淘氣

一位母親帶孩子到朋友家做客，她非常希望自己的孩子表現得彬彬有禮，安安靜靜坐在她身邊，聽大人們談話。但孩子卻不爭氣，把人家的鞋油當做牙膏，抹得嘴裡臉上到處都是。對待這樣淘氣的孩子，應該怎麼辦呢？

一般的父母都比較喜歡老實聽話的孩子，對淘氣的孩子常感到頭痛。其實淘氣對孩子來說，並不是一件壞事。發明家愛迪生（Thomas Alva Edison）年幼時，看到母雞孵小雞，就躲進倉庫，用自己的肚子去孵小雞。這種看起來很淘氣的行為，正是愛迪生探索求知精神的表現。有的孩子看到鬧鐘會報時時，就試圖拆開看看，看到父親刮鬍子時，也想試一試……許多淘氣的行為，都可能把整潔的屋子搞得一塌糊塗，把完好的物品拆得七零八落。父母當然很惱火。

其實，淘氣的行為，從心理學的角度來看就是一種求知欲，對孩子來說，就是好奇心，兒童心理學認為好奇是「知識之門」，是「萌生科學的幼芽」，對好奇心給予了極高評價。如果父母們採取訓斥、限制甚至打罵等粗暴態度，那麼孩子的求知欲就會受到挫折和壓抑，由此，孩子可能變得小心翼翼，縮手縮腳，甚至造成消極的性格。

孩子從一歲半左右開始大都不再吃母乳了，而依靠自然界中的各種食物來攝取自身需要的營養。可以說，從這時起，孩子就開始了獨立自主的生活，他們開始獨立行走，視覺聽覺逐步完善，因此開始自己去接觸了解豐富多彩的客觀世界，這一切都會引起孩子的好奇心。或者說從此時起孩

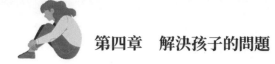

第四章　解決孩子的問題

子開始發展自主性，自主性發育開始的標誌就是淘氣。

　　三歲左右的孩子已基本具備人的各種能力，他們便要求自主。例如，他們拒絕大人餵飯，拒絕大人牽拉走路，願意自己穿衣、掃地、學做家務，他們常常對父母的話持反對態度。這種「淘氣不聽話」在心理學上可稱「第一反抗期」，這時父母們尤其要有必要的忍耐。如果孩子的淘氣不致造成危險或財產的較大損失，就盡量不要去干涉他們，允許他們冒點風險。當孩子獨立行事遇到困難時，才可以適時地幫助他。

　　淘氣的孩子不一定是壞孩子，他們長大後，在社會上的成就可能遠遠超過處處聽話的孩子。

　　當然，有些孩子是不但淘氣而且還耍賴的孩子。有時，孩子耍賴或許會把你逼瘋，而你的反應又只能使他鬧得更厲害。多數父母都不能容忍孩子耍賴的腔調及臉上的表情，父母們會由於對阻止孩子耍賴束手無策而感到沮喪和憤怒。

　　孩子是想以一種「退化」的方式來表達他的需要，他不恰當地表達憤怒、失望等感情，就是希望別人能向對待嬰兒那樣對待他，因為他仍懷念幼小時的感覺。如果你能仔細觀察一下，就會發現一個很簡單的原因，孩子玩了一天，感到很疲倦，所以不可能很有說服力地、有效地表達他的感情。

　　其實，孩子耍賴的最根本原因是他不能以別的更合適的方式表達他的需要。對待孩子耍賴我們應該怎麼辦呢？

　　父母要留意觀察孩子耍賴的情形。是在他很疲倦的時候，還是在他沒能為所欲為的時候，或是在他感到需要你抱一抱的時候？

　　在孩子不耍賴的時候，可以跟他談談，說你想幫助他，學會如何告訴他需要什麼，而不是耍賴。根據觀察你可以說：「我看得出來，當我讓你

去做你不想做的事情時，你就耍賴。你可以試著不用耍賴的方式而用正常的方式告訴我，我相信你能做到這一步。但是，我們仍要把工作做完。」你這是在教孩子用適合他年齡的方法行事。

發現孩子耍賴時，可以告訴他：「現在，你又心煩意亂了。我希望你盡量控制自己。」哪怕你只看到一點成效，你都要說：「好樣的，你正在努力！」過一段時間說：「當你控制自己不耍賴時，我覺得你真是好多了。」

一旦看到孩子在控制自己方面取得任何一點成效，你就應該馬上說：「我知道你正在約束自己，我為你感到驕傲。」這時去抱抱他是非常合適的。

▌問題十一：孩子內向

一個人的性格通常表現為他的處事態度和面對問題時的反應。有的人易怒，有的人冷漠，有的人呆板，有的人好主宰一切，有的人易衝動，而有的人沉默寡言。

內向同樣也是一種性格。內向的人不會改變自己，但是非常有教養。內向型的人占世界人口的 1/5，人類中有 1/10 的人是極度內向型的，他們沉默、孤僻，喜歡沉醉在個人世界裡。

對內向型人最恰當的描述就是不善言辭。在某些需要表達諸如感激、愉快或悲傷的場合，內向型的人往往因為沉默寡言而給人造成不良印象，因此在生活中失去很多機會。

那麼，如何幫助內向型的孩子呢？

✧ 為他們創造一些鍛鍊社交能力和表達技巧的機會。

✧ 在交談時鼓勵他們多開口，並告訴他們談話的技巧，這會對他們產生正面作用。

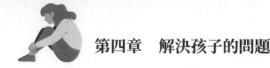

✧ 讓他們在眾人面前保持良好形象，不要搞得過於複雜。

✧ 給予他們幫助，不要使他們過於敏感，也不要讓他們高估自己的觀點和想法。避免他們養成愛記仇的習慣，也不要讓他們過分誇大對自己的評價。

✧ 鼓勵他們說出自己的困惑，以便及早解決。

✧ 對於年齡較小的內向型孩子，要給予特別照顧，因為他們更易感到受傷害，要注意他們內心情緒的變化。

▌問題十二：孩子鬧脾氣

　　無論成人或孩子，不可能總是快樂無憂，但我們都希望能夠幫助孩子學會控制自己的情緒，使之向快樂的方向轉化。

　　情緒是人與生俱來的心理反應，它由四種基本情緒構成：憤怒、恐懼、悲傷和快樂。這如同繪畫中紅、黃、藍三顏色，其不同的組合構成人的各種情緒狀態。

　　情緒在我們的生活中有其獨特的作用。憤怒激發人為爭取自己的權利和自由而抗爭；恐懼使人躲避危險，尋求安全；悲傷能緩解心中的痛苦，讓我們開始新生活；快樂則常在人經歷了以上種種情緒之後才出現。

　　快樂的含義並不是無憂無慮，永遠愉快的。只有讓孩子學會恰當體驗、控制和表達他的各種情緒，才能成為真正快樂的人。

　　孩子在嬰兒期就有一定的情緒反應，但其表現突然而不穩定。隨著年齡的增長，父母有必要幫助孩子正確理解和恰當地表達上述三種不良的情緒。

　　堅持要求孩子用語言而不是用動作來表達憤怒。當孩子生氣時，鼓勵他大聲講出來，並盡可能說出原因。

✧ 幫助孩子找到憤怒的原因。孩子有時需要成人的提示來回想自己生氣

　　的理由，如「你是不是因為兵兵拿走了你的小汽車才對他發火？」

✧　對孩子的情緒表示理解。如「我知道你等得有些不耐煩了，可沒辦法，誰都得這樣。」

✧　禁止孩子在發怒時打人。一旦出現這種行為，父母應立即給予懲罰。

✧　鼓勵孩子直截了當地表達自己的願望，而不是用委屈和抱怨的消極態度。如孩子告狀說：「他打我……」你可以回答說：「大聲告訴他別再打你。」再比如孩子告狀說：「麗麗騎走了我的自行車！」你可以說：「你去問問她，現在能否把車還回來。告訴她那車是你的，你想把它要回來。」

✧　為孩子做個榜樣。當你生氣時，大聲講出來，以免控制不住時突然大發雷霆。父母不用在孩子面前掩飾自己憤怒的情緒。讓孩子從你身上學到如何恰當地表達自己的憤怒。但切記，不要用侮辱性的話對孩子表達你的情緒，只客觀地表達你的感受和原因即可，如，「我很生氣！」、「別亂動我的東西！」等等。

　　哭泣是人悲傷時的典型反應。科學研究發現，人在哭泣時體內會發生一定的化學反應，從而緩解痛苦。當孩子悲傷時，讓他好好地哭一場。此時，成人無需過多地干預，只須平靜地坐在孩子身邊，讓孩子感到你的體諒和支持。有時，孩子會投入你的懷抱，需要你緊緊地擁抱和輕輕地撫摸。但有的時候，他只需一個人獨處，靜靜地體味自己的悲傷。當孩子因哭泣而難為情時，父母要表示理解和支持，讓他感到哭泣並不可恥，而是人的正當行為。

　　當孩子恐懼時，一個人若不知害怕，就很容易遇到危險，但恐懼過多，也難以過正常的生活。讓孩子克服恐懼心理的關鍵在於幫助他對引起恐懼的因素進行理智的思考，具體做法是：

第四章 解決孩子的問題

✧ 充分理解孩子的恐懼。對孩子的恐懼，父母應表示理解，並以輕鬆的語調與孩子談論他害怕的事情。

✧ 與孩子討論他所懼怕的事情。如果孩子對現實生活中的事物感到恐懼，父母可以針對這些事情與孩子進行討論，告訴他在這樣的事情發生時，有哪些措施可以保護自己和家人不受傷害。

✧ 如果孩子對幻想的東西產生恐懼，應明確告訴他這樣的東西是根本不存在的。

✧ 如果孩子在一段時間裡經常害怕，但又說不出為什麼，應耐心地傾聽孩子的談話，從中找到困擾他的原因。

孩子有時會利用虛假的情緒來迷惑成人，目的是得到他想要的東西。遇到這樣的情況，父母該怎麼辦呢？下面就常見的兩種情形提供一些控制的方法。

情形一：拉長臉

孩子拉長臉給父母看，以博得大人的關心和撫慰，同時希望其種種要求被滿足。遇到這種情況時，父母心裡要牢記以下幾點：告訴他有什麼要求可以直接講，不能用拉長臉的方式向大人提要求。讓他學會直接用語言表達自己的需要。人的基本需要其實很簡單：吃、住、穿、愛、運動。讓孩子明白，其餘的需要都是人所渴望的，但不可能樣樣都得到滿足的。讓孩子意識到，無論他高興或是不高興，對這世界沒絲毫影響，所以最好還是高興一些。

如果孩子悶悶不樂。

✧ 你要讓他知道「我關心你」。

✧ 我願意幫助你。

✧ 想想看，你到底想要什麼。

✧ 「我得去廚房做飯了」。

　　總之，你可以去幹你的事。過一會兒，孩子會主動找你，向你表白他的想法，這時，你就可以愉快地幫他解決問題。試想，如果沒人注意的話，他拉長臉給誰看呢？

情形二：發脾氣

　　孩子最初發脾氣是為了發洩憤怒和不滿，當他發現這樣做可以控制成人，讓成人滿足自己的各種要求時，發脾氣就成為一種向成人提要求的手段。而表達憤怒和不滿倒顯得不那麼重要了。當孩子出現這樣的問題時，可以採取以下的方法加以管制和糾正：

✧ 不在這種時候答應孩子的任何要求。

✧ 不要讓孩子以為發脾氣就能得到他想要的東西。

　　在孩子一開始發脾氣時，就想辦法制止。你可以走開，不理睬他，或把他領到自己的房間裡去，也可以嚴厲地高聲訓斥他……不管用哪種方式，目的是制止這種情況繼續下去，同時準備採取下一步措施。孩子發作之後，對其加以適當的懲罰，讓他記住，下一次絕不可以再這樣做。你可以讓他回到自己的房間裡或站到角落裡；讓他道歉，保證以後不再這樣做。如果這次是重犯錯誤，還可以給予一些具體的處罰，如不許玩玩具，不許看電視等等。總之，要讓孩子感到發脾氣帶來的後果簡直糟透了，以後再也不能這樣做了。當你發現孩子要發脾氣時，不妨搶先一步發火。孩子在一些地方特別容易發脾氣，如在商店裡或家裡來客人時，父母在這些場合往往態度過於溫和、妥協，使孩子有可乘之機。所以，越是在這樣的場合越要態度堅決，語氣強硬，使孩子不敢再利用這些機會提要求。

當你特別忙，無暇顧及孩子的時候，為孩子做些適當的安排，不要讓他捲入成人緊張、枯燥的事情中去。

發脾氣、耍賴不是童年必需的行為，如果父母控制得當，很多孩子有過一兩次經驗後，很快就會糾正這種行為。

▌問題十三：孩子說謊

有這樣一件事：一個某名牌大學的學生，在大學期間成績優秀，大學畢業前奮力考過了託福和 GRE，被美國一所大學錄取為博士研究生，而且成績高得令那些招生的美國教授咋舌。到學校不久，有一天下午，女導師給他派了任務，讓他從兩點到三點在實驗室裡做實驗。

實驗室裡剛好有一部電話，可以打美國境內的長途。結果他在從兩點到三點的一小時裡共打了 40 分鐘的長途電話，和在美國的同學、親屬聊天。

美國人公私分明，公司的電話是不能作為私用的。大家都很自覺，誰若犯了忌，他在眾人心目中的信用和威望會一落千丈，這一點和我們中國一些單位實在是大不一樣。

過了幾天，導師偶然地從辦公室紀錄電話的電腦上看見這位「優秀學生」在那個她指定的 1 小時裡打了 40 分鐘長途電話的紀錄，她非常生氣，就把他叫來詢問：

「那天下午 2 點到 3 點，你在做什麼？」

「在按照您的要求做實驗。」

「除了做實驗，還做什麼了嗎？」

「沒有，我一直在專心地做實驗。」

女教授此時大概氣得頭髮都快豎起來了，但她沒有發火，她克制了自己的憤怒。

幾天以後,校方宣布,這個來自中國的「優秀學生」被開除。

幹了違規的事,又說謊話,使這位高材生承受了到美國以後的第一次嚴重打擊。當然,他還可以在第二年再考別的學校,但如果他這種行為不收斂,下場仍不會樂觀。

聽了這個真實的故事,聯想起一位中國物理學家講的他經歷的一件類似的事:

有一次,他的一個研究生和一個同學一起上街,在商店裡揀到一個錢包。這個學生出了個「主意」,他讓那個同學把錢包交給商店保衛部門,自己再去冒領,說是自己丟了錢包。後來真正的失主來報案,事情敗露,商店保衛部門告到了物理學家所在單位。這位物理學家毫不猶豫地把他開除了。他說:「我不信任他,如果將來做實驗,他擅自修改資料怎麼辦?」

兩位教授的風範,反映了科學家對說謊話、不誠實的痛恨,因為「科學是老老實實的學問」,不老實的人不能幹這一行。

其實,大多數人都不喜歡說謊、不誠實的人,因為跟這種人打交道不保險,總得提防吃虧上當。

以下是父母關於孩子說謊的一些看法。

✧ **父母一**:這是最不好的,必須在剛一發現就堅決制止,否則就會不可收拾。我兒子第一次被發現撒謊時,我狠狠地揍了他。雖說有點野蠻,但是絕對有效的。

✧ **父母二**:我覺得制止是首要的,否則父母以後就很難弄清他哪句話是真的,哪句話是假的。懲罰過之後則要想想,孩子到底為何要撒謊,只有弄清原因,才能從根本上加以杜絕。

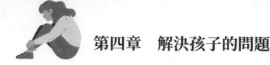

◇ **父母三**：打不是辦法。或許會有些效果，但也極可能形成更嚴重的對抗，孩子以後可能學著把謊話說得更圓滿，更不露痕跡。

可以看出，每個父母都不希望自己的孩子成為一個不誠實的說謊的孩子，而孩子們也知道說謊不是好孩子。

說謊有道德和非道德之分。父母要區分出孩子說謊的道德意義並不是一件很難的事。不妨分析一下以下的情景。

14 歲的菲菲吃早飯時煞有介事地對媽媽說：「昨天，許多小矮人來到我的房間，還有白雪公主，我們玩得開心極了。」

菲菲對媽媽講的事情雖然不可能發生，但它與我們所說的道德意義上的說謊截然不同，它是幼兒創造性的萌芽，是幼兒把想像和現實混淆的結果，這是做父母應該珍惜和鼓勵的。比如，父母抓住這個時機，鼓勵孩子大膽進行創造性思維，你不妨問問：「你看到的小矮人長得什麼樣？」

明明早上起床時，床上溼了一大片，媽媽問這是怎麼回事，他分辨：「我沒有尿床，是我睡覺時出的汗。」

明明所說的也不屬於道德意義上的說謊，它只是孩子為了擺脫尷尬而為自己找到的一個小小的理由，是一種自我保護的反應。當然，對這種「謊言」也不能任其發展，父母應該以一種溫和幽默的態度對待孩子所做的錯事，而不是讓孩子因犯錯誤而產生心理壓力和恐懼。這樣，在寬鬆的環境中，孩子才更有可能講出真話。

東東在學校說：「我奶奶給我買了一把漂亮的衝鋒槍，會冒火的，噠噠噠……」可是老師向東東的媽媽問起這事才知道，東東的奶奶並沒有給東東買衝鋒槍，奶奶原來答應要買，但因為有事還沒買成。

東東說的話也不能算是道德意義上的說謊，因為他不是為了掩蓋錯誤，欺騙別人，只是在表達一個沒能實現的美好的願望罷了。

亮亮沒有做家庭作業，老師收作業時，他說：「我忘帶作業本了。」

紅紅非常喜歡小朋友的玩具，她趁人不注意，把玩具放到了自己口袋裡，老師在她口袋裡發現了玩具，一再問她，她就不說玩具是自己拿的。她說：「我也不知道是誰放在我口袋裡的。」

亮亮和紅紅的話都屬於道德意義上的說謊。因為他們都是有意識地說謊，目的是掩蓋自己的錯誤，欺騙別人，即使這樣也不要認為孩子犯了彌天大罪，應給孩子一個寬鬆的環境，給孩子一個改正錯誤的機會。

孩子的心理和身體各個方面發展還不夠成熟，犯這樣或那樣的錯誤在所難免，有的父母以為孩子好「哄」，一旦「哄」出實話，要麼立即讓孩子屁股啪啪「開花」，要麼擺出興師問罪的架勢，橫眉呵斥。這樣做的後果非常糟糕，對孩子的打擊和傷害也稱得上到了星級水準。從此以後，不僅父母的威信要大打折扣，孩子誠實的德行也難以形成。反之，如果父母心平氣和地對待孩子的錯誤，孩子一定會實話實說，一吐為快的。

所謂「誠信」，就是待人處事要誠懇、誠實、守信譽。西方有個說法，「誠信是最好的競爭手段」。中國也有句古話，叫做「無信不立」。

如果我們的孩子從小就明白誠實是人最起碼的品格，從小就體驗到誠實的威力和實惠，他們今後的社會才可能有序，才可能繁榮和興旺。

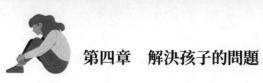

第四章　解決孩子的問題

第五章　教育：按規律辦事

70%的家庭教育存在盲點

某教育科學研究所的研究人員透過調查發現，絕大部分父母根本不懂得家教，70%的家庭教育存在盲點。

目前父母管教孩子的方式大體分為三種：一是祖傳的，爸爸媽媽怎麼教育我，我就怎麼教孩子；第二種是隨意的，張嘴就來，想起一句是一句；第三種是透過學習、思考，總結自己的經驗。第三種父母約占30%。

今天的孩子生活在開放的環境中，在孩子的眼裡，父母不再是萬能的。在知識面前父母和孩子站在同一起跑線上。難怪有父母說：「今天想管教孩子沒有一點本事還真不行。」難怪《哈佛女孩》、《劍橋男孩》之類被當成「祕笈」而爭搶。很多父母被這些「天才」孩子的「天才」事蹟激動著，指望花20塊錢看一本書，自己的孩子也能「輕輕鬆鬆上哈佛」。但是父母忽視了一點：好學生不是管出來的，而是一種良好的教育環境薰陶出來的。父母迫切需要生動實用的家庭教育藝術。

任何好孩子身後都有成功的父母。父母的成功不是因為他們有多高的文憑多高的文化，而是因為重視孩子教育，教育得法，因為春風化雨潤物細無聲。

父母的觀念很重要

父母在孩子成長的過程中占據重要的地位。他們不是教師，對孩子們的影響卻常常勝過教師；他們不在學校裡，卻常常足以左右學校教育的取向；他們不辦教育，卻占據著教育對象的起點，影響著孩子的真善美價值觀的取向。

在傳統觀念中，人們常認同「父要子亡子不得不亡」，孩子是屬於父母的，於是血統及其觀念做為一種可延續性財產備受重視，而子女則與父

母之間形成一種人身依附關係。隨著計劃生育而出現的獨生子女現象，形成父母與孩子之間的關係更為特殊。許多父母痛感自身文化知識的缺乏，試圖從孩子身上挽回自己曾該擁有的教育機會和學歷資格，這兩種因素的交叉結合，把傳統文化積澱中的親子關係，又進一步強化，使傳統的父母角色中又滲入大量的畸形因素。

　　許多父母從望子成龍上升到促子成龍；從操勞孩子的近期生活養育上升到操勞孩子的終身。但其整體特徵是在時空、利益和居住等方面，在生活保障、安全保障、歸屬所依、尊嚴建立和理想實現等五大需要網路上，今天的父母對子女都比以往大大延伸和擴張。其結果是：對子女的無休止的照顧、既過分又多餘的關心、對孩子過分監督等。但這些舉動的結果卻令父母們十分意外：越是水深火熱地「愛」子女，子女們卻越是疏遠，形成了現實中各個家庭中的形形色色「代溝」。令許多父母們感到不解的是，孩子們就是不會理會父母的這番「好心」。

　　有個叫毛毛的男孩，被母親強迫著學鋼琴。說起來母親也真是下了苦心，鋼琴是用兩午省吃儉用的積蓄買下的。媽媽每週兩次陪毛毛到鋼琴教師家學兩個小時，為了對孩子練鋼琴能起到監督作用，僅有一點簡譜底子的母親還去加強班學了幾個月的五線譜。可是毛毛練鋼琴比登天還費勁，要想讓毛毛坐在琴凳上，用他媽媽的話講：「不打一頓，也得數落 10 分鐘。」可即使如此，鋼琴仍引不起毛毛絲毫的興趣。他多麼想和小朋友們去綠茵場上歡歡快快地踢幾腳足球啊。因此，對母親強迫他學鋼琴、練鋼琴，憤慨情緒越來越大。終於，有一天他把這股怨氣發洩在了鋼琴身上 —— 用一把雪亮的菜刀，把鋼琴劈了個「傷痕累累」。毛毛的母親好不容易攢錢置辦的鋼琴，是為了能開發出兒子更聰明的腦瓜來，以便他將來能「出人頭地」。可「小祖宗」卻把鋼琴劈了，到底哪裡出了問題？

第五章　教育：按規律辦事

　　有學者根據不同的家庭教育方式，將父母教育子女的方法分為五種控制模式。

◇ 嚴厲控制。父母強調用嚴厲監督的方式達到對孩子的控制，不允許孩子有任何違反社會要求的情緒及言行表現。

◇ 限制控制。父母給孩子限定一個狹窄的活動範圍，以阻止孩子超越既定範圍的活動。

◇ 要求控制。父母透過向孩子提出發展要求並督促孩子完成要求的方式實施對孩子的控制。

◇ 干涉控制。父母以插手、干涉孩子的一切自主活動和行為控制孩子。

◇ 專斷控制。父母以命令、獨裁的方式對孩子實施高壓控制。

　　從教育理論回到家庭教育的實踐，我們發現，許多父母甚至大多數父母都在無意中做過不少違背教育規律，違背教育科學的事。家庭教育是兒童教育的起點，在中國傳統文化規範下的親子關係，使父母更為強烈地影響著孩子們的一生。高爾基說過：「愛孩子是連母雞都會做的事情。」但真正的「愛」卻是一門藝術。

　　一位從德國留學回來的女士談及也親身經歷過的一件事，頗給人以啟發。

　　有個星期天，她領著五歲的兒子到公園去遊玩。兒子用一隻「紙飛機」換回了德國小朋友的一輛「小汽車」，這件事使這位母親大為吃驚。因為那個紙飛機充其量只值五美分，而這輛「小汽車」少說也要賣 20 多美元。開始她以為孩子在說謊，當找到「小汽車」的主人 —— 德國小孩和他的媽媽時，這位德國母親卻說：「小汽車是屬於孩子的，該由孩子做主」。她還說：「你兒子喜歡，小汽車就歸他了。過一會兒，我會領著孩

子上玩具店，讓他知道這輛小汽車值多少錢，能買多少個紙飛機？這樣他就不會做第二次蠢事了」。

這說明了德國父母尊重孩子的權利，尊重孩子的選擇，不干預、不阻止、也不批評孩子的這種做法，而是採取有效措施，及時對孩子進行循循善誘的教育。少一份盲目和粗暴，多一份理智和科學，把母愛再變得深沉一些、藝術一些。

真正的愛呼喚尊重、呼喚民主。真正的愛，在於能否在衣食住行以外，再給予孩子一些終身受用東西，比如人性、人格、公德、審美能力、心理承受能力、人文精神等等。

父母應根據孩子的身心發展特點實施教育，隨著孩子年齡的增長，應及時調整自己的家庭教育觀念，重新認識自己的教育對象，及時調整教育方法，使家庭教育適應孩子成長的需要。處於新時代的孩子，耳聞目睹的事物和現象很多，對單純的說教越來越反感。面對有思想並已成熟的孩子，父母不能再採用簡單粗暴的教育，要逐步變說教為誘導、啟發、交心，變單純灌輸為灌輸與自我教育相結合。

父母應針對孩子的心態、性格以及興趣愛好的變化採取不同的教育方法，選定不同的教育重點和充實不同的教育內容。注重培養與孩子之間的情感和信任感，隨著孩子的長大，父母與孩子之間的情感就不能僅局限於血緣之情了，而應增加新的內容，這就是朋友之情。

父母應與孩子在思想情感上平等交流，傾聽孩子的訴說，理解孩子的想法，以朋友或知己的身分幫助、指導他們解決學習、生活、交友方面的各類問題。尊重孩子的獨立意識，父母應該成為孩子獨立意識的擁護者和保護者，因為孩子的獨立意識越強，其自信心也就越強，自覺學習的意識也就越強。同時引導孩子認識到，獨立不僅是自由自在，更主要是自信和

自強，是生活上的自理和學習上的進取。對孩子要有深層次的愛，作為父母，如果只給孩子一個享受的環境，那就愛得太膚淺了。

　　對孩子的溺愛只能養成孩子的懶漢思想，並極大地削弱孩子的進取心。父母不能助長他們在衣食上的過分追求，更不能讓他們感到衣食上的高消費是好成績的回報。父母的愛應該靠給孩子溫馨、給孩子做人的真諦、給孩子自我鍛鍊的環境、給孩子克服困難的勇氣和意志、給孩子正當高尚的人生觀來表現。

▍有趣的規律一：互補

　　有許多父母們實在是太勤了，以至全方位為孩子當起了保姆。比如，明明孩子自己能幹的事，卻非要代替他幹不可，甚至索性不許孩子幹，生怕孩子累著。於是，久而久之，孩子也就漸漸適應了這種衣來伸手、飯來張口的生活，變得失去了生活的自理能力。

　　上述事實告訴我們這樣一個互補規律：父母「懶」，孩子必勤。如果孩子太懶，何談成功？如孩子「太勤」，又怎能不成功？

　　如此看來，在家庭教育中，「懶」父母的確比「勤」父母高明得多。當然，這個「懶」絕不是那種好吃懶做式的懶，而是指那種鼓勵孩子自己動手而決不代替的「理智」。既然如此，父母們也就確實有必要問自己一句：是不是太「勤」了？

　　在父母與孩子的關係中，還有一種有趣的「性格互補」現象，一個能幹潑辣、能說會道的母親往往有一個靦腆怕事、言語拙笨的孩子。其實，這種現象並非偶然，多數是由於父母的戲太多而孩子沒戲唱，孩子的天性受到壓抑造成的。

　　有一女同學，剛上中學時學習挺好，只因當時身體不好未能參加高

考。可十幾年過去了，她竟長期待在家裡，沒有工作，不論婚嫁，也不與同學來往，過著半封閉式的生活。而她母親非常能幹、好強，但性格多變，她對女兒的大事小事都喜歡包辦，讓女兒幾乎沒有自己的人生舞臺。就這樣，女兒對生活的自信心以及社會適應能力逐漸消失在母親的身後。

在我們的生活中，的確有些父母自覺或不自覺地扮演著孩子的「包辦者」或「代言人」的角色。舉個最簡單的例子：當你問他們的孩子叫什麼名字、幾歲等問題時，明明孩子早已具備交流能力，還沒等孩子開口，父母就搶著替孩子回答了。不知這些父母是怕孩子說不好代言，還是覺得誰說都無所謂，總之孩子失去了一次與人交流的機會。有的父母總嫌孩子做事「不俐落」，認為「與其浪費時間還不如自己來」，從而把許多本該孩子自己做的事都包攬了。

其實，再出色的演講家也要經歷咿呀學語的階段，最棒的長跑冠軍也要從蹣跚學步開始，孩子各方面的能力也是一點點培養起來的。大人們幫的忙多了，等於侵占了孩子自由發揮的空間，孩子的自信心得不到建立，能力得不到培養。如果你的孩子碰到生人就害羞，遇上事情就怯場，一開口就臉紅，並整天拉著你的衣角，顯得「笨手笨腳」、「笨嘴笨舌」，身為父母的你就該引起注意了。要仔細想想是不是自己說的太多或做得太多了。對孩子，不但要允許他們犯錯，還要有意識地為孩子創造更多的機會，放手讓孩子們在屬於自己的舞臺上盡情表演。

▌有趣的規律二：轉移

孩子生下之後心理狀況如一張白紙，父母的心理素養、教養方式等因素在很大程度上決定了孩子的心理發展方向。有些父母總是說孩子這不好那不好，殊不知許多問題都是由於父母的病態心理轉移到孩子身上造成的。

　　首先，父母的過分要強、虛榮心過高會給孩子提出過高的要求，讓孩子的身心承受超負荷的壓力，最終導致這樣那樣的心理障礙甚至疾病。例如，有位父母把一個七歲孩子所有的課餘時間都安排了各種各樣的訓練課程，鋼琴、繪畫、英語、書法、下棋、作文等等，結果孩子由於過於緊張造成抽動一穢語綜合症。

　　第二，父母的過分挑剔、完美主義造成孩子許多心理障礙。例如，父母對孩子寫作業要求甚多，孩子寫一筆要反復描，擦了寫，寫了擦，結果動作拖拉，有時考試都寫不完，嚴重的還會造成強迫行為。

　　第三，父母的緊張焦慮情緒會傳給孩子。有的孩子從小體弱多病，父母非常擔憂，經常煩躁不安、絮絮叨叨，對孩子過分關注，結果孩子變得敏感多疑、自卑、退縮、神經質。

　　第四，父母對孩子總是否定，讓孩子失去自信心。父母總希望孩子要表現得和自己小時候一樣好，甚至更好，稍有一點缺點就大加指責，把打罵當成家常便飯。有個 5 歲的孩子經常發脾氣，做事沒有長性，問他為什麼會這樣，他說老做不好，挨媽媽說，沒有表揚，所以想發脾氣。

　　孩子的成長過程中總要出現這樣那樣的問題，父母要容忍孩子有缺點，耐心等待孩子成長。當發現孩子的問題時，先反省自己的問題，放鬆一點，自己的問題解決了，孩子的問題也會迎刃而解。

▌教育：走出自己的模式

　　有個小朋友長得十分可愛，看到老師喊小朋友起來回答問題受到表揚時，躍躍欲試，但老師關注到他時，他又縮頭無聲，喊他起來，驚惶失措，兩腳搓地，手指摳著桌子吞吞吐吐。

　　老師對他細心觀察，多次與父母交談，了解到這個孩子從小機靈好

動，無論什麼玩具玩後大卸八塊，看誰在裡面唱歌，沒人汽車咋會跑？父親卻總是認為從小看大，小時你砸磚，大了你翻天。望子成龍的父親在家裡實行「正統」模式教育，叫他幹什麼就幹什麼，輕則訓斥，重則體罰。在他的教育下，一個天真活潑、聰慧的小男孩變成一隻聽話的「小綿羊」。父親還誇口「這孩子聽話，我說一他不敢二，大了上哪去都不會生事。」 試想，如果都像這位父母那樣按自己的模式教育孩子，孩子長大後面臨激烈競爭的社會如何生存？一個長期生活在壓抑、服從環境裡的人會有發明創造嗎？

許多父母評價好孩子的標準一般都是「聽話、順從、守規矩。」他們總是習慣按自己的模式塑造孩子，把自己的興趣、愛好、願望強加給孩子，對孩子採取服從教育，馴服就範。

這樣做的結果只能是孩子的自主權被剝奪，獨立性受到壓制，創造性被扼殺。他們家中對孩子這也不許幹，那也不許幹，使孩子來到學校變得畏首畏尾，縮手縮腳，眼裡充滿恐慌，看到小朋友遊戲想去，又猶豫不決，怕自己遭到別人的訓斥而不敢參與。

21 世紀需要的是創造型人才，不是守成型人才。21 世紀的成功者絕對不是經驗型的人，而是創造型的人。創造型人才的培養關係到一個民族興衰，一個國家的希望。探索創造型人才的培育是當今世界教育的焦點。

更新教育觀念，為孩子提供良好的心理環境，教育環境，接受最優化的創新教育，養成健康積極合理的思維方式，培養創新意識和能力，是當今教育的宗旨。做父母的千萬不可按自己的「好孩子」模式塑造孩子。要學習創造教育的創始人陶行知的觀點：孩子是創造產業的人，不是繼承產業的人。孩子的生活是創造，不是繼承。要重視孩子創造力的培養，解放孩子的手、腦、眼、嘴、空間、時間。多給孩子提供創造活動機會，培養

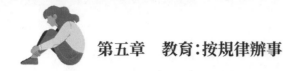

第五章 教育：按規律辦事

孩子創造興趣和創新思維習慣，幫助孩子樹立創造志向，把孩子培養成勇於爭創一流的現代人，不要把「創造性人才」扼殺在搖籃裡。

▎尊重孩子的天性

家庭教育中尊重孩子的天性是很重要的，尊重孩子的天性可以促進孩子形成完整的人格。父母可以根據家庭生活的規律，從家庭生活的小事做起。

孩子往往對一些在大人看來微不足道的事情表現出極大的熱情和興趣。比如，孩子走在街上，會突然駐足，盯著正在澆樹的汽車觀看。他是否在想汽車為什麼會流出這麼多的水，水從什麼地方來的，所有的汽車都能流出那麼多的水嗎？或者，樹也口渴嗎？樹也把水喝到肚子裡去嗎？樹的肚子在哪裡？這時父母不要生拉硬扯地要孩子離開，不要因為耽誤了時間去批評孩子或嘲笑孩子，要知道這正是孩子的天性使然。孩子的思維是單項的，而正是靠大量單項思維使其認識不斷豐富，經驗不斷增加，從而產生智慧。這些微不足道的小事，對孩子日後認知能力的培養，奠定了良好的基礎。

有的父母會常常在孩子的口袋裡發現幾顆小石子，幾張揉皺了的畫片。他們會對你說：「這個石子像小貓，這個石子多像娃娃呀。這些帶花紋的石子一定是雨花石。」突然又有一天，孩子帶回了一株小草，他學著大人的樣子把小草種在了花盆裡，並且給它澆水，弄得滿手滿身的泥，甚至把屋子也弄髒了。此時，作為父母，不應橫加干涉或阻攔，或乾脆將這些東西統統扔進垃圾箱。聰明的父母會參與其中，和孩子一同分享幻化生活的快樂。父母不妨也找些石子、圖片，並將這些石子和圖片組成新的圖形。它們可以是小房子，也可能是一個公園，如果有目的根據一個童話故

事拼起來的圖形，那就再好不過了。另外，還可以找些真正的雨花石，與一般石子進行比較。也可以與孩子一同觀看種在花盆裡的草。長此以往，我們會發現孩子更加留意和關心身邊的物和事情。他們會對季節變化敏感，會對自然生態發生興趣，等等。

在孩子成長的過程中，學習固然十分重要，但孩子的生活中只有學習，而缺少其他的內容，不覺得過於單調而乏味嗎？這種單調而乏味的生活，在孩子成長的過程中，往往會出些不健康的心理表現。比如，厭學、易怒、感情脆弱、多攻擊性。久而久之，孩子會失去認知能力，沒有成就感和上進心，對身邊的人和事情，都表現出極端的冷漠。在孩子最初人格的形成時期，就已經種下了不良的種子。所以，在家庭教育中，父母一定要清楚地認識到，孩子對這些事情的熱愛，正是對生活的最初發現，也正是他們認識生活、熱愛生活的開端。

▎不能限制孩子玩

孩子的遊戲，實際上是一門科學。近 20 年來，世界上很多發達國家都在研究普及這門科學。而對於遊戲理論，很多學科都在研究，如教育學、心理學、社會學等等。

一位社會學家說：「社會上最殘酷的行為，就是剝奪了孩子們遊戲的權利。一個是孩子們沒有了遊戲的場所；第二是孩子們沒有了玩與不玩這種選擇的權力。」

遊戲對孩子來說，是一種對沉重學習的緩和、休息，是他們本能、本性中必備的享受。有個學者說：「小孩子的工作就是遊戲。」可見，如果孩子沒有遊戲，也就失去了天性中的「營養」，他們現在被太多地灌輸一些大人的問題，以後無疑會形成嚴重的心理畸形。

實際上，遊戲是一種綜合的智力開發，生活中許多知識都能巧妙地融合在遊戲中。在遊戲中，不僅能體會到競爭意識，也能體會到成功和挫折，還能學會對事物的承受能力，同時能培養出一些創造性，學到很多老師、父母、書本教不會的東西。

　　聯合國兒童公約裡明確規定：兒童有遊戲的權利。所以作為父母，要給孩子更多的時間和空間，讓孩子身心健康地成長。對於孩子來說，玩耍是一件最快樂的事。但現在的孩子自由自在玩耍的時間卻越來越少了。

　　對於玩耍的研究表明，我們的社會正變得越來越嚴肅，許多事情都變得毫無樂趣，包括娛樂本身這個話題。這就是為什麼許多遊戲的敵人是從成年人開始的，因為是成年人制定了遊戲規則。

　　有的父母認為，孩子愛搞些遊戲、玩耍，浪費了很多時間。怕孩子學習成績下降，在孩子放假時不許孩子玩，非把他看住不可，整天就讓他學習、寫作業。

　　父母的這種打算是根本不對的。孩子正是愛玩的時候，孩子喜歡玩，就應該讓他適當地去玩，不能剝奪孩子玩的權利。事實證明：玩是娛樂，是鍛鍊，也是學習。只要孩子玩得正當、適當，不玩物喪志，不僅不能影響學習，不會白白浪費時間，反而還可以給孩子帶來很多好處。

　　玩耍是很開心的，而且能培養感情。專家認為童年時期太少的玩耍會有其負作用的。缺乏玩耍會導致情緒消沉，敵對情緒產生，甚至喪失了作為一個人的一些重要東西。

　　玩耍不僅使孩子開心，身體健康和有人性，還可使他們更聰明。現在，許多人都很希望能將自己的孩子培養成愛因斯坦，但這樣卻可能會毀掉真正的愛因斯坦的。愛因斯坦在學校的成績非常之差，但在嬉鬧玩耍中卻發現了物質與能量關係的方程式。

　　玩，可使孩子增長知識。在玩的過程中，孩子會開動腦筋，想像著，試驗著，既能增強想像力，又能鍛鍊創造才能。

　　玩，可使孩子增強體能，玩的過程中，孩子既能增強應對事物的能力，又能鍛鍊身體各部位的肌肉。

　　玩，可使孩子增強友情，每個人都是社會人，必須要與別人打交道，孩子也不例外，在玩的過程中，孩子能學會處理人際關係，能學會與小夥伴相處，能增強孩子們之間的友誼。

　　有兩名三年級學生，一名學生整天埋頭讀書、寫作業。當然讀書是要提倡一股鑽勁，但他把功夫只下在死記硬背上，便會成為一個「死讀書」的書呆子。由於缺乏思考判斷能力，不能把書本知識與實際很好結合起來，所以期末考試各科成績不算太好，而且弄得頭昏腦脹，神經衰弱。由於他不與同學們玩，成了孤單單的人。另一名學生則勞逸結合，該學則認真地學，把功夫下在融會貫通上；該玩則痛快地玩，學習成績比前者好，各科成績都名列前茅，而且精力充沛，與同學的關係也非常好。

　　孩子入學之後，其主導活動是學習，這是首要的任務。做父母的必須積極引導孩子好好學習。但遊戲、玩耍也是他們生活中必不可少的重要方面。只要孩子不是任性貪玩，忘掉學習，父母就不要去限制，不能剝奪孩子玩的權利。

怎樣請家庭教師

　　給孩子請家庭教師，是近年來的一個熱門話題，在城鎮地區尤其引起重視。這是社會人才競爭的一種反映，是不能簡單對待的事情。有的專家一概而論地反對請家庭教師，恐怕有失偏頗。

　　目前，請家庭教師有兩種基本類型。一類是由於父母著眼於孩子的某

方面特長發展而請家庭教師，如請專業教師教孩子演奏樂器（鋼琴、提琴、二胡等），或者孩子某一學科學得較好，請家庭教師給以深化、提高（外語、數學、物理等）；另一類是孩子學習不好，父母為了提高孩子的學習成績而請家庭老師，這一類型比較普遍。

　　凡為了發展孩子特長而請家庭教師，有一些問題需要注意。

✧ **不可忽視孩子全面素養的提高**：小學、中學階段是為孩子全面發展打好素養基礎的階段，如果為了發展特長而影響了整體素養的發展，有可能得不償失。一些父母有為孩子早期職業定向的心理，期望孩子將來從事某一種職業，往往在特長上花很多時間和精力，不重視孩子的其他素養，甚至認為只要有一技之長，其他方面差點沒關係。事實證明，過早為孩子進行職業定向教育，能實現願望者比例極小，更多的是專業不成氣候，還影響了全面發展。

✧ **重視孩子的態度**：為發展孩子特長而請家庭教師的父母，千萬不能忽視孩子的態度。孩子的態度決定學習的興趣、認真程度。如果僅僅是父母一頭熱，只是強加給孩子，沒有調動孩子的積極性，必然會費力不討好。因此，父母應該了解孩子的態度，做好溝通與說服工作，不能「強按頭」。

✧ **注意家庭教師的選擇**：請家庭教師，一要看專業水準，二要看教育水準。有的人專業水準較高，但不善於教育引導孩子，孩子得不到應有的激勵，反而會降低興趣。反之，教師的專業不行，也達不到目的。

　　為了提高孩子一科或幾科學習成績而請家庭教師的父母，就應該注意下列幾點。

✧ **要分析孩子的實際**：孩子學習成績不好，造成的原因有若干方面。可

能是一方面原因，也可能是多方面原因。

◇ **學習基礎、學習方法問題**：以前基礎沒打好，學習新內容自然吃力。學習方法不科學，導致時間用得多，效果並不好。

◇ **非智力因素原因**：不少孩子腦子夠聰明，就是不下功夫，這往往是非智力的因素方面存在問題。有的缺乏興趣，有的意志薄弱，有的沒有責任心，有的沒有奮鬥目標，有的習慣不佳……在每個孩子身上反映不一樣。因此，父母要仔細分析。

◇ **師生關係存在問題**：孩子與某位老師關係冷淡甚至緊張，必定降低孩子學習這門功課的積極性，導致學習成績滑坡。

◇ **智慧方面存在差距**：這也是客觀事實。據美國哈佛大學霍華德‧加德納博士的研究，人有七種智慧，在每個孩子身上，七種智慧的發展水準會有各種各樣的不同，對他們的學習有直接影響。七種智能是：語言智慧，數學智慧，視覺空間智慧，音樂智慧，身體動覺智能，人際交往智能，內省智能。在一個人身上，七種智慧的發展不是固定不變的，透過教育能夠揚長避短。父母分析孩子情況時，可以借鑑這種關於智慧觀點。

確定請家庭教師的具體目的，根據需要選擇家庭教師。透過上面的分析，找出孩子學習不好的原因，在請家庭教師時，就能心中有數。鑑於每個教師的情況不同，應該透過仲介機構或仲介人（大中城市有介紹家庭教師的機構）把孩子的情況說清楚，便於選擇合適的教師。如果是自己直接請教師，應該先打聽教師的情況，千萬不能盲目。

與班導、科任老師溝通，求得指導幫助。請家庭教師之前，最好與孩子的班導和科任老師商量一下，共同分析需不需要請教師、請什麼樣的教師。父母應重視班導、科任教師的意見和建議。

第五章 教育：按規律辦事

　　如果是孩子的非智力因素或師生關係方面存在問題，更要與老師共同配合，採取相應的教育措施。

第六章　教育孩子的藝術

▎天才就在你手裡

　　小男孩亮亮常常會問爸爸媽媽：

「月亮為什麼老跟著我走？」

「怎麼前幾天的月亮是圓的，今天的月亮不圓了？」

「月亮和太陽哪個大？」

「天上的星星為什麼不會掉下來？」

　　有時候，奇怪的問題會把爸爸媽媽弄得張口結舌，回答不出來。

　　碰到這種情況，爸爸媽媽應該怎樣對待孩子的好奇心和提問呢？有的父母珍惜孩子的好奇心，耐心仔細地加以引導，打開了孩子創造性思維的大門；有的父母則怕麻煩，就用簡單粗暴的方式對待，結果是撲滅了孩子心靈中智慧的火花。

　　培養孩子的創造性，首先應該為孩子創造良好的環境氣氛。為了使孩子能自由活動，安心暢想，父母要為孩子提供友好的、愉快的、有鼓勵性的、良好的心理環境。即使父母不同意孩子的想法和願望，也應該讓他明白爸爸媽媽對這些想法和願望還是重視的。應該鼓勵孩子和父母對一些事情展開討論。

　　所謂良好的心理環境，最重要的是尊重孩子，珍惜孩子的獨創性，鼓勵孩子從不同的角度思考問題。不拘泥於簡單的模仿和統一的答案，是發揮孩子想像力和創造力的重要條件。遺憾的是有些父母總喜歡用自己的眼光代替孩子的觀察，用自己的腦子代替孩子去思考，不許孩子越雷池一步，過多地讓孩子機械模仿和重複，久而久之，就會挫傷孩子的想像力和創造力。

　　父母要為孩子提供能夠發揮創造性的環境。孩子往往在遊戲、繪畫、音樂或聽故事等活動中，在心情愉快時，迸發出創造性思維。因此，給孩

子足夠的自由活動時間、地點和進行各種活動的材料，是促進孩子創造性的必要條件。如果條件許可的話，父母最好在家裡給孩子一個能自由遊戲、閱讀、活動的小天地。在活動中父母可適當地給孩子以啟發，因為孩子在遊戲中的試驗、實踐、發現問題的過程，正是他學會思考的過程。

　　父母要懂得發現、珍惜孩子的好奇心。好奇心是萌發創造性思維的起點和火花，對事物好奇，才會產生思考和探索。孩子對一切都感到新鮮、好奇，他們對什麼都想了解，都愛問個明白。例如某幼稚園裡曾有這麼一個孩子，上課時，他總是做自己的事情，思想一點也不集中；小朋友做遊戲時，他卻獨自一個人坐在角落裡玩積木。他對老師說的話和團體的活動都沒有反應，老師對他也大搖其頭。父母則為他的「笨」而感到焦慮。可是帶班的老師卻不相信他笨，經過一段時間的觀察，帶班老師發現這孩子並不是低能兒，而是有他自己的特殊興趣和不同一般的好奇心。比如這個孩子關心的是到底是水泥地滑，還是打蠟地板滑？是水泥地的摩擦力大，還是地板的摩擦力大？這位老師發現了孩子獨特的興趣和好奇心後，就有意識地對他進行誘導性的啟蒙教育。後來這孩子逐漸改變了不合群的個性，智力也得到了很好的發展。可見孩子的好奇心如果受到肯定和鼓勵，孩子便會繼續探索、思考和學習；要是受到壓抑，就會喪失自信心和探索的興趣。

　　父母還要教孩子學會思考。由於發展思維力是培養創造性的核心，所以要培養孩子學會思考、善於思考，讓孩子在思考問題的過程中發展思維力和創造力。曾有一個作家，他在他的孩子五六歲的時候，每星期都帶他到公園裡去看螞蟻、捉蝴蝶，帶孩子到郊外去采標本、觀察樹葉和花草的變化。在每一次活動中，他都會提一些容易引起孩子思考的問題，如，「螞蟻是住在哪裡的？」「春天的樹葉和秋天的樹葉有什麼不同？」啟發

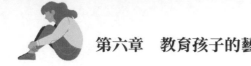

孩子開動腦筋來思考回答問題，同時也啟發孩子自己提問題。當父母碰到孩子提的問題一時難以解答時，千萬不要厭煩或簡單化處理，最好是告訴孩子：這個問題媽媽（爸爸）不太清楚，等我查了書後告訴你，而且要說到做到，這樣也會傳遞給孩子一個資訊，看書就能學到知識。

平時，父母要利用一切機會和孩子交談，透過交談來激發孩子的思考。在和孩子交談時，要盡量談一些有利於孩子獨立思考的問題，而不是代替孩子去思考。當孩子碰到問題時，父母可為他提一些具體建議，啟發孩子動腦筋想辦法。另外，孩子喜歡做遊戲，父母可以引導孩子進行各種創造性的智力遊戲，例如用積木搭出各種形狀的東西，讓孩子猜是什麼東西；和孩子一起編謎語討論事物。比如有一位媽媽和她的孩子一起討論手有什麼用，經過討論後，結果討論出了許多有關手的「用途」，如手會畫畫、手會為客人倒茶、手會拍球、手會洗手絹等等。孩子覺得很有趣，思維一下子就活躍起來了。

應該承認，每個孩子都有創造的潛能。那麼，為什麼有的孩子長大成人後有創造力，有的卻沒有創造力呢？這主要和父母及老師的教育有關。你培養了孩子的創造力，他的潛力就會被啟動；你不培養他的創造力，孩子的創造性思維就會萎縮。其實，每個孩子都應該能成為天才的。

▎讓孩子遵守家規

父母應該幫助孩子理解遵守家規的必要性，使孩子懂得服從規則會給自己和別人帶來什麼好處，增強孩子遵守規則的自覺性，成為執行規則的主人。如，玩具玩畢收放整齊是為了保護玩具，使玩具玩得長久，玩得方便；不能打人罵人是因為打人罵人會給別人帶來痛苦，而別人也不再樂意和自己友好相處……諸如此類的道理孩子是完全可以接受的。只有懂得了

道理，孩子才會有遵守規則的願望，使孩子感到不是父母在管著他，而是在幫他實現願望。

父母為孩子定的規則應該是最必要的，經過努力可以達到的，並且不能太多、太複雜，待一部分規則掌握並能認真執行後再增添新的規則。在家庭中，孩子應遵守的規則，首先是生活作息制度，如要求孩子按時起床、睡覺、吃飯等。每項活動應按規則行事，如飯前要洗手，吃飯時不能到處亂跑；睡覺時應按次序脫衣服、鞋襪，並把它放在固定的地方，家庭裡還要為孩子確立一些文明行為規則，如對父母、老人要尊敬；對小朋友要友好，不能打人，罵人；不是自己的東西，沒有得到別人的允許不能隨意動用等等。父母還要向孩子灌輸社會公德，如不准隨地吐痰、亂拋果皮紙屑、隨地大小便等。

執行家規要富有情趣，要多運用直觀、形象的方式方法給孩子講道理。家規教育中始終貫穿著情感的體驗，如對家庭成員的熱愛，對小朋友的友好，並有對自己行為後果的感受力等。如，家裡來了客人，孩子會主動問好。幫著大人招待客人，渲染了熱情溫暖的家庭氣氛，客人們讚不絕口，孩子也從中感受到了最大愉快，因而更加穩固了他的良好習慣。

▌計時隔離

英語中「time-out」這個詞本來是用於體育比賽中，表示「暫停」。然而，在美國的家庭及幼稚園中，這是一個人人知曉的詞，是父母及老師用於「懲罰」一時不規矩的孩子的方法。可譯為「計時隔離」，有點像中國的關禁閉。

在一位教授家，四歲半的湯姆與兩歲半的弟弟為玩具發生了爭執，弟弟哭了。父母勸告幾次之後依然沒有結果，就發出警告要罰以三分鐘的

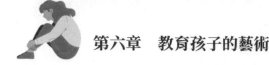

「計時隔離」。小湯姆被放進了他自己的臥室。進行隔離時，小湯姆一直在哭，非常委曲。然而，他那位父親依然認真地守在門口，那位畢業於哈佛大學當醫生的母親雖然焦急，也依然嚴格地遵守時間。然後，在準時的三分鐘後，父親把小湯姆抱了出來，並借機與他耐心地談了一會兒，一切就平靜下來了。

美國法律規定，小孩必須隨時有成人陪伴或看護，在那樣的環境中，小孩很少感到被冷落或孤立無援。然而，一旦被隔離和「冷落」，就自然會對孩子產生一種強大的威懾力。隔離還使孩子感到自己與別的孩子被區別對待了，孩子對這其實是非常敏感的，因而能在心理上給孩子很大的震動。讓淘氣的孩子與別的孩子分開，可以令他自己去反思自己的行為，而且又不會再去影響別的孩子。這樣，「計時隔離」也就成了美國父母的法寶。

▎讓孩子在同伴中社會化

社會化就是人從剛出生時的生物人逐漸變成社會人的過程。在這個過程中，小孩子透過與人打交道，學會人際交往的規則，學會怎樣看自己，怎樣看別人，怎樣對待自己和別人，掌握在社會上生存的本領和手段。

那麼，孩子的社會化究竟是在家庭中完成的，還是在社會上完成的？父母對自己子女的社會化究竟負有多大責任？要回答這些問題，不妨先看一些司空見慣的現象：

一般說兩三歲的孩子，像媽媽的小影子一樣，整天跟在媽媽屁股後面，寸步不離，其次的最親的人，就是爸爸。在這個年齡，媽媽、爸爸整天對孩子喋喋不休地說著話，給他講故事，教給他怎樣稱呼長輩、熟人和朋友，還用自己的一舉一動，潛移默化地影響著孩子。在這個年齡，父母對孩子最初的社會化影響最大。

讓孩子在同伴中社會化

當孩子長到五六歲時，情況稍稍有了點變化。有的父母會說，孩子變得「自己有主意了」，「不那麼聽話了」。舉一個人人都不會反對的例子：假如你的孩子不愛吃某一種食物，你無論怎麼說他都不聽，但如果讓他跟五六個同年齡的孩子一起吃飯，那幾個孩子都吃這種食物，而且吃得很歡，結果怎麼樣？

同樣地，一個一到醫院打針就大哭的孩子，媽媽勸大概不太管用；但如果讓他和幾個同年齡、但不怕打針的孩子一起打針，他會怎麼樣？這真是一種神奇的力量，這裡有人的社會化的原理。

孩子挑食，本來不是一種社會行為，人人生來都有自己的口味，愛好，無可厚非。但是，當不管怎麼勸他還不吃的時候，已經有了一點社會行為的成分：父母看到孩子不喝牛奶，不吃雞蛋、肉，不吃蔬菜時，急得惱火、生氣，孩子卻無動於衷。他的行為造成了別人的痛苦，挑食行為的性質就發生了變化。尤其是當他看到別的孩子都吃這種食物，自己也跟著吃的時候，這種行為就更屬於社會行為了。

在大多數情況下，這樣的孩子是一到同伴中就吃，回到家裡還是不吃。吃與不吃這種食物，對孩子有了社會意義。如果他在孩子中不吃而別人都吃，他也許怕別人笑話，也許要顯示自己不比別人差，也許什麼也沒想，只是對同齡夥伴的單純模仿。不管怎麼說，是同伴這個「社會」終於改變了他的口味，改變了他挑食的習慣，而家庭這個「社會」則對他無濟於事。

19 世紀初，一批移民來到夏威夷開荒、種植甘蔗。他們來自各地，有不同的母語。最初，為了相互交流，他們創造了一種從語言學角度看很不完善的「皮金」語。這種語言沒有介詞、定冠詞，動詞不變位，也沒有固定的詞序。大約一百年後，移民的後代又創造了一種新語言「克列奧爾」

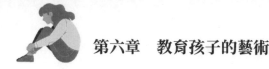

話。這種語言發展得相當完善，可以表達非常複雜的意思和思想。「克列奧爾」話的產生過程很有趣。當最初創造了這種話的年輕人回到家裡時，跟他們的父母仍然說「皮金」語，但一出家門，就和同伴講「克列奧爾」話。而他們的父母一直到死，也沒有幾個人會講「克列奧爾」話。

今天，我們仍然可以看到類似的現象，十三四歲的中學生，有他們自己的一套東西：從穿著、髮型、說話的口氣和用詞，到所愛好的音樂和形形色色的各類明星。他們大多不會回到家裡跟父母滔滔不絕地講這些事，他們越來越覺得跟父母沒有共同語言。他們也不會傻到經常幹多數同學都恨的一些事，如向老師打小報告。一旦一個班的學生都認為某個老師不好時，他們會齊心協力地和這個老師作對，背地裡說他的壞話，給他起外號。

現在已經當了父母的人，青春年少時大多有這樣的經歷。可想而知，我們對孩子的影響力有我們自己想的那樣大嗎？

有些父母在孩子心目中威望很高。其原因是多方面的，要麼本人有很高的成就，要麼有個人的魅力，要麼有高尚的德行，但上述任何一種條件都不能構成在孩子心目中有威望的充分必要條件，因為還缺一個基本條件：能夠和孩子像朋友和夥伴那樣交流思想。就是說，只有孩子覺得父母在某種程度上和自己周圍的同齡夥伴一樣時，他才能真正地和你講真話，和你交流，你在他心目中才有威信。

同樣，在學生心目中威信很高的老師，大多經常和學生們在一起活動，一起玩，說學生說的話，愛聽學生愛聽的音樂，身上充滿「孩子氣」。當這樣的老師出現在學生中間時，學生實際上把他當做自己群體的一個成員了。如果再加上淵博知識和高尚人格，自然容易在學生心目中形成威信，這種威信來自他在學生中的「頭兒」的角色。

在那些父母子女矛盾重重的家庭，除了其他形形色色的原因外，一條帶共性的原因是，父母不願意承認自己的影響力小於孩子的同伴，他們努力掙扎著向孩子施加影響，從穿著、髮型、打扮，到興趣、愛好、職業前途，都處處不放棄自己的「統治權」。如果他們的觀念陳舊，他們的價值觀和情趣恰恰跟孩子的群體不一致，他們和孩子的矛盾就是不可避免的，無法克服的。

父母還是放聰明些，想想自己的青少年時代，該向孩子妥協的事，就痛痛快快地妥協吧。須知，你的這條「胳膊」是無論如何也擰不過成千上萬的青少年的「大腿」的。

如果自己的孩子還小，也應該「風物長宜放眼量」，當孩子慢慢長大時，自己也應該慢慢地尋找自己在教育、影響孩子中的作用和地位的「感覺」，放心地讓孩子在他們自己的群體中去完成他的社會化。

教育孩子的習慣

孩子出生時都具有潛在的能力，這種潛在的能力既可以發展成正向的特性，也可以發展為負面的特性，這取決於其早年所接受的愛的教育。

有的父母非常愛孩子，卻不知如何表達。多數父母認為給予孩子最好的食物、衣服，最昂貴的教育及無條件的愛，就是對孩子最好的。幾乎所有的父母心中都裝著對孩子的舐犢之愛，但讓他們把這種愛表達出來，卻是很困難的。

怎樣教育孩子，不妨可以參考以下習慣。

✧ **如果想要改變孩子的行為，父母應先改變**：自己教育孩子實際上也是教育自己的一個過程。孩子的不良行為，往往是從環境或父母那裡直

接傳授下來的。樹立榜樣來教育是發展孩子道德行為的最可靠的辦法。

✧ **培養孩子的靈性品格的重要性遠遠超過智力開發**：靈是樹，心智是果；靈是燈，心智是光。人的智力是靈性品格的反射。如果只注重技能的培養（如各種五花八門的早期智力開發興趣班），而忽視兒童的精神品格的培養，只能是本末倒置，孩子長大成人後，他們的人格就會有缺陷，道德發展受到阻礙。

✧ **用積極鼓勵的方法，使孩子建立良好的自我價值觀**：高自我價值觀的人具有三項「能」力：我有能力；我能與周圍的人交往；我能隨時隨地為他人的幸福作出貢獻。相信自己有學習和成長的潛能，發展出勇氣、信仰、自信、信賴生活和他人等等品格。反之，低自我價值觀是一種對自我的消極認識，自責、羞辱、憤怒、憎恨等毀滅性感覺始終伴隨一生。

✧ **接納、確認孩子的各種情緒**：當父母否認孩子的感覺時，孩子覺得他得不到理解。只有當孩子的情緒被接納，他的感覺舒暢了，他的行為才會良好，因為孩子是生活在感覺的世界裡的。

✧ **設立明確家規，定期召開家庭會議**：孩子需要知道界限在哪裡，哪些是該做的，哪些是不該做的，沒有規則孩子反而沒有安全感。家規可以不超過五條到六條，應適合家裡的特定需要，而且必須用肯定句來陳述，將家規貼出來。如果違反家規應明確相應的處罰措施。一旦建立，就應堅決執行，每隔一段時間，應對家規作調整和修補。定期召開家庭會議，使全家一起分享生命發展的過程，發展民主，相互尊重，享受愛的氛圍。

✧ **在一定範圍內給孩子選擇權，以避免意志之戰**：透過提供選擇，可以

避免緊張氣氛，給孩子提供做決定的實踐機會。如「睡覺時間到了，你是要聽昨天的故事呢，還是想聽一個新的故事？」「你今天是想穿粉紅色的上衣，還是藍色的 T 恤？」（如孩子兩者都不選，父母可問：「是我幫你選，還是你自己選？」）做選擇並讓孩子負責任都是日常的行為，對於發展孩子的自我價值觀是至關重要的。

✧ **引導孩子做遊戲**：遊戲是孩子的主要活動，孩子透過遊戲學習。孩子透過接觸具體的、模擬的與生活有關的東西，學習與同伴、成人和環境的互動交流，遊戲能使兒童放鬆且發展專注的工作態度。在五歲之前不應過早讓孩子開始對字母數位等符號的專門練習，這樣會限制孩子的思維，因為幼童的心智還沒成熟，對抽象的概念還無法理解。

✧ **正面告訴孩子應該做什麼，而不是不該做什麼**：傳統型的家庭教育者以居高臨下的姿態，總是對孩子說「不准打人，不准在沙發上吃東西」等等，這種負面的口氣只會將注意力引向並集中於負面的行為；而孩子仍然不知道好的行為是什麼，自己應該做什麼。正面的說法是用美德修正孩子的行為，如「你忘記了與人和平相處」或「我們是在餐桌上吃東西的！」

✧ **每天抽時間跟孩子單獨相處，共同做點雙方都感興趣的事情**：父母作為孩子的傾聽者、支持者、精神的陪伴者，當孩子遇到挫折時，應尊重孩子的感受，以超脫且同情的態度陪伴在孩子的身邊。

賞識孩子

有一老師與他的學生談心，談到學生家裡的事時，學生沉默起來，傷心地淚水順著臉頰往下流。在老師的啟發下，她說：「其實，我知道父母對我好，也很關心我，但他們的關心實在讓人接受不了。每次考試，考得

好時，他們就說比你考得好的人多著呢，有什麼了不起；考得不好時，他們輕則唉聲嘆氣，沒完沒了地說你，重則高聲訓斥，甚至痛打一頓。老師，有時我覺得活得很累，總感覺自己很笨，怎麼學也比不上別人。」

隨著升學競爭的激烈，學生在家裡受批評多、受表揚少；受諷刺多、受鼓勵少。其原因是，父母對學生的要求、期望太高，總用放大鏡來看孩子的缺點。其結果是，孩子沒有了上進心，增加了自卑感，從而產生了無所謂心理及叛逆心理。

這種現象的產生，與其說是學生的問題，還不如說是父母的問題。有一位心理學家說過：「人類本質中最殷切的需要是渴望被賞識。」賞識，是指充分認識到人的正面因素，並加以肯定與讚賞。賞識對於成長中的孩子來說是至關重要的，賞識可以發現孩子的優點和長處，激發孩子的內在動力。對孩子進行賞識教育，尊重孩子、相信孩子、鼓勵孩子，可以幫助孩子揚長避短，克服自卑、懦弱心理，樹立自信心。

父母有必要學一點教育學、心理學知識，了解一些現代教育的特點和規律，學會了解孩子、尊重孩子、賞識孩子、理解孩子，掌握一些教育子女的方法和藝術。對孩子進行賞識教育，是促使孩子將自身能力發展至極限的最好方法，是促使孩子形成自信、走向成功的有效途徑，其所能達到的教育效果往往出乎我們的意料。

賞識孩子要有一定的藝術性。實踐證明，發現孩子的閃光點是賞識教育的關鍵。在孩子的生活中，父母應以賞識的眼光關注他，發現其「閃光點」，以正向的態度去欣賞。接受和喜愛孩子，並注重隨機教育，不失時機地為孩子的點滴進步喝彩。哪怕是孩子做錯了什麼，也切忌大聲呵斥，而應該講究藝術，語氣要婉轉而富有啟發性，既幫孩子找到不足，又保護孩子的自尊心。這樣，孩子才能從父母的態度中敏銳地感到對他們的熱愛

與信任，從而使自己充滿自信。

　　自信是健康心理的重要標誌。悅納自我，對自己賞識是自信的基礎，是幫助孩子形成自信心、培養自賞能力的重要手段。而針對孩子性格特點，因材施教、多方引導，則是培養孩子自賞能力、樹立自尊自信的有效途徑。

　　家庭與學校同步開展賞識教育，能使教育效果事半功倍。生活中，父母們聚在一起，總愛把彼此的孩子進行比較，並會因自己的孩子在某些方面不如別人家的孩子，覺得自己「不會教孩子」而感到愧疚。實踐證明，創造條件讓父母參與賞識教育，是促使孩子形成自信、走向成功的催化劑。

　　父母既不要濫用賞識，又不要吝嗇賞識，更不能錯誤地把孩子的特點當缺點。對孩子誇獎要適度，對其良好表現，要根據不同情況，給予恰如其分的鼓勵，不能事不分大小，都做過度的誇獎。因為不切實際的過度誇獎，容易造成孩子的虛榮心，效果適得其反。

　　賞識並不排斥批評。我們既要充分發掘孩子的「閃光點」，也要根據實際適時適度地指出其「美中不足」，促使孩子學會明辨是非。只是賞識和批評的側重點不能倒置，賞識要講究方法，批評應考慮藝術。這樣，才能使孩子及時得到鼓勵，又能知道自己行為的缺點，更有利於良好行為習慣的培養。

　　賞識引向成功，抱怨導致失敗。賞識是一種理解，更是一種激勵。賞識教育，是在承認差異、尊重差異的基礎上產生的一種良好的教育方法；是幫助孩子獲得自我價值感、發展自尊、自信的動力基礎；是讓孩子積極向上，走向成功的有效途徑。

▍「抑揚」的藝術

父母對孩子的好思想、好行為做出肯定的評價，這是表揚。這種正面教育的方法能對孩子們起鼓舞和激勵的作用，能激發孩子們的自信心。但是父母對孩子的表揚必須公正、謹慎，運用得恰到好處。

✧ **表揚要及時**：，使這一行為在孩子的思想中得到強化，如果時過境遷，孩子對自己曾經做過的事已經模糊甚至忘記，這時再表揚孩子，效果就會減弱。

✧ **表揚要具體**：常聽見一些父母說：「小明很能幹，」「嵐嵐很聽話，」但究竟能幹、聽話在哪裡，大人沒有具體講，孩子就只有一個籠統的、模糊的概念，認為大人誇自己能幹，我就什麼都能幹。這樣的強化教育就不能收到良好效果。有些時候，因為表揚會觸發孩子的積極性，做出一些父母不願意的事情。這時，不能埋怨孩子的動機，而應該責怪父母的表揚不具體。

✧ **表揚要適度**：過分的表揚易使孩子驕傲自滿；過少的表揚也不利於孩子身心健康發展。孩子的成長需要父母的鼓勵和愛撫。有一個小男孩不管有沒有病都向媽媽要藥吃，原來這位媽媽平時不經常表揚孩子，只有當孩子有病吃藥時才說上一句「能幹」，致使孩子認為自己什麼都做不好，只有吃了藥才算能幹，所以他經常以吃藥來換取表揚，求得心理上的滿足。這不能不說是這個父母在育兒中的一個失誤。

✧ **表揚要有針對性**：有些父母常對孩子許願：「你做了這件事我就表揚你。」「你考試達到 90 分我就獎勵你。」這容易使孩子為表揚獎勵才做某件事，那怕這件事是他應該做的，沒有表揚獎勵他就不做，這將有悖於培養孩子良好的道德行為。

✧ **表揚要注意個性**：對性格內向、個性懦弱、能力較差的孩子就要多肯定他們的成績，增強他們的自信心。反之，對虛榮心理強、態度傲慢的孩子則要有節制地運用表揚，否則將會助長他們的不良性格，影響他們的進步。

做父母的免不了批評孩子。但是不問緣由，一味訓斥，就會在孩子的心裡產生不良印象，甚至會使孩子反抗。那麼，怎樣批評孩子才能收到好的效果呢？

✧ 在要出危險時要嚴厲：比如孩子在公路上和江河邊玩耍，或是玩火、耍弄利器時，都可能發生危險，要堅決地加以阻止。

✧ 當場訓斥：對孩子如不當場訓斥，就不會有效果。因為上午發生的事情，下午或晚上他就已經忘掉，這個時候再去批評，就不會有教育作用。

✧ 批評時全家人意見要統一，態度要一致：需要批評孩子時，若家裡人有的批評，有的庇護孩子，這樣是不可能教育好孩子的。另外，也不要全家一齊批評孩子，這樣會使孩子不知聽誰的好。最好由一人作代表，其他人採取贊同的態度。

✧ 先表揚後批評：在批評孩子時，不要不分青紅皂白地猛訓一通，應採取先表揚後批評的方法，這樣孩子容易接受，效果也會好一些。

✧ 批評孩子時不要感情衝動。

✧ 批評不是目的。

✧ 批評是為了使孩子改正惡習，斥責與發火應是兩碼事。更不要動手就打，張口就罵，否則容易使孩子形成抗拒心理。

✧ 批評孩子時不要在飯前進行：因為飯前批評孩子，既影響孩子的食

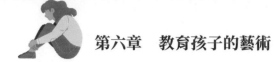

欲，也影響孩子的情緒，有損孩子的身心健康。另外，要注意的是，批評孩子時，要以誠意同孩子接觸。

✧ 批評不一定都「痛斥」：批評的方式方法很多，既可以婉轉，也可以嚴厲；既能春風拂煦，也能暴風驟雨。使用時，要根據孩子做錯事產生效果的危害程度來決定。過嚴、過緩的批評都會影響批評的效果。

▌暗示教育

在一個婚宴上，有一桌有兩個六七歲的小客人，他們的母親就坐在他們的身邊。宴席還沒開始，桌子上已上好了冷盤，那鮮紅的大蝦、草莓，早誘得孩子的眼睛發亮。一個孩子不禁撥動了桌上的轉盤。他母親怕孩子行為出軌，就用手輕輕碰了一下孩子的身子，孩子轉頭望望母親，母親輕輕搖頭，孩子一聳肩，吐了吐舌頭，為自己的失態表示歉意。

過了一會兒，另一個孩子伸手就想從盤子裡抓大蝦，他母親連忙用筷子敲他的手背，並當眾數落了孩子一頓，孩子紅著臉，撅著嘴，賭氣站起來就往外走，幾個親戚忙湊過去打圓場，結果引得全大廳的客人都往這裡看，弄得這位母親好不尷尬。

孩子在公共場合做出失禮的事，這在生活中是常見的，這時父母教育孩子一定要注意方法。孩子有自尊心，如果像後一位母親那樣，當眾批評孩子，勢必會傷害孩子的自尊心，使矛盾激化，讓孩子「破罐子破摔」了。如果這位母親也能學前一位母親變換一種方式，運用體態語言，給孩子以暗示，既能保護孩子的自尊心，又能規範孩子的行為，從而達到教育的目的。

當孩子在體態語言的提醒下，糾正了不良行為，可以及時用拍拍肩、摸摸頭等動作對孩子表示安慰、信任和疼愛，使雙方在心靈上得到進一步溝通，這對鞏固體態語言的教育效果具有正面意義。

　　「暗示」應用於家庭教育的意義在於它以無批評地接受為基礎，對心理不產生壓力，不強迫孩子接受，但使孩子受到的影響是正面的、主動的、潛移默化的，能出現意想不到的教育效果。

　　孩子學習的環境對孩子具有微妙的暗示作用。根據家庭實際可以從以下幾個方面創設這種環境：一是制定切合實際的家訓於室內。家訓要求簡明扼要，對孩子有激勵督導作用。二是掛著名人物如科學家的畫像，並要給孩子講清楚畫中人物的事蹟。三是在孩子房間利用室內壁報提出本周或近期的奮鬥目標。這些都能從環境方面給孩子一個正向的暗示。

　　父母首先要了解孩子的性格特徵，再根據不同情境學會用合適的語言、恰當的方式，注意用間接的意在言外的暗示方式傳遞意願、表達感情，這樣能使孩子體驗更深、更易接受，更易溝通情感。

　　父母可以在恰當的時候以行為代替語言，行為有時比語言更有力量。例如，有一位母親第一天晚飯時，對孩子提出以後每天中午要午睡的要求。第二天，又發現孩子中午到處走動，絲毫沒有停下來的意思，這位母親沒說一句話，而是走過去把孩子床上的被子鋪開，自己也停下手中的工作，上床休息。這無聲的語言提醒了孩子，自己馬上主動去午睡了。

　　父母應抓住孩子的思想狀況，利用積極的認知，以促成良好習慣的形成。有位孩子，存在許多不良習慣，其父母並沒有直接批評，而是要求孩子給自己遠方的好朋友或自己的老師寫一封信，告訴他們自己養成了哪能些好習慣，自己近期有什麼打算。從此以後，這孩子果真克服了不少不良習慣，這種意想不到的效果就在於孩子在寫信過程中進行了自我反省、自我認識，避免了心理對抗和厭煩。

　　父母還須注意的是，暗示教育只有平時經常給孩子灌輸正面的道理，讓他們養成良好的品行的前提下，在孩子一旦出現「人來瘋」等情形時，

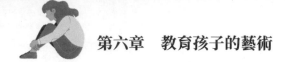

父母進行暗示教育，才能達到「心有靈犀一點通」的效果。否則，孩子對你會視而不見，或因不知所云而無所適從。

▍體罰：該出手時才出手

曾有報紙刊登過一些關於家庭教育的調查，說現在有 80% 以上的父母打過孩子，並由此引出了該不該體罰孩子的問題。其實，教育孩子應該寬嚴相濟，可以有適度的體罰。關鍵並不在於該不該打孩子，而在於要讓孩子記住為什麼要打。比如，對孩子進行教育，有時單靠說理他是聽不進去的，體罰就是用身體的疼痛來使他有所懼怕，進而接受教訓，改正錯誤。當然，體罰也不能太過分，要有一個度，該出手時才出手。

以下是一位孩子母親的經驗之談，僅供參考。

「作為母親，我從不輕易打孩子，不是故意犯錯的不打；第一次犯錯也不打。只有當他反覆犯同樣的錯誤，無論怎樣說服教育都無效時，才把體罰作為最後的手段。同時，我一直堅持不在氣頭上責打孩子（這往往是體罰引起傷害的原因），即使確定要打，也等自己稍微冷靜下來時再實施。此外，我和他父親都特別注意，打孩子只打屁股，從未打過臉或者頭這些易受傷的部位。打的時候，下手也不能過重。打完了最多有些紅腫，不能把孩子打得青一塊紫一塊的。

我主張在使用體罰這個手段時，必須輔以說理。要讓孩子明白父母為什麼打他。尤其孩子大一些了，挨打時常會躲避、掙扎，經常是父母本來只要打他的屁股和大腿，卻由於躲避而打到頭上、身上，造成意外。因此更要讓孩子知道挨打完全是由於他做了大的錯事，而且多次提醒不聽，爸爸媽媽不得已才動了板子。我打兒子之前都會告訴他，你做了錯事，要挨打。認錯可以少挨幾下，躲著不讓打，媽媽會打得更疼。一定要讓孩子懂

得，父母打他是為他好，是愛的一種表現。

我的兒子了了今年八歲，在一所小學讀三年級。他學習成績很好，又是中隊長，繪畫還在市裡拿過獎，屬於那種比較聽話的孩子。從小我們對他就是以情理教育為主，但有時也打。最近一次打他是他剛上三年級時的事。那時他數學有點退步，我就讓他每天除做作業外，再做十道計算題。可小孩子天性貪玩，總想偷懶。第一次沒完成作業，我並沒懲罰，只是告訴他這些作業都是老師精選的，要想學好就得認真做，並要他第二天補齊。可是他不但不補，還拿以前的作業來給我看，想蒙混過關。當時我那個氣啊，真想立刻把孩子拉過來痛打一頓。但還是強迫自己平靜下來，先拆穿了他的小花招，並監督他補齊兩天的作業，然後我找來竹尺子放在桌上，讓他過來。兒子知道要挨打，頓時眼淚汪汪。我告訴他這次非打不可，不要等我過去捉。他很不情願的走到身邊。我把他的頭往我大腿上一按，「趴下！」，然後扯開他褲子，照著屁股上就是一頓打。那次下手很重，挨打的時候，他疼得嗚嗚地哭，邊哭邊求饒。我心裡也不好受，自己嘴唇上咬得都是血印。但更怕把孩子慣出撒謊偷懶的毛病，還是咬牙狠狠地打了二十五下，打得兒子小屁股上一道一道的都是紅印。打完後，我又批評他撒謊不完成作業，曉之以理，動之以情，讓他認錯。

自從那次打過直到今天，孩子都沒再對我們撒過謊。而且他期末數學考了滿分，全班第一。拿到成績回家那天，孩子非常認真地對我說：「媽媽，我感謝你打我屁股的竹板子，因為你打得對。」

不過，體罰孩子不應該都用打。實際示上，在美國等一些國家，是嚴禁打孩子的，這說明他們的教育方式與我們的傳統觀念是有很大差別的。作為東方父母們，也不一定信奉老祖宗留下的「不打不成器」的觀念，畢竟，體罰可以說是教育孩子手段中的下下策。

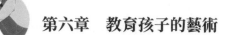

▌父母不必太熱情

童童上小學二年級，是個特別熱情的孩子，班級搞什麼活動，他總能幫老師幹這幹那。

有一次，學校組織大家去春遊、需要借車，童童第一個舉起了手。童童的父親一向支援孩子為班上服務，對童童攬下的活，他托親戚解決了問題。

又過了幾天，童童他們班要出壁報，老師問誰有合適的圖片，可以拿出來展覽，童童又把手舉得高高的，還不停地說：「我有，我有。」回到了家，童童學著老師的樣子把任務又交給了爸爸，還說明天就要。這下爸爸可有點犯愁了，家裡沒有合適的資料，但如果完不成任務，既怕傷了他，又怕給老師造成麻煩。所以，晚上他頂著大風，騎著自行車跑到公司，翻出各種報紙，又剪又貼，忙了兩個小時，總算交了差。

可能很多父母都有過類似的經驗，因此，對待孩子攬下的活兒一定要小心謹慎。有的孩子確實是希望為班上服務，這樣的想法首先是值得肯定的，但要盡量讓孩子參與到他攬的活當中來，尤其是他能獨立做的，就讓他自己來，父母不可多插手。

有個叫張帆的孩子，攬下了出科技小報的任務，他本想讓搞美術工作的媽媽幫他完成，但他媽媽說：「既然是你答應下來的，你就應該自己幹，媽媽不管。」沒辦法，張帆靜下心來，思考構圖，翻箱倒櫃找資料，忙了一個晚上，竟完成了一份相當不錯的科技小報。張帆笑了，媽媽也笑了。在老師的表揚與同學們的稱讚聲中，張帆感受到了經過努力獲得成功與為團體出力的雙重喜悅。

像童童這樣的孩子，他們喜歡找事做，是因為背後有熱情而能幹的父

母。父母對孩子的要求有求必應，時間長了，孩子就會把結果留給自己，把過程扔給父母。

這種情況，父母可以開誠布公告訴孩子，你幫大家做事是很正確的，但你想沒想過，你答應的事應該由誰來做呢？是爸爸媽媽，還是自己努力去完成？甚至可以坦率對孩子講，父母不是萬能的，有些事情我們做不了，並且告訴孩子今後遇到這樣的事情，先想一想有沒有能力完成。

如果你家裡也有愛找事做的孩子，說明他至少是一個熱情的孩子，但也要讓他知道，什麼是量力而行，什麼叫身體力行。

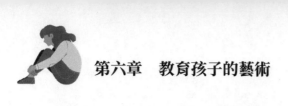

第六章　教育孩子的藝術

第七章　孩子的智力

第七章　孩子的智力

▍新智慧觀

　　許多人都認為智慧的實質是解決問題的智慧和適應生活的能力。而現實生活中的問題是複雜多樣的，因此，要求人們具備多方面的能力去適應生活的挑戰。遺憾的是，長期以來，人們更多地重視傳統智力測驗所測量的智力，而這種「智力測驗」主要是以記憶、抽象邏輯推理、語言能力為主，根本無法全面衡量人的智慧水準。

　　不少父母、教師熱衷於為孩子做智力測驗，如果孩子智商高則欣喜不已，以為他今後必定有成就；反之則感到沮喪，有的甚至借此來推卸教育責任。但是，這只注重了孩子當前的智慧發展水準，卻忽視了孩子智慧的全面培養，忽視了孩子潛能的開發，只會對他們智慧的發展造成極為不利的影響。

　　新型的智慧觀超越了智商的局限。1980 年代以來，多元智慧的觀點正在取代傳統的單一智慧觀。在競爭日趨激烈的新世紀裡，高智慧不僅包括邏輯分析能力、語言能力和記憶能力等方面，同時也包括實踐操作能力、自我監控能力、創造能力、溝通能力和組織領導能力等方面。同時，大量的事實也表明，智慧儘管受到遺傳的影響，但是，環境和教育在智慧的發展中具有極為重要的作用。智慧是完全可以在後天加以培養和開發的，在適宜的環境下，不僅正常孩子的智慧可以提高，而且先天智力低下孩子的智慧也可能在一定程度上得到提高。因此，在某種意義上，潛能的開發遠比評價、判定孩子當前的智慧水準更為重要。

　　成人對孩子智慧發展的期望應該是科學的。心理學中著名的羅森塔爾效應（Rosenthal effect）表明，正向的期望可以顯著促進孩子智慧的發展。

　　當孩子面臨困難、疑惑，甚至失敗時，如果父母充分肯定孩子的努力，積極提供必要的幫助，並透過眼神、手勢、語言等多種方式把父母

的積極期望傳遞給孩子，孩子就能形成良好的自我概念，產生積極的成就動機和良好的行為，從而促進智慧的發展。相反，如果父母不重視孩子從事的活動，或輕易地否定孩子的努力和能力，常常訓斥孩子「笨」、「傻」，時間長了孩子就容易形成消極的自我概念，成就動機降低，並可能產生心理行為問題。當然，積極的期望並不等同於過高的、不切實際的期望，否則，將成為壓力和孩子與成人衝突的根源。

父母要了解智慧的發展遵循用進廢退的規律。開發孩子智慧的主要途徑在於多提供機會，使孩子在成人的引導下，逐步自主地面對各種問題和挑戰，在積極思考，不斷實踐、解決問題的過程中鍛鍊頭腦、提高智慧。父母應該注意不要事事包辦代替，不要因擔心孩子受累、受挫而剝奪了他在日常生活中自己解決問題的機會；同時，父母也要注意避免撒手不管的做法，對孩子遇到的困難置之不理，因而使他可能由於缺少鼓勵和支持而失去努力的信心。

孩子智慧開發的具體方式是多種多樣的，同時，每一個孩子的智慧優勢、智慧活動又各具特點，父母在與孩子朝夕相處的過程中應該創造性地促進其智慧發展。

▌了解孩子的智力

父母想知道孩子的胖瘦可以量體重，想知道孩子的高矮可以測身高。那麼，想知道一個孩子智力發育的情況怎麼辦呢？可以給孩子進行智力測驗。

智力並不是單一的能力，一般來說，它包括：認識能力、理解能力、想像能力、解決問題的能力等等，是人的一種綜合的能力。智力範圍儘管廣泛，內容儘管複雜，但仍同身高體重一樣，是人的一種屬性，應該是可

以測量的。當然，測量智力遠不如測量身高體重那樣簡單，這種測量方法通常是智力測驗。

法國有位心理學家叫做比奈（Alfred Binet），是一位醫生。早在 1905年，他就與合作者西蒙（Theodore Simon）制定了一個智力測驗的量表（稱作比奈－西蒙智力測驗量表）。當時法國的教育界還用這個表測出了低能兒童，讓他們上輔讀學校（專收弱智兒童的學校）。後來這個表傳到美國，經在史丹佛大學任教的劉易斯・麥迪遜・推孟（Lewis.Madison.Terman）修訂後，稱為史丹佛－比奈智力量表，成為世界上最有名的標準智力量表。這個表誕生以後，正如一石激起千層浪，許多國家的智力測驗量表都紛紛問世。那麼，根據智力測驗的結果，是否真的可以預知孩子的未來智力呢？

如果孩子生活的環境與教育狀況沒有太大變化，可以說智力水準相對穩定。心理學家認為七至八歲的孩子測得的智力水準與他們未來的智力有很大的關係。常言道，三歲看到老，也是這個道理。

如果孩子的智力用量表測量處於 70 ～ 85 之間時，就屬於邊緣狀態。他既未達到正常的智力水準，也不屬於智力低下，可能是由於大腦的發育有輕度的障礙等原因，影響了一些大腦高級精神活動。例如，在抽象思維能力、理解能力、組織能力、語言表達能力等方面比正常的孩子要發展得慢一些，學習的效果也會受到一定的影響。

造成孩子的智力處於邊緣狀態的原因有先天的因素，也有後天的培養問題。例如，先兆流產、懷孕期間情緒緊張不安等，都會影響孩子大腦神經功能的發育。在後天的撫育方式上，父母把孩子交給老人或保姆，對孩子很少進行科學的訓練，有的甚至不送孩子上幼稚園和學前班，使孩子在起跑線上就輸給了其他孩子。到了小學期間，在學習能力、適應能力方面當然要差於其他受過訓練的孩子。

　　還有的父母與此相反，因為覺得孩子比別人各方面弱一些，就對孩子無微不至地照顧，有些孩子很大了還不會做自己繫鞋帶、擦屁股等一系列生活自理的小事。在學習上，甚至有些父母手把手地教孩子寫字甚至代替孩子做題。

　　看到他們比正常孩子反應慢，父母們往往對此失去耐心，不是打罵孩子就是輕易地告訴孩子現成的答案等，造成孩子依賴性強，缺乏自信心和獨立性。有些父母對孩子的體育不達標不以為然，造成這些孩子動作笨拙、拖拉，運動協調性極差，這些都會直接影響孩子學習能力的提高。孩子需要老師和父母更多的關心和幫助，但不能有過多的嬌慣和保護，更不應該放棄不管特別是那些智力發育處在邊緣的孩子。

　　孩子的智力發育是否正常，在嬰幼兒時期就可以發現。老人們常常稱讚那些不哭不鬧，不給大人添麻煩的孩子為「乖」，殊不知這正是孩子行為障礙的表現之一。這種乖是因為他們對周圍事物缺乏興趣，注意力和反應能力較差的表現。由於父母們的誤解，致使這些孩子在早期沒有及時得到訓練，直到孩子上學後才發現跟不上學習進度、智力存在問題。但隨著年齡的增長，用訓練來提高孩子智力方法則越來越難以奏效。所以早期觀察孩子的智力發育情況非常重要。智力障礙的行為表現主要有：

✧ 很晚才出現微笑，不注意別人說話，運動能力發育落後。

✧ 視覺功能發育不良，不注意注視周圍人和事物。

✧ 對聲音缺乏反應。

✧ 咀嚼晚，餵養困難，當給固體食物時，易出現吞咽障礙和嘔吐。

✧ 會走路後兩腳依然相互亂碰。

✧ 孩子在 6 個月後還是經常躺在床上看自己的雙手。

✧　孩子有時到兩至三歲還把玩具放進嘴裡。

✧　在成長到 15～16 個月後仍然把東西隨地亂丟，並且是無意識的。

✧　超過一歲時仍未能停止淌口水。

✧　在清醒時孩子有磨牙動作。

✧　有時需要反復或持續刺激後才引起啼哭，哭時經常發出喉音，有時哭
　　聲尖銳或尖叫，也有時哭聲無力。

✧　對周圍事物缺乏興趣或興趣短暫、精神不集中、反應遲鈍。

✧　兒童表現為多睡和無目的地多動。

　　除了觀察上述行為以外，對於兩歲以上的孩子，心理醫生可以用心理
測驗的方法來測查孩子的智力發展水準。

　　父母應該常把自己的孩子與其他同齡孩子常做比較，不要主觀斷言孩
子將來會很聰明，或寄希望於他們長大會聰明，這樣會耽誤孩子最佳訓練
時間，以至影響他的一生。

　　孩子的智力水準在成年以前是可能透過科學的訓練來開發和提高的，
越早訓練越好。如果父母發現孩子早期發育階段，在某些方面比別的孩子
發育得晚或慢，就需要諮詢兒童心理專家，及早檢查，及時指導和訓練。

　　單純測出孩子的智力水準高低，對父母來說，不過是增加了點喜悅或
添加了煩惱而已。更重要的是，智力測驗可以分門別類地查出某個領域的
不足，如，語言、運動、圖形等，這就提供了一個在某方面加強訓練的依
據。人是可以改變的，可以教育的，就像雕刻家能在極為平常的基石上，
雕出令人震撼的藝術品一樣。孩子是父母的結晶，要讓你的孩子聰明、能
幹，成為社會上有用的人才，不妨試著科學地測量孩子的智力，然後，在
這塊基石上精心雕刻吧。

▍訓練孩子的智力

　　孩子從出生一直到 25 歲，大腦的各種功能才發育健全，並不是一生下來就不能改變了。所以，當父母發現孩子的智力發育有障礙時，不要失望和放棄，完全可以透過科學的心理訓練在很大程度上提高智力水準。訓練方法並不是教孩子認多少字，背多少詩，而是多種多樣的。

　　要訓練孩子爬行、翻身、坐、站、走，以及跑、跳、上下樓、拍球、跳繩、走平衡木等能力。有的父母因為孩子不會爬行，就不管不教，那是不負責任的做法，應該用手推孩子爬行。孩子不會跳繩，可以讓孩子先練手搖的動作，然後練腿跳的動作，再練協調在一起的動作。

　　從訓練孩子能抓住大的、近距離的東西，能擺弄物品，最後能拆裝物品等。孩子躺在床上一開始可能沒有意識去抓東西，父母可以用細繩拴住一個小玩具，在孩子眼前逗晃，吸引孩子的注意力，讓孩子學會用手去抓懸掛物。

　　父母要注意訓練孩子的感覺和知覺。新生兒已經有了視覺、聽覺和觸覺反應，父母可以透過讓孩子看，注視、追蹤彩色的、運動的物體來訓練孩子的視覺；透過讓孩子尋找能發出聲響的玩具，聽音樂，給孩子讀故事等來訓練孩子的聽覺；透過和孩子擁抱，用粗毛巾擦身體，讓孩子翻跟頭、玩沙土、游泳等來訓練孩子的觸覺。多帶孩子到大自然中去體味豐富的色彩、聲音、氣味的刺激。

　　父母要注意訓練孩子的認知能力。教孩子認識日常用品，掌握它們的名稱，並且要多教孩子一些常識，例如，一星期有幾天，太陽從哪邊出來和落下，一斤有幾兩，教孩子認識時間、認路和乘車等。

　　在孩子還不會說話時，就應該開始多和孩子說話和交流感情。讓孩子

第七章 孩子的智力

多聽音樂、對話、兒歌、故事等，在娛樂中教孩子發出簡單的聲音，直到教會孩子簡單的字詞句子。

父母要多擁抱、撫摸和逗引孩子，來訓練孩子的交往能力。多讓孩子與他人接觸，和小朋友玩，不要把孩子孤單單放在一邊不管不問。

要訓練孩子的生活能力。例如，吃飯、喝水、穿脫衣服、坐便盆、擦屁股、繫鞋帶等，逐步訓練孩子做家務的能力。

對於七、八歲的孩子，要想提高智力水準，不能僅僅著眼於訓練學習能力，還應該在心理專家的科學指導下，訓練他們的注意力、自制力、反應能力、協調性、動手能力和社會適應能力。

音樂對孩子具有強烈的感染力，最易引起孩子感情的共鳴。孩子最早接受教育就是從感受音樂開始的。那麼，怎樣透過音樂教育開發孩子的智力呢？

感覺和知覺的發展是智力發展的基礎。因此父母在對孩子進行音樂教育時要及早重視孩子的感官訓練。如，讓孩子閉上眼睛用耳朵聽聽周圍的聲音，說出哪個聲音高，哪個聲音低，哪個聲音長，哪個聲音短。可讓孩子類比其熟悉的音響節奏。如，小鴨叫，青蛙叫，汽車、火車的笛聲等，並鼓勵孩子用簡單的動作把對節奏的感受和反映表達出來。讓孩子拍拍手，踩踩腳，說一說，敲一敲，培養孩子的眼、口、耳、手、腳的協同配合。

語言能力是智力發展的重要條件。語言能力的培養對於孩子智力發展有著非常重要的作用。父母可以借助於歌曲對兒童強烈的感染力，選擇一些節奏感強的兒童歌曲，使孩子在聽聽唱唱中不知不覺地豐富詞彙。可以讓孩子欣賞一些富有兒童情趣的樂曲，讓孩子用聽覺辨別各種不同音色的樂器，同時還可以為孩子創設一個編故事的環境，促進孩子語言的發展。如欣賞鋼琴曲「小鳥捉蟲」，孩子可以憑藉自己對音樂的感覺和理解，結

合自己生活實際，編出自己喜歡的，生動活潑的小故事講給別人聽，從中促進語言的發展。

孩子的思維是隨著語言的掌握而發展起來的。父母在教孩子唱歌時，可以有意識地讓孩子在熟練掌握歌曲旋律的基礎上，鼓勵孩子自己想，自己編，填上自己想唱的歌詞，並配上與歌詞相適應的動作，以達到促進孩子思維能力發展的目的。

父母可以透過讓孩子欣賞多種性質的音樂開發孩子的智力。如，選擇快樂活潑的，抒情優美的，熱烈歡快的，雄壯有力的各種不同的樂曲，啟發孩子根據音樂的不同性質用動作表達自己的不同感受。透過欣賞樂曲「龜兔賽跑」，使孩子能正確判斷哪些音樂是描寫小白兔的，哪些音樂是描寫烏龜的。

父母可以在孩子聽音樂前，透過看圖書，聽故事等，對小兔和烏龜的特徵有所了解。當聽到單簧管在高音區演奏出歡快跳躍的旋律時，孩子能把對小兔子形象的視覺記憶和音樂所表達的旋律連繫起來。同樣孩子也能把大管在低音區演奏的節奏緩慢平穩的旋律和視覺記憶中的烏龜連繫起來。在整個過程中調動孩子各種感官積極活動，並透過對事物的分析和積極的聯想，透過聯想形成思維判斷。

好的圖書既能給孩子們帶來歡樂，又能激發他們豐富的想像，啟迪思維，陶冶情操，增長知識，是孩子們生活中不可缺少的精神糧食。

許多父母都意識到這一點，不惜花費很多錢給孩子購買圖書，但卻不注意指導孩子閱讀，不注意保管，因而降低了圖書的價值。因此，要注意充分發揮書畫對激發孩子智力的獨到作用，利用書畫來開展孩子的智力。

有些父母不注意精心挑選書畫，凡是帶圖的書都認為是有意義的讀物，而不加選擇地購買，結果花錢不少，孩子卻根本看不懂。因此，要注

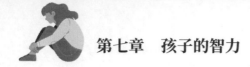
意選擇那些有教育意義，孩子能理解的，文字簡練，詞句優美的圖書，讓孩子閱讀並複述。有條件的，還可讓孩子自己選擇，啟發孩子獨立思考書畫中的內容，從而促進智力的開發。

由於孩子年齡小，不懂得怎樣去看；有的看書的目的性不明確，無目的地亂翻，很快就將一本書翻完；有的把圖書倒著看也不曾察覺；還有的只會講書上有什麼人，什麼動物，而不懂得各畫面之間的內在連繫，因而不能從閱讀中受到更多的教育。針對這些情況，父母要注意：

首先教會孩子怎樣看書，養成良好的看書習慣。要一頁一頁地按順序看，看的時候要仔細，要注意看懂畫面上有什麼人物、事物，他們在做什麼，從而理解畫面上所表達的意思，逐步養成看完後能知道其完整的故事情節、內容。

在看書畫的時候，父母可適當地進行提問，幫助他們更好地理解故事。提問的安排前後不一，可在看書或講故事前提出問題，讓孩子帶著問題去看、去聽，然後從故事中找出答案。父母可在看書或講故事中間造成懸念，提出問題，讓孩子透過思考來解答；還可在聽、看完故事以後，進行提問，幫助孩子理解故事的內容、主題，從而促進孩子的思維能力的發展。

對年齡稍大一些的孩子，還可以讓其在看完圖書後，簡略地複述故事的內容。在複述的過程中，成人要認真地聽，對個別問題還可以提醒或糾正，從而鍛鍊孩子的理解力、記憶力和口語表達能力。

在孩子看書的過程中，孩子不能理解的或比較難理解的字詞，父母應耐心地解釋，盡量使問題具體化，使他們易於理解，並有意識地讓孩子用字組詞，用詞說話，從而培養孩子的口語表達能力。

有一點提請父母注意。父母在給孩子念書時，孩子如果坐在你的對

面，他看到的書是倒過來的。如果你要讓孩子認字看圖，一定要讓孩子和你坐在一起，並且指給他看。千萬別讓孩子坐在對面，否則孩子看慣了顛倒的字畫，再糾正過來就有點煩人了。

父母要給孩子提供一些故事、兒歌或淺顯的古詩，在孩子熟悉理解的基礎上，可以鼓勵孩子畫出來，培養孩子的想像力、創造力、分析判斷力。對於孩子比較難理解的一些詩詞，也可利用畫面，幫助孩子理解，如古詩「望廬山瀑布」、「鋤禾」等。

父母應適當選擇一些優美的文學作品，讓孩子欣賞，陶冶他們的情操，教育孩子養成良好的行為習慣和思想品德。

孩子看過的一些舊圖書，不可隨便扔掉，要注意保存，引導孩子透過剪、黏貼、重新組成新的畫面，從而創編成一個新的故事。

作為父母，應儘早給孩子提供閱讀的機會。

培養孩子的好奇心

好奇心是孩子探索世界的動力，成人若能提供安全的探索環境，將能點燃孩子學習的火花。

小海把奶瓶反轉並且試著用底部吸奶；小傑看著玩具火車在軌道上跑著，當它停止時，小傑又推又拉又打地想把火車再啟動；在公園裡，凱凱專心地看著小花被風吹得搖搖擺擺……這些孩子的共同點是什麼呢？那就是好奇心，他們都忙於探索周圍的世界，去學習並發現這世界的奇妙。

好奇心是孩子學習的火花，而父母在孩子好奇心的發展中，扮演著非常重要的角色。如果孩子的好奇心因父母的態度而被壓抑，孩子將會失去渴望學習的欲望。因此，父母該幫助小寶貝發展健康的好奇心。

孩子好奇心的發展大約開始在一歲以前。在父母為孩子提供安全的環

第七章　孩子的智力

境中，孩子可以從容探索周圍的事物，他們從周圍環境中以感官去滿足內在求知的渴望。父母的鼓勵可以推動孩子好奇心的發展，當孩子探索這世界時，最希望父母能夠和他們一起參與。

當父母耐心地回答孩子的問題，時常參與孩子的活動，並且給予孩子正面的獎勵，都會使孩子的好奇心朝向正面的發展；而斥責、處罰或無理的制止，則會阻礙好奇心的發展或將其導入不正確的方向。

如何才能將孩子的好奇心發展導向正確方向呢？

父母應激發自己好奇心的火花，時常問「為什麼」和「可能會如何」等等，當孩子問問題時，父母要和孩子一起實際操作，幫助孩子去找出答案。當黃色和藍色顏料混合變成綠色時，用大聲且驚奇的口吻問「怎麼會這樣？」以激起孩子的好奇心。和孩子一起分享發現和探索的感覺，不但可推動孩子好奇心的發展，也可以使自己保有一顆年輕的心。

當孩子展示他所擁有的東西並且高興地說：「你看我有這個！」你也要給予相同的回應，讓他知道你也和他一樣地高興。當孩子開始用「這是什麼？」「為什麼會這樣？」來問問題時，父母必須要了解這是孩子學習的方式，父母的態度和回答，都可以幫助孩子成為快樂的小小探索家。

父母在選擇玩具時，應該以多元化的玩具為主——孩子能夠拆開、組合玩具，並且隨著年齡的增長，可以有不同的玩法。一個好玩具可以讓孩子用嘴咬或用手敲打，但不會使孩子受到傷害；當孩子長大些，也可以由操作中自我發現錯誤，並找出正確的答案。父母最好能和孩子一起坐在地板上，比較容易從孩子的角度去發現和回答問題。

有的孩子喜歡摸別人的眼睛，會試著咬一口他人的手臂，看看會出現什麼反應。這些行為都可能是被眼鏡或首飾所吸引。較大的孩子知道可以碰觸眼鏡或耳環，但是碰觸眼睛是不好的，不過小孩子並不了解。因此，

必要時抓著孩子的手，教孩子如何輕撫他人或物體。孩子可由此學到正面的社交行為，又不會抹殺他們好奇心的發展。

對孩子來說，世界處處充滿奇妙的事物，父母要給予孩子足夠的時間、空間和自由，去發現和研究他們感到有趣的事物及想法，要注意孩子的安全並且適時從旁協助，千萬不要以成人世界的想法、眼光，撚熄了孩子這份生命中珍貴的火花。

經常能看見孩子透過玻璃在觀察著外面的世界，和成人不同的是，他們的專注和好奇程度要比成人強，因為他們的鼻子都被壓扁了，他們恨不得透過這玻璃，單獨觸摸到事物。

保持孩子好奇心的訣竅是大人要有童心，要換位思考。大人對孩子的好奇心不能理解，甚至不耐煩，是因為孩子間的問題，大人早就都知道了，站在大人的角度，沒什麼可問的。正如作家桑姆・金麗所說：「我們的眼睛變得只盯著追求的目標，以至於對眼前的玫瑰花也不驚奇。」因此首先要解決的問題是尊重孩子的好奇，允許他提問。

父母不要敷衍孩子，要給孩子好奇心的提問以滿意的回答，如果不懂，就帶孩子一起去找答案。另外，父母要學會說這樣一句話：「我真喜歡你愛提問題。」有時對孩子的提問，還可以不馬上提供答案，而是進一步提出一個疑問和懸念，激起他更強的好奇心。

父母應允許孩子探索（比如拆東西）。家中如果有貴重東西，盡量放在孩子看不到的地方，只要他看到了給拆了，就千萬不要責備他。否則對孩子的好奇心也是一種打擊。

如果孩子問了超出他的年齡應知道的事，怎麼辦呢？父母也不要責備他。因為孩子並不知道什麼該問，什麼不該問。有個父母的做法很好，每逢孩子問了無法給孩子說清的問題，她就告訴孩子：我把這個問題記下來

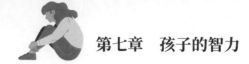

了，到了你 ✕ 歲的時候，我就會回答你的問題。對這個問題，也許以後用不著父母回答，他自己慢慢也明白了。但是，這種做法讓孩子感到他的提問是受到了尊重和鼓勵。

▌培養孩子的興趣

歌德說「沒有興趣，就沒有記憶。」「知之者不如好之者。好之者不如樂之者。」如何讓孩子對學習產生興趣，這是教育孩子的一個根本著眼點。

好奇心是孩子學習興趣的源泉。好奇、好問、好動，渴望透過自己的探索來了解世界，是孩子的天性。那麼，父母該如何呵護孩子的好奇心呢？

當孩子將停下了的玩具火車又推又拉又打，想使它再次跑動起來的時候，當孩子在公園裡專心地看著被風吹得搖搖擺擺的花草的時候，這些都是他們在好奇心的驅使下探索這個陌生世界的表現。對孩子來說，一切都是新鮮的，值得探索的。此時，大人不要忽視和否定孩子的學習和探索行為，而應該精心地呵護孩子的好奇心，努力用孩子的眼光去觀察這個世界，跟孩子一起去驚異，去提問，去討論，去共同做出結論。

當孩子帶著問題去問父母的時候，父母不應該簡單地將結論告訴孩子。告訴孩子問題的答案，遠不如讓孩子自己思考「為什麼」重要。例如，當孩子問「鳥兒晚上睡在哪裡」時，你不必直接回答，你可以與孩子一起探討鳥兒在晚上的可能去處；當孩子問「黃色和藍色顏料混合後會變成什麼顏色」，你不要簡單地告知「會變成綠色」，你可以說：「是啊，它究竟會變成什麼顏色呢？」以此來引導孩子去試驗，去思考，讓孩子自己去得出結論。同時你還可以透過一些開放式的問題，激發孩子對事物的好奇心與探索的欲望。

培養孩子的興趣

　　能否給孩子自由思考的空間和時間，這是呵護孩子好奇心的關鍵。父母如果經常給孩子下達一些強制性的智力作業任務，那麼孩子會感到總是在一種有壓力的環境之中，他們便會將思考問題看做是一種額外的負擔，久而久之，他們的好奇心和學習的興趣就會消失殆盡。因此，對於強制性的智力作業，要少些再少些。

　　孩子一般都愛聽故事，不管是老師或父母講故事，還是廣播電臺或電視臺播放故事，孩子們總是專心致志地聽，特別是繪聲繪色地講故事最能吸引他們。當你講書中的故事時，你會發現孩子常常是一邊聽一邊很想認識書上的字，這種主動要求學習的精神是非常可貴的也是稍縱即逝的。父母可以利用這一時機因勢利導，適當教孩子認認字，不要求孩子寫，更不要求孩子記這些字，只要他們能認識，能把一個小故事讀下來就行。孩子聽得多了，讀得多了，自然而然地掌握了這些字。不久就會有一天，父母發現，孩子已經能很連貫地把書上的故事琅琅上口地讀出來。當孩子在閱讀課外書刊時，父母可利用讀物內容，作為與孩子對話的內容。這樣，孩子在一個寬鬆愉悅的學習環境中，可以不時地受到啟迪，並逐步養成主動學習、主動探索知識的興趣與習慣。

　　父母可以經常有意識地引導孩子到大自然中觀察日月星辰、山川河流。比如春天可帶孩子去觀察小樹以及其他植物的生長情況；夏天帶孩子去游泳、爬山；秋天帶他們去觀察樹葉的變化；冬天又可引導他們去觀察人們衣著的變化，看雪花紛飛的景象。孩子透過參加各種活動開闊了眼界，豐富了感性認識，提高了學習興趣。父母最好還能指導他們參加一些實踐，如讓孩子自己收集各種種子、搞發芽的試驗、栽種盆花；也可飼養些小動物。隨著孩子年齡的增長，可以啟發他們把看到的、聽到的畫出來，並鼓勵他們閱讀有關圖書，學會提出問題，學會到書中找答案。這

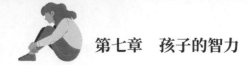

樣，孩子的興趣廣泛，知識面擴大了，學習能力也在不知不覺中提高了。

一些孩子由於受家庭和周圍環境的影響，在三歲左右就開始對畫畫或樂器產生興趣。特別是孩子進了學校以後，在老師的誘導下，他們的興趣愛好出現了第一次飛躍。最先使孩子產生興趣的一般是畫畫、唱歌和表演，當然這些都是模仿性的。對鋼琴、電子琴、手風琴的興趣都可以在幼兒期喚起，這時不是要求孩子能達到什麼水準，而是以喚起他們對各種樂器的興趣為主。下棋更是如此，很小的孩子就喜歡跟大人下棋，當然更喜歡和小朋友們一起下遊戲棋。父母只要做有心人，為孩子們提供一些條件，準備一些簡單的器具，多給孩子講講自己的見聞，多與孩子一起玩，孩子多種學習興趣就會逐漸培養起來。

孩子的興趣有一個逐步發展的過程，他們往往有了一種愛好以後，會逐步遷移到另一種愛好上，並發展為多種興趣愛好。例如孩子小時候喜歡聽故事，總是不厭其煩地要求爸爸媽媽講故事，慢慢地他們自己也會學著講故事，甚至還學著自己來編故事，然後再由講故事遷移到給故事配畫，從而慢慢地對畫畫產生了興趣。

▍培養孩子的記憶力

許多父母都想培養自己孩子良好的記憶力，這裡就介紹幾個方法：

一是要培養孩子有意識地記憶。例如，父母帶孩子上街，或者去公園，事先都可以對孩子提要求，要求他們把看到的或聽到的回家後透過回憶說出來。只要父母在要求孩子記憶某一事物之前，明確地提出識記目的、任務，又善於幫助孩子回憶，孩子的積極性就會很高，他們會興致勃勃地把所見所聞告訴你。這樣培養記憶，效果十分明顯。

二是要培養孩子在理解的基礎上記憶。由於孩子的經驗少、理解力

差,所以孩子的記憶方式是機械識記多於意義識記。但意義識記比機械識記的效果好,因此,我們應該更注意對孩子意義識記的培養。例如,在教孩子背兒歌時,首先應該讓孩子了解兒歌的內容,可以把兒歌串起來編成一個故事講給孩子聽;再透過提問和講解讓孩子理解兒歌中的關鍵字語,把要求孩子記憶的內容同他們自己的知識經驗盡量連繫起來。這樣,孩子就能很快記住這首兒歌了。

三是給孩子記憶的材料要具體形象。孩子的記憶,主要以無意識記憶為主,對於他們感興趣或能激起他們情感的事物,能自然而然地記住,記憶也比較牢固。另外,由於孩子的語言發展還處於初級階段,還不善於運用語詞記憶。因此,在幫助孩子記憶的活動中,父母除了要使記憶材料具有直觀性、鮮明性之外,還需要配以適當的語詞說明。在關鍵的地方,更要在語調上加以強調,以使活動直觀形象與語詞在孩子的記憶中相互作用,充分引起他們的無意識憶,提高記憶效果。

四是要運用重複的方法,鞏固和提高孩子的記憶力。重複是記憶的基本方法,對孩子尤其適用。我們知道,重複可以使大腦中淡漠的印象變得深刻,模糊的印象變得清晰。父母不厭其煩地反復做某些事,不斷讓孩子看、聽、摸、聞,可以鞏固孩子的記憶。況且,孩子往往也喜歡重複,他們能反復要求父母多次重複同一個故事,直到能記熟為止。在採用重複的方法培養孩子的記憶時,也應該講究方法。遺忘的規律是先快後慢,即短時間內一下子遺忘很多,往後則越來越少,因此,平時要採取先密後疏的原則。根據這個原則,在孩子剛學了新的知識之後,要抓住記憶還比較清晰的時候,及時加以鞏固,不能等遺忘了再鞏固。而且,重複的間隔時間也要由近逐漸拉長,例如;培養孩子的複述能力,最好第二次與第一次的時間間隔為一到兩天,第三次間隔兩到三天,經過多次重複,間隔的時間

第七章　孩子的智力

可以更長些，每次重複的時間可以少一些。這樣的重複訓練對孩子的記憶效果好，又不浪費時間。

　　人的大腦的潛力巨大，父母若能教給孩子一些科學的記憶方法，在學習上則可收到事半功倍的效果，對於提高孩子的學習無疑是大有好處的。

✧ **聯想記憶法**：利用聯想，是促進記憶的有效方法之一。智力超常兒童的聯想往往都很豐富，世界上有許多發明創造也是由聯想引發的，如牛頓透過由蘋果落地這件事聯想發現了萬有引力定律，瓦特從開水衝擊壺蓋發明了蒸汽機，等等。採用聯想法能夠減少枯燥感，易於記憶方法也簡單。這裡舉一個聯想記憶的例子。比如，當孩子問父母「眼鏡」是幹什麼用的，你就可以摘了眼鏡閉上眼睛，孩子就會聯想到眼鏡是爸爸的另一雙眼睛。

✧ **直觀現象法**：根據孩子喜歡直觀形象特點，充分利用直觀物品，幫助孩子記憶。直觀現象法就是抓住各種事物發生的現象，讓孩子去認識、記憶，特別是直觀完現象後，要用啟發式的提問幫助孩子記憶。當孩子看見鴿子時，並不一定能區分什麼樣的「鳥」才能被稱為鴿子，父母就應該引導孩子提問：「你聽到它說什麼了嗎」。孩子說：「要叫姑姑呢。」……就這樣把鴿子不同於其他禽類的特徵一一讓孩子觀察出來。孩子就會掌握如何透過觀察認知事物，並加以記憶。

✧ **歸類記憶法**：如果把記憶比做知識的倉庫，那麼只有把知識歸類之後，這個倉庫才能最大限度地發揮它的儲存功能。例如教孩子識字，可利用漢字的特點，讓孩子將漢字進行歸類記憶。

✧ **兒歌記憶法**：一般來說，有節奏、能押韻的作品更便於記憶。如果能充分利用孩子的機械記憶能力，讓他們從小背一些兒歌和一些容易理

解的詩歌，這對於開發孩子的智力、擴大孩子的知識面都是大有好處的。很多謎語其實就是幫助幼兒記憶的，如兒歌。例如，「麻屋子，紅帳子，裡面住個白胖子。」這個謎語能讓孩子輕易地記住花生。

◇ **多種器官參與**：人的多種感覺器官參與記憶活動，能夠大大提高記憶的水準。當孩子在記住某些內容時，在條件許可的情況下應盡量讓孩子調動聽覺、視覺、觸覺等多種感覺，讓孩子既動手又動腦，如此可以提高記憶的效果。

下面介紹一下情緒記憶。

父母們都知道，對孩童時期的記憶大多和當時的情緒體驗有關，有時記憶的內容忘了，可當時的情緒效果卻一直保留在記憶中。情緒記憶是記憶內容的一個重要方面，積極的情緒記憶常伴有愉快、滿足、喜悅等情緒體驗，而消極的情緒記憶常伴有恐懼不安、痛苦、孤獨等情緒體驗。

積極的情緒記憶會使人變得樂觀、自信、開朗和豁達，而消極的情緒記憶則會給人帶來不同程度的消極影響。因此，父母應該注意培養孩子積極的情緒記憶。那麼，如何培養孩子積極的情緒記憶呢？以下的方法可供父母借鑑：

◇ 創造一個溫馨祥和的家庭環境。這樣的家庭能使孩子產生愉快安全的體驗；相反，一個充滿壓抑和吵鬧、缺乏溫暖和家意的家庭，會使孩子變得自卑、孤僻、不合群、怕交往。父母為孩子著想，就應努力創造一個好的家庭環境。

◇ 盡量少讓孩子接觸恐怖邪惡的影視節目和圖書，當孩子出現害怕不安時，父母要及時地給予愛撫和安慰，排除消極的情緒記憶。

◇ 當孩子對黑暗、災難、恐怖的音響感到害怕時，父母可以把這些事物

與愉快、甜蜜的刺激連繫起來，逐漸消除其消極的影響。父母還應透過故事或影視中人物不怕黑暗、戰勝困難的事例教育和鼓勵孩子，使其逐漸改變膽小、敏感、羞怯等性格。

▌培養孩子的思考力

孩子敏銳的思考力不會從天上掉下來，而是需要嚴格的訓練和培養。人們通常認為聰明的孩子與生俱來就思維敏銳，其實不然。事實上，聰明的孩子因為能迅速回答出問題而不善於思考或懶於思考。相反，反應較慢的孩子卻常常在深深地思索。那麼，如何培養孩子的敏銳思維的能力呢？

有位母親透過朗讀簡單的詩詞引導她五歲的孩子思考問題。她先讀一首詩：如果世界上堆滿了餡餅，如果海水全部化為墨水，如果所有的樹都結滿麵包和乳酪，那麼，我們喝什麼？然後，她問孩子：「一個句子以『如果』開頭，是不是意味著它不是真的？」由此引起孩子聯想出一連串問題。培養孩子邊讀書邊思考的習慣，將使孩子終生受益。

領孩子去博物館，與孩子一同閱讀，同孩子一起看電視的時候，要有意識地提出問題促使孩子發揮想像力。參觀博物館時不要走馬觀花，簡單地欣賞作品，不妨提出「恐龍如果復活了，地球會變成什麼樣」之類的問題。

孩子的年齡不論大小，也應創造機會使他們說出值得一聽的主意來，這並不需要安排正式課時。一家人圍聚一桌共進晚餐，議論一天中發生的種種事情，這就是一個指導孩子最好的機會。

講笑話、幽默、風趣，能在笑聲中使孩子們懂得對事物的評判標準遠非僅有一種。一個奇妙的雙關語之所以能引起哄堂大笑，就因為它從不同的側面去理解詞義。

人類進步的歷史是不斷徹底改變傳統觀念的歷史。愛迪生發明電燈以前，人們滿足於油燈照明；若不是電腦帶來的變革，會計們只能夠終日在紙張、筆墨、帳簿中忙碌。孩子們很少受傳統觀念的束縛，更敏銳於對「從來如此」的事情提出質疑。父母應該鼓勵孩子一輩子都保持大膽質疑、勤奮探索的習慣。

能提高孩子思維能力的問題往往是趣味性強、令人迷惑、激發想像力、沒有固定答案的問題。要激發孩子的想像力可以試試提出這類問題：要是所有汽車全部漆成黃顏色的，會有些什麼正面效果，反面效果？

準確表述不僅能防止誤解，而且能使人思維更敏銳。準確辨別詞義是一項艱巨的智力訓練。它能幫助孩子弄明白他到底在想什麼。比如做一個家庭遊戲：蒙住一個孩子的眼睛，讓另一個孩子在兩幅相似的畫中挑選一幅進行描述。然後解開蒙布，讓被蒙住眼睛的孩子指認出所描述的是哪幅畫。那些描述往往很模糊，孩子搞不清究竟是哪幅畫。但這種遊戲既可教會孩子更準確地表達，又可教會孩子更細緻地觀察事物。

小孩子大多數只顧說出自己的想法，沒有耐心去等待別人把話說完和簡單地重複說過的內容，由於聽不進別人的意見，就容易忽略那些能開闊視野的見解。因而要引導孩子聽取別人的意見。例如，孩子說鄰居家的小夥伴是「笨蛋」，就要讓他去問問其他孩子對那個孩子的評價。這樣就可能使孩子看到自己未曾想到過未曾認識的另一方面。同樣，讓孩子留意新聞、廣播等等對同一事實的種種不同分析，對孩子學會集思廣益大有好處。

小孩子不可能一夜之間就學會邏輯思維。這就像學騎自行車，頭一兩次剛學會一點，可轉眼之間就全忘了。但一旦最終掌握了其中的技巧，你一輩子都忘不了。

培養孩子的想像力

很多父母朋友都會驚嘆發明家的想像力。其實，每個孩子都有豐富的想像力，只不過，有的被父母注意到了，更多地卻被忽視了，被嘲笑了，甚至被斥責了。

媽媽正在做包子，5歲的小女兒坐在小凳子上看著。

女兒忽然提了一個問題：「星星是從哪裡來的？」

媽媽沒有急於回答她，而是說：「你想想看」。

女兒出神地注視著母親揉面的動作。母親揉面，揪麵團，擀面餅，包包子……

看了好一陣子，女兒突然說：「我知道星星是怎麼做出來的了，是用做月亮剩下的東西做的。」

媽媽聽了先是愣了一下，然後特別激動地親吻了自己的女兒：「寶貝，你的想像真奇特。」

爸爸聽了這件事以後也非常高興，拉過女兒給她講女媧摶泥造人的傳說。後來這位小姑娘成了著名的作家。

父母可以做一個折紙的遊戲，孩子學會折小兔子後，把小兔子貼在紙上，父母可以提醒孩子按照自己的意願添畫上適當的背景。「小兔子生活在哪裡？你在哪裡見過小兔子？小兔子愛吃什麼？」等等。這樣孩子有時候畫上草地，有時畫蘿蔔，有時畫上和小烏龜跑步等等。還可以進一步鼓勵孩子畫出小兔子和它的朋友們，這樣就會出現小兔子對鳥窩的守護，對鳥蛋的關注；星星、螢火蟲為小兔子照亮山路；銀杏樹對小兔子的呼喚等等奇特的景象，這都是訓練孩子想像力的好辦法。父母要積極參與孩子的想像遊戲，同時讓孩子主持遊戲，不要「反客為主」，給孩子發揮自己的

想像力留下足夠的空間。也可以考慮為孩子提供獨自遊戲的機會，讓孩子在遊戲或其他創造性的活動中發揮無拘無束的想像。

在看有關飛機的圖書時，可以問孩子：「你能想想未來的飛機是什麼樣的？你能設計出什麼樣的飛機？」在孩子思考和回答的過程中，充分地發揮孩子的想像力及創造性思維。

帶孩子觀察某一個建築，如地鐵站，先叫他觀察地鐵站有幾層？是怎麼樣的結構？樓上有什麼？樓下有什麼？現在沒有的，你想像地鐵周圍還會有些什麼？孩子經過細緻的觀察，回家後進行「我是小小建築設計師」的遊戲。讓孩子發揮想像，用玩具和各種廢舊物料砌出地鐵站的結構和地鐵站的標誌、廁所標誌等等，提示孩子如果你是建築設計師，會設計哪些建築，充分鼓勵孩子表現自己的想像力和創造力。

父母經常給孩子提一些「開放式」的問題，讓孩子用多種答案來回答題，也可以啟發孩子的想像。比如孩子說要在地鐵站中建游泳池，父母可以問他：「為什麼呢？」孩子可能會說：「許多小朋友覺得熱，如果地鐵裡有個游泳池，我們就不用到很遠的地方去游泳了！」父母可以一步一步地啟發孩子，如果要在地鐵裡修游泳池，要花費什麼東西，會帶來什麼不方便，最後再決定修不修。如果父母一上來就說：「真是異想天開，地鐵裡怎麼會有游泳池呢？」孩子的興趣一下子就無影無蹤了，更不用說想像力了。

講一些有啟發性的故事給孩子聽，讓孩子想像下面的故事情節，使孩子有發揮想像的機會。孩子們都喜歡聽故事，常常聽得心馳神往。故事中引人入勝的情節打動了孩子的心，使孩子的思想感情與故事中的角色活動和情緒融合在一起，在這種情況下，孩子會很自然地張開想像的翅膀。不僅喜歡故事，孩子們也喜歡複述故事。培養孩子複述情節生動又富有想

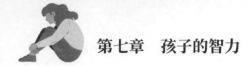
像的故事對培養想像力更有好處。如講《雪孩子》的故事，在孩子理解了故事內容後，可再提問一些擴展性的問題。如：「雪孩子遇到火後為什麼會不見了？它去哪裡了？」孩子會從中明白一些科學道理（雪遇熱融化，變成水，在陽光照射下，水又變成水蒸氣升到天空中，形成雲）。

孩子的想像力是無處不在的，父母其實不需要做太多的事情，開放自己的思維，放開孩子的手腳就可以取得事半功倍的效果。

▌培養孩子的創造力

根據日本文部省的調查，56%的企業主最需要具有創造力的人才；美國一項調查也顯示，具有創造力是美國 600 家最成功企業的共同特質。創造力在現代人追求成功的過程中，具有相當重要的地位。

孩子從小要學會創造，這既是孩子自身發展的需要，也是時代對今天的孩子成長提出的要求。但是一些父母往往並不注重孩子創造力的開發，只關注孩子的學習成績。而閱讀課外書籍，參加各種團體活動，以及獨立自主地去做一些事情，均受到了父母的阻礙。

在一項調查中，有三分之一的孩子說：「我總沒有時間玩」，另外有三分之一的孩子說：「我想做的事爸媽總是不讓我做」，另外三分之一的孩子說：「爸媽只關心我的學習成績」。從而看出，一些父母非但沒有重視孩子創造力的培養，反而在很大程度上使孩子失去自由思考、自己動手的機會，使孩子創造潛能的發揮受到了影響。這與現代社會人才培養的目標是背道而馳的。對於這個問題，父母們必須從根本上引起足夠的重視。

一個真正關心孩子成才的父母，在今天的社會裡，必然會考慮如何轉變教子觀念，把孩子的頭腦、雙手、嘴巴、行動從傳統的說教中解放出來，變「聽話」為「主動出擊，勇敢創新」，不斷挖掘孩子的創造潛能，

培養孩子學會創造。可以說，這既是孩子發展的需要，也是今天的父母教育子女的重要責任。

歌德、愛迪生、伽利略等人的成才事例告訴我們，孩子的創造潛能靠培養、靠挖掘，尤其是需要父母給他們創造寬鬆的、適宜他們成才的環境，並善於引導其正確的思路，在創造中享受成功。一般來說，一旦孩子的好奇心受到父母的重視，孩子就會有更多的思考和大膽的提問。這種問題是大膽的、自由的、無拘無束的，所以可能會經常出現錯誤。碰到這種情況，父母應拋開平日裡習慣於糾正孩子錯誤的意識，注意給孩子留有餘地，啟發其自己發現問題並加以改正，珍惜和保持孩子不斷探索的好奇心和創新的興趣。如果糾正過多，管教過嚴，孩子在考慮問題時就會怕犯錯誤，久而久之，就會感到自己什麼也不行，只能從成人那裡接受現成的安排和結論，使孩子喪失自信心、自尊心和創新精神，從而阻礙兒童創造能力的發展。正確的做法是，父母以積極肯定的態度鼓勵孩子大膽思考，勤於提問，勇敢探索。如果是新奇的問題，即使是錯的，也要給予鼓勵，因為關鍵是孩子在思考。而父母最重要的任務之一是培養他們靈活思考的思維能力。

大量研究表明，四五歲的孩子最富有幻想，他們往往不受束縛和制約。因此，他們的思維是大膽的、自由的和富有創造性的。為此，必須抓住時機，創設條件，從小培養孩子的創新意識、創新精神和能力。

家庭是開展創造力培養的好地方，家庭具有與學校不同的教育優勢。家庭中溫馨愉悅的氣氛能最大限度地解除外界給予孩子的壓力和緊張，孩子可以放鬆地進行探索活動。父母了解自己的孩子，能有針對性地引導孩子探奇、索奇；父母對自己的孩子有較高的期望與信任，能投入較多的精力和熱情。所以，父母決不能錯過對孩子創造培養的大好時機。

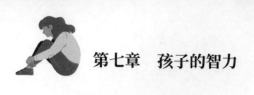

第七章　孩子的智力

第八章　孩子的非認知能力（一）

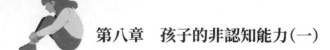

第八章　孩子的非認知能力（一）

▋非認知能力日益重要

　　啟迪孩子的智慧是現在教育中比較時尚的潮流了。隨著社會的不斷進步和發展，未來社會更需要有創新精神的人才，而值得注意的是絕不能忽視非認知能力的培養。那麼，什麼是非認知能力呢？

　　所謂非認知能力，是指影響孩子發展（包括智力發展）的情感和意志。從心理過程來說，它們是指孩子認識因素以外的情感和意志因素。從個性心理來說，它們是指孩子能力之外的需要、動機、興趣、態度、目標、抱負、性格和氣質等因素。在孩子的培養和教育中，忽視非智力因素的培養，會導致孩子個性的片面發展，這與全面發展教育、素養教育是相違背的。現在越來越多的實例證明，一個人的成功，智力因素固然重要，非智力因素也是很關鍵的內因之一。正如一個人有聰明的大腦，但是做事情沒有耐心，沒有克服困難的毅力以及動機不良等，這樣的人無論在過去、現在和將來都不可能是有大作為的。

　　現在一提起孩子的教育問題，很多人就會想到早期的智力開發，而對非智力因素的培養卻重視不夠。這是教育的盲點。我們提倡非認知能力與智力素養均衡發展，那麼在開發智力的同時，如何培養孩子的非認知能力呢？

　　孩子的情感是一項很重要的非認知能力。情感的範圍很廣泛，大到愛和平、愛祖國、愛家鄉，小到愛父母、愛周圍的人以及愛動植物等等。首先我們應該明白，孩子的情感是在學習活動中，在與他人的交往中逐漸發展起來的。那麼我們就應多為孩子創造條件，提供機會。在交往中，父母應對孩子正確的行為多加肯定和表揚，這樣容易形成積極的情感。如果過多的指責、批評，久而久之，會導致孩子情緒不穩定，甚至是消極對抗。這是不利於孩子情感發展的。

現在的孩子在意志教育方面都比較薄弱，原因不在孩子身上，而是父母的「有求必應」、「包辦」剝奪了孩子自己鍛鍊的機會，長期這樣的結果是孩子養成孤傲、執拗的習性，受不得一點委曲，更別說是迎難而上了。要改變這種現象，首先父母自己要有正確的教育觀和兒童觀，要讓孩子適當地吃點「苦頭」。只有這樣，孩子才能體驗到困難、才能想辦法去克服它。為此，父母首先應該做的是可以安排孩子做適當的家務，自己的事情自己做，不必過多地干預孩子的團體生活，讓幼兒自己解決問題等等。

人們常說比較好的性格特點一般為：大方、活潑、開朗、尊重別人、對人熱情、看事物經常看到積極向上的一面等等。相反地應避免的則是孤僻、情緒消極、自私、對周圍的事物漠不關心等等。要使孩子養成前一種性格，關鍵是教孩子會正確理解和處理與他人的關係，所以父母要經常教育孩子學會察覺並尊重別人的意願和需求，學會察覺並同情別人的情緒和處境，並能按別人的要求和評價去調節和控制自己。

對於已經形成不良性格的孩子，更要及早矯正，不要幻想「孩子長大懂事了，自然而然就好了」。給孩子樹立正確的榜樣，反復訓練，以增強積極因素，削弱消極因素。

▌更重要的是 EQ

人們常常重視 IQ（智商），但在 IQ 之外，還存在著另一個情緒智慧，簡稱 EQ（情商）。美國心理學家丹尼爾‧戈爾曼認為，情商比智商更為重要，他得出的成功等式是：成功 = 起 20％作用的 IQ+ 起 80％作用的 EQ。

在我們東方的教育體系下，IQ 常常是評判一個孩子聰明與否的標準，其實 EQ 在人的一生中所扮演的角色更為突出。

第八章 孩子的非認知能力（一）

愛迪生在小時候被認為是個弱智兒，但這個 IQ 非常低的人，後來卻成為了人類史上偉大的發明家，可見一個人的成功，IQ 並不是惟一的標準。香港商界名人李嘉誠先生在香港理工大學的講話中談他成功的因素時，也特別強調除了客觀性較強的智商（IQ）外，情商（EQ）的作用更大。

IQ 所代表的數理處理能力是用來解決抽象問題的，但人生中更重要的實際生活問題則要運用 EQ 去解決。現對 IQ 與 EQ 做以下比較分析：

◇ IQ 是一個商數，可以透過系統測試得到數值，並可從這個數值度量出 IQ 的水準；而 EQ 則是不能計算的。

◇ IQ 受先天的因素影響多，後天改變比較難；EQ 則可以後天培養。

◇ EQ 比 IQ 更具影響性，EQ 高，可以讓 IQ 發揮得更精彩。

◇ 即使 IQ 再高，但如果 EQ 低的話，也可能會因一時情緒失控而做錯事情。

◇ EQ 和 IQ 似乎很對立，其實不然，它們連繫緊密。每個人都是它們的結合體，人們既需要提高自己的 IQ 水準，也需要提高 EQ 水準，兩者誰也不能偏廢。

◇ EQ 和 IQ 相比，遺傳成分要少得多，這可能是兩者最重要的區別。但也正是因為這樣，父母便獲得了一次絕佳的機會，來彌補孩子性格中的不足，為他們日後的成功奠定基礎。

人生的幸福和成功與否同時取決於兩者。只不過在行業競爭日趨激烈、社會關係日趨複雜的今天，EQ 比 IQ 所起的作用更大。

最早提出情商這一概念的是美國心理學家彼得·梅耶教授，他在 1990 年把情商描述為由三種能力組成的結構。1995 年，丹尼爾·戈爾曼對情商做了更明確的說明，他認為情商包括以下方面的能力：

✧ 了解自己情緒的能力

✧ 控制自己情緒的能力

✧ 以自己的情緒激勵自己行為的能力

✧ 了解別人情緒的能力

✧ 與別人友好相處的能力

　　孩子擁有較高水準的情商，將有助於創造力的發揮，它是所有學習行為的根本。國外一項研究顯示，要預測孩子在幼稚園或學校裡的表現標準，不是看小孩子累積了多少知識，而是看其情感與社會性的發展。例如是否具有足夠的自信心、好奇心，是否知道何種行為較恰當，並能克制不當行為的衝動等。

　　一般來講，高 EQ 的孩子都具有如下特點：

✧ **自信心強**：自信心是任何成功的必要條件，也是情商的重要內容。自信是不論在什麼時候，目標為何，都相信透過自己的努力有能力和決心去完成。

✧ **好奇心強**：好奇心是對許多事物都感興趣，想弄個明白。

✧ **自制力強**：自制力就是善於控制和支配自己行動的能力。有時是善於迫使自己去完成那些應該完成的任務，有時是善於抑制自己不當行為的發生。

✧ **人際關係良好**：能與別人友好相處，在與其他孩子相處時，積極的態度和體驗（如關心、喜悅、愛護等）占主導地位，而消極的態度和體驗（如厭惡、破壞等）較少。

✧ **具有良好的情緒**：高 EQ 的孩子活潑開朗，對人熱情、誠懇，經常保持愉快的心情。許多研究與事實也表明，良好的情緒是影響人生成就的一大原因。

✧ **同情心強**：同情心是指能與別人在情感上發生共鳴。這是培養孩子愛人、愛物的基礎。

▌培養孩子的膽識

每位父母都希望自己的孩子有非凡的膽識。要達到這一目的，有一些基本的做法：

一是不過分干涉孩子的生活，培養孩子的闖勁。

劉少奇同志說得好：「對孩子，一要管，二要放。什麼是管？不好好學習，品德不好，要管；什麼是放？吃苦耐勞的事情，經風雨見世面的事情，都要放手讓孩子去幹。這樣可能要跌些跤，但只有這樣才能使他們得到鍛鍊。」

孩子的膽識，要在現實生活中才能磨練出來。如果孩子要去旅遊而怕他丟失，要去運動而怕他摔傷，要去割草而怕他割到手，把孩子像籠中小鳥一樣關著，孩子怎會有膽識呢？因此，當孩子們自己組織野炊、登山活動，組織什麼「鬼屋」探險隊、外星人搜索隊時，除了告訴他們應該注意防範哪些危險事項外，應盡可能放手讓他們去幹，只有讓孩子去闖，才能增加他們的見識，增加他們的膽量。

二是鼓勵孩子的勇敢行為。

有 20 多位幼稚園小班的小朋友抽血化驗，竟然沒有一個人哭泣，抽血後還都相當興奮，小朋友大聲向周圍人宣告：「我沒有哭，我很勇敢。」

原來，在去驗血前，幼稚園的老師先問小朋友們「勇敢的小孩怕不怕疼？哭不哭？」在小孩回答了不怕疼、不哭後，接著說：「我們都是勇敢的小孩，都是不怕疼的，再疼也不哭，現在我們要去驗血，肯定沒人

哭。」結果才有那麼勇敢的場面出現。因此，要使孩子變得更堅強、更有膽識，必須善於鼓勵孩子的勇敢行為。

三是增長孩子的見識。

孩子的膽識，不僅僅是勇敢，還包括了智慧和謀略。因此，一個有膽有識的人必須以見識作基礎。有這樣一件事：一群美國女孩在喀斯喀特山搞野餐，返回時因抄近路而迷了路，最後一個叫伊娃內爾‧湯的 11 歲小孩挺身而出，堅定地說：「我聽說只要沿著山上的小溪流走，就能找到較大的山溪匯流點。再順著江流走，最終就能找到更大的匯流。而在大匯流附近，則必定有居民。我打算沿著前面那條小溪流走下去，你們中有誰願意的，就一起走。」結果，全體女孩在伊娃內爾的率領下，經過幾小時的跋涉，終於來到了一條大匯流處並聽到了人聲。事後，很多人感慨：「一個最年輕、最勇敢的女孩挽救了陷入困境的女伴和她本人。」試想，假如伊娃內爾不具備沿溪流走的常識，顯然是不能用這方法走出迷途的。可見，透過各種手段增長孩子的見識，才有可能使孩子成為有膽識的人。

培養孩子的道德感

一個好孩子應該是一個能明辨是非和按道德準則行事的孩子。什麼是對一個有道德的孩子的真正考驗呢？那就是：當沒有人在身邊的時候，孩子會怎樣做。

道德感的形成不是一個輕而易舉的過程，父母怎樣才能把它注入孩子的心田呢？心理學家大衛‧愛爾坎說：「把孩子培養成一個有道德感的人的方法就是自己做一個有道德的人。如果你誠實、正直、有修養、有愛心，你的孩子就會學著去做。」

在如今，生活節奏不斷加快，功利意識不斷被加強，因此，培養一個

第八章　孩子的非認知能力(一)

有道德感的孩子又成為社會的迫切要求。

即使非常小的孩子，也能被培養成良好的道德行為。專家們認為，一至二歲的孩子明白做事是要遵守規則的，但通常在大人的監督下才能遵守這些規則。兩歲以後，他們開始遵守規則，即使大人不在場的時候也是如此。

專家們一致認為要使孩子有責任感，他們就必須具有辨認是非的情感意識和認知意識。然而，必須要明確的是，無論怎樣努力，都不可能強迫孩子成為一個有道德感的人，但正確的教育方法卻可使他走上正確的路。

下面是專家們提出的建議：

✧ **父母必須注意以身作則**：什麼樣的品格最重要？父母希望孩子怎樣做，那麼父母就應該怎樣去做。約翰夫·海根是美國兒科學研究會成員。他說：「如果你在社區做志願工作，並帶孩子一起去，那麼他們自己就會那樣做；如果你摔了一跤，並隨口說了一句髒話，想一想當你的孩子摔跤時，他會說什麼呢？」

✧ **父母及時給予表揚**：要突出表揚父母希望看到的那些好行為。不要批評一個蹣跚學步的孩子把屋子弄得亂糟糟的，而是要對屋子裡整潔的角落給予表揚。切記，要審慎地使用「不」。

✧ **看孩子們所看到的**：如果孩子們沒有受到監督而去觀看暴力或淫穢的電視節目，他們在如何對待他人方面很可能就會獲得某些錯誤的觀點。孩子們是易衝動的，需要別人的指點才能形成好習慣。

✧ **允許孩子做選擇**：父母可以讓孩子幫著挑選出一個公平的懲罰措施，比如說不讓看電視。這樣做使他們了解到他們的發言權受到重視。允許孩子做選擇 —— 即使是有關午飯吃什麼一類的小事 —— 也會使他們在將來能做出合乎道德的選擇。如果他們在 2 歲時還不知道是選擇花生醬還是果凍，到 14 歲時他們怎樣才會做出是否喝酒的決定呢？

✧ **幫助孩子從另一個角度看問題**：如果一個孩子打了他的新出生的弟弟或妹妹，那麼就設法讓他回想那新生兒受傷後的樣子。父母可以說：「天啊！那一定會疼。要是別人對你這樣，你會怎樣？」若孩子撿到一隻泰迪熊，要鼓勵孩子自問：如果我丟了自己心愛的玩具，會傷心到什麼程度？要是有人送回來，我會高興到什麼程度？聽老師講「己所不欲，勿施於人」的道理是一回事，而照著去做卻是另一回事。

培養孩子的自控能力

自控能力在教育學和心理學上屬於非認知能力的一個重要方面。在現實生活中，許多人的事業取得成就，往往不是由於他們的智力超常，而是由於他們有著優良的非認知能力。非認知能力是人的一個內在的、多功能的動力系統，如果這個動力系統是健全的、完善的，那麼它就可以產生不斷的內在的力量，促使智力得以充分發揮，並提高人的積極性、穩定性和持續性。反之，如果這個動力系統是病態的、不健全的、有障礙的，諸如沒有遠大的理想和抱負，茫然無追求，害怕困難，缺乏攀登知識高峰的勇氣，缺乏爭取勝利的信心等不良的心理素養，便會使一個人的智力難以正常發揮，人格也得不到健全的發展。

培養孩子的非認知能力，尤其是培養自控能力，是促使孩子，在諸方面得以全面發展的重要內容。

自控能力就是人的一種自覺的能動力量，主要是指在改造客觀世界中控制主體自身的一種特殊的能動性。自控能力不能理解為消極的自我約束，它是一種內在的心理功能，它能使人自覺地進行自我調控，積極地支配自身，排除干擾，使主觀恰當地協調於客觀，並採取合理的行為方式去追求良好的行為效果。

第八章　孩子的非認知能力（一）

在日常生活中，我們可以看到兩種情況：一是任性而行，不能控制自己的行為；二是雖然主觀上想控制自己的行為，甚至下過多次決心，但在行動上仍不能控制自己的行為。人的情感、欲望和興趣，這些非智力因素是人的行為動機和毅力的重要因素，但這些因素又帶有自發性。情感如不經過自控能力的限制，就會任性而動，任情而為，就會出現一種非理性的行為，必將偏離正確的軌道，很難收到預期的效果。這說明自控能力具有一種特殊的功能，它能調動其他非智力因素的積極的方面，消解它們的消極的方面，使一個人按照理性的要求去行動，從而克服各種放任、散漫、無恒心、無決心的情況。

因此，也可以說自控能力在這個非智力因素的動力系統中起著一種樞紐的作用，可以說在一定意義上它是這個動力系統的調節器和保險閥。自控能力，能夠保證人的活動經常處於良性運行的軌道上，從而可以積極、持久、穩定、有序地實現一個又一個的目標。

缺乏自控能力在孩子身上是常見的現象。諸如思想不集中，做事虎頭蛇尾，不能始終如一，或是想到了卻做不到，或所謂「只有五分鐘熱度」，等等，都是孩子在成長過程中未經足夠的訓練，尚不成熟的表現，也是孩童時期難免的弱點。

每個父母對此都要有足夠的認識，但是也不必為此過分著急，因為一般兒童的通病，也正是自控能力得以施教的依據。只要從他們的實際出發，不放過每一個時機，嚴加訓練，持之以恆，自控能力就一定能逐步增強起來。例如早起、鍛鍊、按時作業、有節制地花錢等等，都要明之以理，培養自覺，使孩子們從小就能立下志願，加強自控，注意訓練，養成習慣，從而在習慣中形成優良的品格。

絕大多數孩子都有一顆上進的心，但從同一起跑線上起跑後，在前進

的過程中卻漸漸地拉開了距離。究其原因會發現一個事實，即隨著孩子們年齡的增長而出現的分化，在很大程度上是在孩子們自控能力的培養與發展上所存在的差異。不少孩子在稚嫩的心中不乏懷抱著雄心壯志，但如果不是著力於自控能力的培養和發展，堅韌不拔地把自己的志願付之腳踏實地的刻苦學習，而是經不起主客觀各種因素的干擾和引誘，就會出現或半途而廢，或望洋興嘆的結果。久而久之，便會積澱成一種思想上的巨人，行動上的矮子這類畸形的品格，待到長大成人，必將成為生活中的懦夫與懶漢，在人生的道路上很難有所成就。

因此，孩子自控能力的培養，必須從小開始，終身用力，特別要在行動上下真功夫。認識到的就應該做，就要排除一切干擾，一定做到、做好，本著不達目的誓不甘休的精神，持之以恆地在本事上磨練，養成習慣。一個人若能從小到大，在各年齡段具備相應的自控能力，他就可以一輩子受用無窮，事業成就就有了堅實的柱石。

培養孩子的自控能力，應該注意以下幾個方面：

一是要注意年齡特點。自控能力是隨著認識和實踐的發展而發展的，它具有鮮明的年齡特點，不能以成人的要求去要求孩子，學前兒童與小學生不同，小學生與中學生不同，小學生中低、中、高年級的學生也都各有特點。培養自控能力，必須根據孩子不同年齡階段的不同認識能力、不同認識水準和不同的實踐經驗循序漸進。對學齡前兒童的培養，主要是在行為上，著力於行為習慣的培養；對小學階段的孩子則要注意在觀念上打基礎，並引導他們化知識為內在的信念和意志，懂得以觀念統率行為。

二是要注意孩子的個性特點。父母必須從孩子的實際出發，切忌高高在上或對立、頂牛。人的個性是千差萬別的，無論是同胞兄弟妹妹，甚至是親生子女，都各有各的特點，即使在同一個人身上，他的心緒和所思所

憶，也會因時間、地點、環境、年齡而各異。從孩子的實際出發，就是要全面地了解和把握孩子的各個方面，從而審慎地選擇有利的教育時機，運用恰當的教育方式，實現自己的教育意圖。在教育的過程中，還要不斷細心觀察，根據實際情況的發展變化，不斷總結調整自己的教育手段，力求取得較好的效果。

三是要使被動的教育逐步轉化為自我教育。人的一生中，接受學校教育的時間是相對短暫的；家庭教育比學校教育則為時要長，教育機會也更為經常化。但所有這些都屬於外在的條件。高明的父母不僅教孩子學習，更重要的是教孩子會學習，尤其是培養自控能力，不把被動的教育轉化為自我教育是達不到預期效果的。一個孩子如果能夠進行自我教育，就是教育過程中的質的飛躍，但這個飛躍並非是一次性的，它是一個從低到高的不斷發展的過程。自我教育可謂是素養培養不可或缺的自動化機制。因此，激發自我教育的情志，是培養自控能力的又一個重要課題。

▎培養孩子的獨立性

香港著名企業家李嘉誠，在教育孩子方面也很有見地，他非常注意對孩子人格與品性的培養。他的兩個兒子李澤鉅和李澤楷成長到八九歲時，李嘉誠就讓他們參加董事會，不僅讓孩子們列席旁聽，還可讓他們插話「參政議政」，主要是學習父親「不單賺錢」、以誠信取勝的學問。

後來，他的兩個孩子都以優異的成績在美國史丹佛大學畢業後，想在父親的公司裡施展宏圖，幹一番事業，但李嘉誠卻果斷的拒絕了：「我的公司不需要你們！還是你們自己去打江山，讓實踐證明你們是否能合格地到我公司來任職。」於是，兄弟倆去了加拿大，一個搞地產開發，一個去了投資銀行，他們克服了難以想像的困難，把公司和銀行辦得有聲有色，

成了加拿大商界出類拔萃的人物。

李嘉誠用自己的「冷酷無情」，把孩子逼上自立、自強之路，陶冶了他們勇敢堅毅、不屈不撓的人格和品性。

在這方面，二戰時期的美國總統羅斯福也堪稱楷模。羅斯福十分注重培養孩子們的獨立人格。他有句名言：「在兒子面前，我不是總統，只是父親。」他反對孩子們依靠父母過寄生生活，他讓孩子們憑自己的本事自食其力。大兒子詹姆斯 20 歲去歐洲旅行，回國前買了一匹好馬，然後打電報向父親求援。羅斯福回電話說：「你和你的馬游泳回來吧！」兒子只好賣掉了馬，作為路費回家。「二戰」打響後，羅斯福的四個兒子都上了前線。羅斯福病故了，他們還都堅守在自己各自的軍隊中，用這種特殊的方式為父親送行。

日本思想家福澤渝吉說：「教育就是授人以獨立自尊之道，並開拓躬行實踐之法。」

獨立性是人的心理特徵，是靠引導、培養、鍛鍊、環境造就、內化而成的。現代父母沒有必要過度保護孩子，以培育出獨立自主的孩子。

讓孩子從小養成「事事自己做」的生活習慣，例如讓他自己吃飯、穿衣服、整理玩具等，不僅可以避免養成孩子過度依賴父母的習慣，而且還可以讓孩子借此探索與學習，一舉兩得。雖然有時孩子可能做得不好，但還是應該讓他學著自己做才對。

在孩子養成自己做的生活習慣之後，接下來就應該培養孩子「觀察」及「思考」的能力，從而打下孩子內在人格獨立的良好基礎。

生活中，可以有很多機會和方法引導孩子進行創造性思考，例如詢問孩子「杯子除了用來喝水，還有哪些用途？」「如果你是小紅帽，你要如何對抗大灰狼？」「筷子除了夾東西，還可不可以當叉子？」等問題，來

激發孩子的創造力。內外兼具之後，接下來就是激發孩子「解決問題」的創造力，讓孩子將來在面對問題時，能夠自己思索出解決的方法。

為孩子選擇一些具有是非意義的小故事，在講故事的同時引導孩子思考其對錯在何處，為什麼這樣認為，建立孩子對是非判斷能力。當孩子已具有以上能力之後，便算是具備了自主、獨立的性格雛形。但是仍然需要加強對「是非對錯」的判斷力的培養，不然還會導致偏頗和價值觀的偏異。

因為世界上有許多事是不能單以是非、對錯去評斷的，所以除了是非對錯的認知外，對孩子良好的規範與道德觀的教育也是不容忽視的一環。

學習和日常生活是孩子的主要活動內容，對他要適當提出一些具體的要求，讓他為自己做出規劃和打算還可以幫助他並提出建議，鼓勵他付諸實施。

父母在對孩子的教育中絕不能干預、包辦代替，要做到適時的恰如其分的指導是要動腦筋花力氣的。習慣的養成重在兒童時期，在兒童成長的關鍵期內形成的良好習慣將使他終生受益。

教育孩子要相信，自己只要付出努力就能創造奇蹟，任何時候正確估價和認識事物，對自己都是重要的。把自己的命運交付他人，其結果必將一事無成，後悔莫及。

正確而果斷的決策是獨立性的行動基礎，沒有果斷的決策，就沒有及時的行動。父母要教育他們習慣於自己拿主意，錯誤決策、盲目決策、優柔寡斷、無所適從等都不會有好結果，在經濟迅速發展的今天，貽誤時機的後果可想而知。

正確評價活動結果，檢查總結該結果的成敗得失，是一個人學習和工作業績以及社會活動效益的重要回饋，同時，也是下一步活動和成功的基

礎。可以讓孩子從獨立檢查作業，主動發現和更正錯誤做起。

同齡人之間的交往、活動和情感溝通，也有利於獨立性的形成，團體活動可以增加見識和增長才幹。事實證明，許多人在兒童期和學生時代為團體服務和做學生幹部的早期經歷，對後來的求職擇業、職業生涯發展和成才有著不同程度的幫助。

培養孩子的意志力

孩子的意志力是影響孩子日後成功的一項重要的心理素養，下面介紹一些培養孩子意志力的方法。

父母應該指導和幫助孩子制定短期和長遠的目標，使孩子有努力的方向。孩子心中有了目標，有了「盼頭」，他就會為實現目標而去努力，表現出堅毅、頑強和勇氣。但目標一定要恰當，應該使孩子明白，目標不經過努力是達不到的，但只要努力便能達到。太難或太容易達到的目標都不能使孩子的意志得到鍛鍊。另外，目標如果是合理的，那就應該要求孩子堅決執行，直到實現為止，不可遷就，更不能半途而廢。

父母應盡可能讓孩子獨立活動，如讓孩子自己做自己的事，自己收拾自己的，自己完成作業，等等。孩子在進行這些活動時，要克服外部困難和內部障礙，他正是在克服這些困難過程中，使意志得到鍛鍊。倘若孩子不能完成這些活動，也不必急著去幫助，而應該「先等一會兒」，讓他自己克服困難去解決。當他戰勝了困難，達到了目的，就會顯示出一種經過努力終於成功的滿足感。在這個過程中，孩子克服困難的勇氣和信心也就隨之增強。

堅強的意志是磨練出來的，越是在困難的環境中越能鍛鍊人的意志力。父母應該有意識地給孩子設置點「障礙」，為他們提供克服困難的機

會，使他們在生活的道路上有點小小的坡度。倘若把孩子前進道路上的障礙全部清掃乾淨，他現在可能平平安安，日後他就會逐步失去走坎坷道路的能力。

孩子的意志品格是在成人嚴格要求下養成的，也是他們在日常生活中經常自我控制的結果。父母應該經常啟發孩子加強自我控制、自我鼓勵、自我禁止、自我命令以及自我暗示等意志鍛鍊的有效形式。比如，當孩子感到很難開始行動時，可讓他自己數「三」，或自己給自己下命令：「大膽些」，「不要怕」，「再堅持一下」等。

讚揚、鼓勵可以鼓舞勇氣，提高信心，有利於孩子意志的鍛鍊。對孩子在活動中表現出來的意志努力和取得的點滴進步，父母要及時、適度地給予肯定和讚許。在讓孩子完不成計畫時，父母要幫助進行具體分析，切不可說「我就知道你完不成任務」，「我早就說你沒長性」等話。否則，只能使孩子一次次增加挫折感，而最終失去自信心。

父母應該注意的是，人的意志品格與性格特徵有著一定的關係。因此，在培養孩子意志力時，還應該充分考慮孩子的不同心理特點。堅強性格是成就事業不可缺少的條件，有堅強性格的人也往往是生活中的強者。那麼，怎樣從小培養孩子的這種性格呢？

父母應該讓孩子不要事事依賴大人，自己的事自己做。如果父母過度嬌寵，讓快上小學的孩子，還要依賴爸爸媽媽穿衣、洗臉，那就難以想像，這樣的孩子長大之後，怎能會堅持不懈地為完成一項事業而不停頓地努力呢？依賴本身就滋生懶惰，使人產生精神鬆懈、不願獨立思考、易為他人左右等弱點。所以，父母應該明白，讓孩子從小事事依賴於父母，並不是在幫助孩子。

父母應該給孩子提出一些力所能及的要求，比如，讓孩子摔了跤不

哭。做父母的應該在孩子眼淚還未流淌下來之前，利用孩子的好強心理，鼓勵孩子：「勇敢的孩子自己爬起來，不哭。」孩子此時往往真的咬咬牙不哭了，這時候，父母應及時給予獎勵，強化這一效果。當然父母同時也應該注意孩子是否受了傷，以免萬一受傷，耽誤治療。又如，有的孩子不願去幼稚園，每次送他去都要號啕大哭，這時候，父母一方面應該設法讓孩子去幼稚園不哭，而後給予一定的獎勵。這樣耐心引導，並不斷選擇具體可行的要求進行培養，那孩子的堅強性格一定會逐漸形成。

許多具體事例都證明，當一個複雜的問題擺在人們面前時，需要人們明確而及時地做出決定。如果是個性格堅強的人，往往能夠冷靜地分析問題，設法排除各種不利因素，做到當機立斷。性格軟弱的人就不同了，他們往往猶豫不決，以坐失良機。由此可見，培養堅強性格對孩子的成長是多麼重要。

▎培養孩子的主動性

面對高度競爭的未來。許多父母都盡全力為孩子做最完善的準備，包括為孩子買保險、以孩子的名義購屋置產，讓孩子參加各式各樣的才藝班等。

究竟該不該學習才藝，也一直是如何進行家庭教育爭論的議題。有一位母親，傾其私房錢購置名琴，親自督陣，風雨無阻，數年下來。她女兒完成了一定水準的琴藝，但她和女兒之間也多了一根棍子。她說：「我也知道她沒興趣，但我就怕她將來餓肚子，有一技之長，將來好混口飯吃。」母親如此用心，然而，孩子領情嗎？

那麼，什麼才是孩子未來最需要的？難道不必替孩子事先做預備嗎？教育專家們普遍認為：父母不應該去堆積孩子的身外資產，而轉往孩子的

內在潛質的培養，激發孩子的自主性和主動性。

　　因為，惟有孩子自己願意，他才有動機去學習才藝；惟有孩子自己主動，他才能不畏學習途中的挫折與辛苦。事實上，只要孩子主動，他便會去探索、發掘所有他需要的；如果孩子主動，他自然會去規劃、創造他的人生。

　　對於孩子的主動性，專家們有其獨特的看法。

孩子的主動性與生俱來

　　專家們大都來認為，天下無不是的孩子，因為每個生命與生都具有向上的動力，每個生命都充滿了主動性。所以，我們看見新生兒用「一眠長一寸」的速度在長大，他們自己吸吮、吞咽，自己伸手抓握、自己翻身踢腳，他們對世界充滿好奇與興趣。

　　但是，作為「疼愛」孩子的父母們，總在阻撓孩子的主動探索，我們總是常常告訴孩子：這個有細菌不要摸、那個很髒不能放進嘴巴、磁片摔破會割手不要拿、洗澡玩水會感冒、走路很累要坐車……有些孩子就在我們的這種過度呵護或壓迫下，慢慢學會對周遭的事物無動於衷，慢慢學會冷漠與被動。

　　這些孩子最後只會等著別人告訴他：張嘴吃飯、伸手穿衣。失去了自我思考、自我判斷的能力，失去了對自我的主導權，迷失在父母的羽翼下，不知何所適從。

　　因此，專家們一開始便要我們做父母的放棄以往對孩子的錯誤認知，孩子絕不是軟弱無助的個體！相反，孩子充滿生命動力，如果環境中的障礙能去除，孩子便能成長茁壯！

　　沒有人可替代孩子成長，任憑父母如何優異出眾，孩子還是得靠自己

的雙腳才能走路。所以，為孩子正常成長而要走的第一步，就是父母要避免變成孩子成長過程中的阻力，讓孩子的內在動力 —— 主動性，一個能充分有發展的空間。

好的環境可滋養孩子的主動性

孩子充滿了生命動力，孩子以自己的動力在環境中探索，與環境互動中他們雕塑出獨特的自我。因此，環境的優異與否，對孩子的成長占著舉足輕重的地位。

父母有義務為孩子預備一個良好的環境，去除環境中阻礙孩子成長的因素，擺放適合孩子成長所需要的教具，讓孩子能借著操作教具而奠定良好的認知、協調、專心、獨立和秩序等基礎能力。

要注意創造環境中的美觀與整潔，因為孩子在美麗的環境中比較主動。有一次，一位老師帶著班上的小朋友到別人的教室參觀，有位小女孩就表示：「老師，我知道他們的桌子為什麼這麼髒了，因為他們沒有漂亮的抹布。假如我們也沒有漂亮的抹布，我就不想擦桌子。」孩子想擦桌子的動機並不是「講衛生」，而是想使用漂亮的抹布。

同時，環境必須是開放的，讓孩子能根據自己的能力和興趣，選擇自己想做的事，免得孩子被過於簡單或太過困難的內容，破壞了主動學習的熱情。

父母是孩子主動性發展的助力

專家們不叫父母去「教」孩子，卻要父母先自我反省，完全顛倒了一般父母與幼兒的相處模式。

傳統上，父母認為自己吃的鹽比孩子吃的米多，總是高高在上、指揮

第八章　孩子的非認知能力（一）

一切，無視於孩子與父母在心理與生理發展程度上的差異，也無視孩子在成長過程中的各項需要，因而造成了孩子與父母之間的衝突。孩子礙於無力反抗父母的權威，只得以哭泣、恐懼或憤怒等負面形式來發洩。父母愛孩子，結果反而是傷害了孩子，讓孩子變得退縮壓抑！

因此，專家們要父母放下身分，跟隨孩子，仔細聆聽孩子的心聲，在孩子的成長路途中適時相扶，讓孩子能成為勇敢、自信、主動的個體。

生活的艱辛，總是讓父母想為孩子多預備一些有形的資產，好讓孩子未來能生活得從容、富裕，少吃苦頭。但如果孩子的內心缺乏動力、生活無味，那麼縱有金山銀礦也是枉然。同樣地，不合孩子性向的才藝，也只是增加孩子的困擾而已。

我們重新認識孩子、尊重孩子、協助孩子；並以良好的環境來滋養孩子，以此來鞏固孩子的成長基石，讓孩子能由內而外，穩健踏實地成長。如此，孩子便有能力面對問題、解決問題，而能勇敢、沉著、自信、愉快地踏上他的人生之旅。

為人父母，是種甜蜜的負擔，而只有順勢協助孩子，才能讓孩子甜蜜成長，沒有負擔。

▌培養孩子的專注力

沒有父母會不喜歡子女有更強的專注力，因為專注力可以幫助孩子學習，使孩子更聰明伶俐。但究竟要怎樣做才可以培養孩子的專注力呢？

父母要讓孩子積極參加遊戲活動。遊戲中孩子的興趣較濃，注意力較集中，例如玩「看看什麼不見了」這類遊戲，就可以讓孩子集中觀察在規定範圍內的玩具及圖片的變化。

為了培養孩子的專注力，父母要多讓孩子做一些指示清晰及要求明

確的事，所做的事須符合孩子的能力。孩子完成任務後，要讚賞他的努力，譬如給他一個擁抱或欣賞的笑容，不足的地方要耐心示範及鼓勵孩子重做。

父母要有意識地讓孩子注意力更集中。有些父母會過分心急，為加速孩子專注力的培訓，會一次提出太多的要求和任務，但這樣做既使孩子注意這個，又注意那個，反而使孩子的注意力難以集中。

父母要創造良好的環境以避免孩子的注意力分散。孩子常會因各種各樣的刺激物的干擾而出現注意力分散的現象。因此，在培訓孩子專注力時，要盡可能隔絕一切外來的干擾。譬如，孩子在搭積木、玩配對及其他要求專注的遊戲時，就應關閉電視機，先停止可控制的干擾，排除一切可能分散孩子注意力的因素，為他提供一個安靜的學習環境，協助其專注力的發展。孩子肯獨自玩無大危險的遊戲時，父母更是不宜干預，因過多的干預會減少孩子的專注力發展。

父母要讓孩子養成有規律的生活習慣，作息無規律是不利於孩子的專注力培養和發展的。因此，必須讓孩子有足夠的睡眠，能有固定的起居飲食及遊玩時間，讓孩子有愉快的情緒來專注地學習。

孩子體質不好也會對發展專注力構成障礙。因此，容許及鼓勵孩子有充足的體力訓練活動，讓孩子的體質及調節神經系統能得以增強，這就能對孩子的專注力發展及培訓產生良好的生理基礎。

不同的孩子有不同的特質，在培養孩子的專注力時，父母不宜把他和別的孩子比較，反而要從他對事物的平均專注時間開始，耐心地加以培訓才是正確的。

培養孩子的自信心

孩子缺乏自信心必有其形成的原因，只有找到了病根，才能藥到病除。病根從哪裡找呢？還得請父母反思自己。

一般說來，孩子缺乏自信心，是源於父母對孩子過度關愛和保護，或是對孩子斥責和批評過多。父母的這兩種教育方法雖然不同，其教育結果都是一樣，那就是使孩子失去了自信心。

在我們的社會生活中，由於「獨生子」現象的普遍存在，孩子變成了家裡的「小皇帝」、「小公主」，因而也自然成為爸爸、媽媽、爺爺、奶奶、姥姥、姥爺的聚焦中心，六雙眼睛時刻關注著小寶貝的動靜，惟恐有點閃失。加上小孩子的能力本來不足，做任何事情笨手笨腳，動作又慢，很容易產生自信心不足的心理。此時大人在一旁看著，情不自禁地發急，往往自己動起手來。

久而久之，孩子什麼也不會幹，於是家裡的六雙手更「有理由」搶著包辦代替，剝奪孩子自己做事的一切權利。孩子無從學習動手做事，他的自信心也就越來越沒有了。父母過度保護的另一種表現，是恐嚇手段。比如，不讓孩子出家門「闖禍」，偏說什麼「外面有大灰狼」，「有壞人要把你帶走」的謊言，使孩子只能老老實實地呆在家裡。這樣孩子倒是變得聽話了，可是，他的自信心也被嚇得沒有了。

許多父母對孩子的期望過高，總是把自己的孩子與別人攀比，恨不得將所有孩子的優點都集中在自己孩子一人身上。這種脫離實際的幻想，當然實現不了。於是，孩子常常挨罵：「你真笨」，「你怎麼樣樣不如別人」，甚至一些不堪入耳的髒話，都能從這種不合格的父母嘴裡噴出來。在這樣的環境下，又怎能培養出有自信心的孩子來呢？

培養孩子的自信心

　　每個孩子都是不一樣的，各有所長，各有所短。因為，孩子特點的形成因素十分複雜，比如，每個孩子的先天遺傳基因不同，後天的家庭經濟狀況、教育環境、生活給養、生存空間、社會關係等各方面也都有著千差萬別，所有這些因素，都會反映到孩子的身上，打上深深的烙印。

　　可是，許許多多父母忽視了這個事實，總以為別的孩子能行的，我的孩子也能行。千萬不可以用同一個標準去要求孩子，去為難孩子，去給他施加壓力。這樣做，必然是自討苦吃，也毀了孩子的自信心。

　　許多父母往往只盯住自己孩子的短處和缺點，真所謂「恨鐵不成鋼」，而對於他的長處和優點，視而不見，充耳不聞，說什麼「成績不說跑不了」。人們常常可以聽到孩子的強烈抗議聲：「我什麼優點都沒有嗎？」「為什麼老批評我？」應該承認，孩子也有優點，只是父母沒有說，或是不去注意發現而已。對孩子的批評，也有冤枉或不恰當的地方，只是很少有父母認帳，更少敢於放下架子認錯的。

　　孩子做事之前，父母說：「我相信你一定能做到。」孩子成功以後，應該及時說：「你果然做到了，真了不起。」從孩子學步時起，就注意肯定和鼓勵，但要避免不符合實際的誇獎。

　　孩子揀起了一塊石頭，高興地拿給爸爸看，說：「爸爸，你看我揀的石頭多麼美麗。」爸爸如果說：「看你弄得滿身是泥。」孩子會不高興地扔掉石頭，垂頭喪氣地走開了。爸爸要是說：「這石頭是漂亮，你去把它好好洗洗，那就可以看得更清楚了。」孩子探索的積極性就可以得到發展。

　　父母要引導孩子把注意力放在追求成功上，而不是先考慮失敗了怎麼辦。發現孩子的優點，幫助他揚己之長，鼓勵他勇敢地去嘗試，逐漸習慣於考慮各種達到成功的途徑與可能性。

第八章　孩子的非認知能力(一)

　　作為父母，即使你認為孩子說的是夢想，也應耐心傾聽，並盡可能幫助他去變為現實。

　　父母不要動不動拿自己弦子和別人比，應該多和孩子過去比，讓孩子看到自己的進步。

第九章　孩子的非認知能力（二）

▌教孩子做人的品德

宋人編的《弟子規》在今天仍有意義和作用。如《弟子規》中講到「父母呼，應勿緩」，「父母教，需敬聽」，「兄道友，弟道恭」，「或飯食，或坐走，長者先，幼者後」，「稱尊長，勿呼名」等怎樣處理子女關係的教誡。

又如，「出必告，返必面」（意思是孩子離開父母時必須告訴一聲自己的父母，以免父母到處找尋。當孩子回到家後，要去父母處打一個照面，免得父母懸心）。「問起時，視勿移」（意思是回答長者問題時，視線不要移動），等關於行為規範的教誡。

再如，「親有過，諫使便。怡吾色，柔吾聲。諫不入，悅複諫」（意思是說，如果父母有過錯，是可以批評和進諫的，在進諫時，要和顏悅色，要柔聲細氣。如果父母一時聽不進去，可以等待，等父母心情比較好的時候再複諫）。

▌教孩子愛人

「小華，雨下得很大，給爸爸去送傘。」小華聽後無動於衷；「東東，爺爺頭痛，你不要大聲吵了。」東東依然聲調不降。父母們相互交流，現在的孩子，你想著他，他不想著你。無可奈何。

羚羊在集體休息時，只要有一隻老羚羊站著，小輩們就不敢躺下。當駱駝長途跋涉後休息，老駱駝不必親自除沙洗塵，自有小駱駝親暱地為牠舐毛，直到梳理得牠滿意為止。被稱為孝魚的墨魚，母魚產仔後雙目失明，仔魚便侍奉在牠的左右，爭先恐後讓牠吞食，表達孝心，直到眼睛複明為止。

教孩子愛人

《三毛作品集》還記述了這樣一個小故事，有一位生活在撒哈拉沙漠深處小城的紅髮少年，他以弱小的身軀承擔起獨立照料貧病交加的父母的重任。從這個 10 來歲的少年身上，人們可以看到仁愛精神給人帶來的巨大力量和無窮智慧。

父母要培養孩子的愛心，讓孩子從小就能同情不幸者、幫助弱小者，不做橫行霸道的小霸王，也不當恃強凌弱的小無賴。可以利用日常生活中的相應事情進行教育，還可以通過讓孩子飼養小動物，照顧生病的親人，幫助殘疾人等活動來培養他的愛心。

如果一個孩子從小只知道接受別人的愛，而從不知道要以同樣的愛心對待別人，那長大以後會成為感情上的白痴，只會麻木地接受別人的愛心，根本談不上去愛別人。不管做父親的從感情上是否能接受事實，這樣的孩子將來只會給家庭和社會帶來不幸，最終也會被家庭和社會厭棄。

孩子從小學會的是從親人那裡接受無盡的愛意和關懷，但他並不一定懂得還要向別人施愛。怎樣教會孩子愛別人，這是父母的責任。怎樣培養孩子的愛心呢？

✧ **在關心愛護孩子的過程中教會愛**：麗麗手出血了。媽媽一邊包紮一邊說，是不是有些疼，都流血了，血對人體很重要，要抓緊時間止血。麗麗點頭，記住了媽媽的話，加上她對疼的感受，她會效仿媽媽以同樣的方式對待疼痛和流血的人。孩子學東西很直觀，在日常生活中父母很重要的一點是，要在點滴的事物中，用行動和語言讓孩子感受到別人對他的關愛，而不只是麻木地接受愛，並讓孩子學會回報愛。

✧ **在父母的言傳身教中教會愛**：孩子上公車經常看到爸爸主動把等車的老人攙扶到車上；平時在家，爸媽尊重奶奶爺爺；鄰居家有事，他們熱情過去幫忙。儘管爸媽做的都是些平平常常的事，但在這種環境中

長大的孩子，就能自然從父母身上學會了尊敬、愛和幫助別人，父母的言傳身教勝過無數本教科書和無數次的說服教育。

✧ **在孩子不舒適時教會愛**：東東病了躺在床上，不允許全家人看電視。媽媽摸摸東東的頭說，你發燒了，怕吵；還記得上次爺爺頭痛嗎？你在他的身邊大聲吵鬧……是不是別人生病時，不該吵鬧啊？東東瞪大眼睛深有體會、若有所思地點點頭。處在思維感知階段的孩子，只有在他感覺到不舒適時，才能體驗到別人難受的滋味，因此才能真切地關心、同情、幫助別人。

培養孩子關心愛護別人的能力，方法很多，關鍵是父母不要忘記並習慣去教育孩子。否則孩子將因缺乏這種能力而失去別人對他的愛，失去生活中的許多樂趣。

教孩子關心他人

有專家指出，未來時代的社會成員，不僅要有強壯的體魄，而且必須有很強的創造能力，能吃苦耐勞，善於探索，樂於與別人一起共事的團隊精神。在未來的社會中，那些自私自利，怕苦怕累，經不起失敗與挫折以及沒有合作精神的人，肯定難以在社會中立足。

關心他人是高尚品德的基礎，如何才能使逐步培養出孩子的這種素養呢？

關心他人最重要的是要能體諒他人。要培養出孩子學會站在別人的角度去看待問題，學會理解什麼叫「將心比心」。

要把孩子培養成擁有體諒之心的人，最重要的一點，就是父母自身要以體諒之心去溫和地對待孩子。同時，應充分理解孩子的心情，努力從孩子的視角來考慮問題。並且，還應閱讀一些有關兒童心理成長的書，對孩

子的心靈發育過程作一定的了解。另外，夫妻倆最好就打算怎樣培養孩子的問題，交流一下各自的看法。不過，沒有必要去讀那些晦澀難懂的專業書籍，只需了解一些基本的常識就可以了。

當體諒的種子慢慢地在孩子的心田中生長出來之後，孩子漸漸地會照顧到爸爸媽媽及周圍人的情緒，努力使自己不去做給別人添麻煩的事情。這就是父母以體諒之心培養孩子所獲得的成果，育兒的辛勞得到了回報。

培養體諒之心有兩個條件。父母充分地接受孩子在身體上的撒嬌，孩子因此而獲得情緒上的安定，把父母作為「心中的基地」加以信賴，這是培養孩子體諒之心的第一個條件。培養孩子體諒之心的第二個條件，就是有意讓孩子覺察到對方的為難情緒。而且，當孩子做了令父母感到頭疼的事情時，首先不要訓斥，而應用情緒向他「訴苦」。

當孩子做了給父母添麻煩的事情時，這其實是培養孩子體諒之心的好機會。比如，孩子從外面拾了一些沾著爛泥的石子回來，並把它們排放在床上玩，這時如果對他說：「床被你弄髒了，洗起來很麻煩的。」讓他知道有人對此感到為難。

父母要讓孩子知道，關心他人的人能在自己心中裝著別人。父母要使孩子每每在做事的時候，都應該考慮到別人，自己所做的一切，是否會妨礙別人的利益。這樣有利於培養小孩子對未來公共紀律的服從性，使其長大進入社會，能遵守社會公德，遵章守法，做一個自律的人。

關心他人，就需要時時處處為別人著想。特別是在個人利益與他人利益發生衝突時，在考慮到個人利益的同時，也要考慮到他人的利益。有了這種精神的人，在日後的工作中，就會力排萬難去做好本職工作，不為別人添麻煩，從而，就容易融入團隊之中，為未來良好的人際關係打下基礎。

第九章　孩子的非認知能力(二)

　　關心他人，就是在自己開心的同時，也讓別人開心。這是「讓所有人都開心」的健康心態。「讓別人開心」的心態，實際上是一種開放的心態，能與他人分享成功的喜悅的心態，這將為培養孩子未來的健康心理打下堅實的基礎。

　　關心他人，就是理解別人。只有能理解他人，才能更好地關心他人，反過來就能正確地看待自己。父母應注重對孩子理解別人能力的培養。如何才能理解別人？主要就是讓孩子用心去了解這個世界，其導師當然就是父母了。在這方面，父母應為子女做出表率。父母首先是孩子的朋友，然後才是孩子的老師。父母不僅是孩子的啟蒙老師，更要成為孩子日常生活中的良師益友。

　　孩子學會了關心他人，也同時會贏得別人的關心。這樣能使其從社會或朋友那裡得到更多的支持與愛。關心他人，是一個人的道德修養水準高的表現。有了「關心他人」的素養，他就會在其日常生活中表現出其謙虛禮讓，落落大方，生活灑脫，工作中表現出良好的團隊精神。由於人際關係好，他也不再孤單，在困難時，一定會有人與之共渡難關，所以，其事業的成功是指日可待的。一個能關心他人的人，也是一個負責任的人。由於他能關心別人，為他人著想，他就能對自己對別人負責。

教育孩子懂禮儀

　　無論是探親訪友，還是在家中款待親朋好友，這都是讓孩子學習禮儀，提高交往能力的好機會。那麼怎樣對孩子進行禮儀教育呢？

　　作為父母可在去做客的路上，以交談的方式對孩子進行禮儀教育，這常常是十分有效的，因為這時父母說的話，孩子聽得進，記得牢。

　　父母應告訴孩子要去哪裡，怎樣稱呼主人，並介紹他們與父母的關

係，與孩子自己的關係。鼓勵和啟發孩子想出一些祝詞，向主人致以節日的問候。當主人端上糖果糕點、茶水時，應先道謝，然後用雙手去接。告訴孩子不要隨便玩弄主人家的擺設和物品，更不能任意開櫃子門、冰箱等。考慮到主人可能會留客吃飯，父母也應提前對孩子進行餐桌禮儀教育，讓孩子吃出「文雅」來，要小口進食，閉起嘴咀嚼，不要發出聲響來。夾菜、舀湯時動作要輕，不要光夾自己愛吃的菜，也不要對菜的味道評頭論足。提醒孩子臨走時應向主人道謝，說「再見」。

待客在等待客人拜訪前，對孩子進行禮儀教育也是很有必要的。

應告訴孩子見了客人應面帶微笑，起立主動問好。對客人的提問，必須認真回答。要孩子以小主人的身分熱情招待客人，為客人端茶送水。在父母與客人交談時，不要隨便插嘴、吵鬧。不對客人評頭論足，不討要禮物等。客人臨走時，也要孩子送至家門口，說：「再見，下次再來！」等禮貌用語。

當然，父母的言行舉止是孩子學習社交禮儀的最好榜樣。很難想像，一個沒有禮貌習慣的家庭會教育出一個有禮貌的孩子。但是，父母有禮貌，子女沒禮貌卻是常有的事，因此父母一定要以身作則，給孩子好的影響。平時，父母就應創造機會讓孩子多實踐，鼓勵孩子參加各種人際交往活動。對孩子的禮貌行為及時肯定讚揚，讓孩子體驗到禮貌行為帶來的愉悅，以利於鞏固，重複這種行為，逐漸養成良好的習慣。

父母值得注意的是，當著客人的面，千萬不可責怪孩子，這會讓客人難堪，孩子惱怒；不要當著客人和孩子的面將自己的孩子與別人的孩子作比較，這樣會損傷孩子的自尊心和自信心。

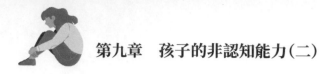

教孩子勤儉節約

據報載，江西省某小學為了使學生口袋裡的零用錢不亂花，辦了個「兒童儲蓄所」。該校在儲蓄所「開了戶頭」的學生竟達 90%，全校 1000 餘名學生存款額達 4 萬多元。小銀行成了大銀行，老師們始料不及。

這個「紀錄」後來多次被別的學校的「兒童儲蓄所」打破。孩子這麼多錢哪裡來？一是來自壓歲錢。一到春節，孩子拜年，長輩們為了表示對孩子的愛，出的壓歲錢動輒上百元，僅正月初一這一天，不少孩子就成了「千元戶」。二是來自「獎金」。某二年級學生周某，期中考試語數均考了 100 分，他的父母、爺爺、媽媽層層頒獎，一次性得了獎金 60 元。三是來自平時數額不等的零用錢。

孩子手頭有了錢，就想著花。除大筆的壓歲錢上繳「家庫」，其他基本上由孩子自行處理。

據某市的一項調查，現在入幼稚園的孩子大約人均月消費已突破雙職工戶收入的 50%；中學生更高，已達 65%。

南方某省有個「大款」，一時高興，把五萬元人民幣劃入了還在讀小學的兒子賬上。從此，孩子「牛」氣十足。在家裡，生活起居由保姆侍候；在學校，值日、作業雇人完成。結果這位原來成績還不錯的孩子很快在學校裡存款成了第一，學習成績也成了倒數第一。

印度作家泰戈爾說：「鳥翼系上了黃金，這鳥永遠不再在天上翱翔。」

父母們真的那麼有錢嗎？讓我們來聽聽做父母的說法吧，「即使我們再苦點，也不能委屈孩子，不能讓人家看不起。」原來大多是虛榮心在作怪。

教孩子勤儉節約

很明顯，用金錢刺激孩子的做法，只會使孩子滋生金錢至上、金錢萬能的錯誤觀念。處理得不好，孩子就會一切向錢看；就會只知索取，不知奉獻；就會只顧享有，不盡義務，甚至走上邪路。如此的話，中華民族勤儉節約這一傳統美德很可能在我們這一代手上丟失。

進入 21 世紀，物質生活今非昔比，到底要不要講勤儉節約？答案是肯定的。

怎樣教孩子勤儉節約？我們先看看歐美國家的情況。他們的家庭收入普遍比我們高出許多，在教育孩子如何節儉方面也可能比我們高明一些。

美國一些富人的兒子，常在校園裡拾垃圾，把草坪和人行道上的破紙、冷飲罐收集起來，學校便給他們一些報酬。他們一點兒也不覺得難為情，反而為自己能賺錢而感到自豪。有的家庭經濟並不困難，但要讓八九歲的孩子去打工送報掙零用錢，目的是培養孩子自力更生、勤儉節約的習慣。

美國著名喜劇演員大衛‧布瑞納中學畢業時，父親送給他一枚硬幣作為禮物，並囑咐他：「用這枚硬幣買一張報紙，一字不漏地讀一遍，然後翻到廣告欄，自己找一份工作，到世界上闖一闖。」「有錢難買幼時貧」、「窮人的孩子早當家」。後來取得很大成功的大衛在回首往事時，認為那枚硬幣是父親送他的最好禮物，它使大衛懂得了生活的艱辛，衣食的來之不易。

在具體培養方法上，建議父母可以從下面幾點著手：

❖ **父母自身要勤儉節約**：宋朝開國皇帝趙匡胤生活儉樸，反對奢侈。一次，他見女兒穿了一件用翠羽裝飾的短襖，就命令她脫去，以後不許再穿。在他的影響下，一時節儉風氣舉國盛行。封建時代尚且如此，更何況現在。

✧ **指導如何用零用錢**：首先父母給孩子零用錢要有計劃，要限制數額，不要有求必應。應根據孩子年齡大小、實際用途和支配能力，定時定量給予。讀一二年級的孩子，每次可少給些，時間間隔可短些，隨著年齡增大，一次可給得稍多些，時間間隔也可長些，如每星期或每十天給一次。其次，父母要過問孩子把錢花在了什麼地方，每次給錢時，可讓孩子說說上次的零用錢用在哪裡。用得不當，應予批評，甚至暫停「援助」。有些父母要孩子記帳，過幾天查一次賬，這不失為一種好辦法。另外，父母要鼓勵孩子該用的地方要大大方方地用，能少用的就不要多用，能不用的盡可能不用。總之，要教育孩子既不亂花錢，也不要養成吝嗇的「守財奴」性格。

✧ **要經常給孩子講勤儉持家的故事和道理**：讓孩子懂得一粒米、一滴水、一度電來之不易，都是辛勤勞動換來的。東晉時大官陶侃由於受他母親良好的教導，一生勤勉儉樸，連造木船剩下的碎塊木屑都收藏好，備以後用，這一美談流傳至今。

✧ **要讓孩子從小養成節約的好習慣**：使用學習用品要節約，一張紙寫錯了字，擦掉還可以用；生活上也要講節約，衣服破了個洞，補好了還可以穿；人離去燈要熄滅，等等。

✧ **要讓孩子學會利用廢舊物品**：比如可用易開罐做個花籃，將舊涼鞋剪成拖鞋，將破皮鞋當柴燒。這樣既可培養孩子的節約習慣，又是一種手工勞動練習。

▌朱元璋教子以德

「教子以德」不是現在才提出的。因為「德」既能補體，也可補智，所以古人一直遵循著這條原則來教育子女。

明太祖朱元璋對子女的教育非常嚴格，他既重視教育孩子求知，更重視幫助他們「正心」，即品德教育。為此，他採取了「重言傳、聘嚴師、親力行」的辦法。

他曾經嚴肅地訓誡太子和其他兒子，他說：「你們知道『進德修業』的道理嗎？『進德』，即進益道德；『修業』，即修營功業。古代的君子，德充於內，又見於外，故器識高明，善道日多，惡行邪僻皆避之。己修道已成，必能服人，賢者集攏於你的周圍，不肖者遠避。能進德修業，則天下必治；否則必敗。」

他經常用自己的親身經歷告誡兒子們要艱苦創業。內宮建成以後，朱元璋令人將古人行孝和他自己艱苦創業的經歷畫在殿壁上。他對兒子們說：「我本是農民出身，祖父輩積德行善，以至惠及於我。現在繪出這個畫面，就是要使子孫後代知道創業的艱難，多多磨礪自己。」

他立下兩條規矩：一是子孫除辦公外，一律穿麻鞋，坐竹椅，睡藤床；二是出城遠遊，不光騎馬，還要步行。他還要求子孫後代「戒驕侈」、「恤民情」、「用仁義」、「安百姓」，以此來守業。

他對太子說：「你了解農家的辛勞嗎？農家勤四體，種五穀，一年到頭辛辛苦苦，不得休息，而國家經費都來自百姓。所以，你要常想到農家的不易，取之有制，用之有節，使之木至於饑荒，才算盡到了為君之道。」

為了使太子們做到「進德修業」，朱元璋聘請各地名師，精選經典著作，對太子們進行嚴格、系統的「德行」教育。他要求這些老師：「好師傅要做出榜樣來，因材施教，以德教人。我的太子是要治理國事的，教的法子，最重要的是要正心。正了心，什麼事都可辦好；正不了心，各種私欲便趁虛而入。你們必須教太子們以實實在在的東西，不要光背些華麗的辭藻，真正讓他們進德修業。」

1386 年，朱元璋推翻了元朝統治，定都南京，準備修建皇宮。兒子們主張宮殿要建得富麗堂皇，要講究氣派。但朱元璋不同意，他對兒子們和經辦官員說：「宮殿只要堅固耐用就行，不必過分豪華。當初堯住茅屋，舜居曆山，成為萬世稱頌的聖君。做皇帝的能注意節儉，臣子們就不敢奢侈。要知道金銀財寶不是寶，真正的寶是節儉！」

由於朱元璋「教子以德」，因此他的晚輩兒孫們都很有才學道德。

▌瑪里‧居禮怎樣教女兒

瑪里‧居禮作為一位傑出的女科學家，曾在八年的時間內就分別摘取了兩次不同學科的最高科學桂冠 —— 諾貝爾物理學獎與諾貝爾化學獎，並且一生中獲得了難以計數的其他科學殊榮，可謂是智慧超群、碩果累累。

她的長女伊雷娜，核子物理學家，與丈夫約裡奧因發現人工放射性物質共同獲得諾貝爾化學獎；次女艾芙，音樂家、傳記作家，其丈夫曾以聯合國兒童基金組織總幹事的身分接受瑞典國王於 1965 年授予該組織的諾貝爾和平獎。

作為母親，瑪里‧居禮又是怎樣培養和教育自己的子女的呢？

瑪里‧居禮一生科研工作十分繁忙，然而她很善於抓緊時間對子女進行早期教育，並善於把握孩子智力發展的年齡優勢。譬如，瑪里‧居禮在女兒不足一歲時，就讓她們開始所謂的「幼兒智力體操」訓練，讓她們廣泛接觸生人，到動物園看動物，讓她們與貓玩，讓她們到公園去看綠草、藍天、白雲，看色彩絢麗的各種植物和人群，讓她們到水中拍水，使她們感受大自然的美景。孩子大點後，瑪里‧居禮又開始了一種帶藝術色彩的「智力體操」，教孩子唱兒歌和講童話。再大些，就開始智力訓練和手

瑪里·居禮怎樣教女兒

工製作，如數的訓練，字畫的識別，彈琴、作畫、泥塑，讓她們自己在庭園種植植物、栽花、種菜等，並抽出時間與她們散步，在散步時給她們講許多關於植物和動物的趣事，如種子是怎樣在花裡長成的，小老鼠和鼴鼠是怎樣打洞的，哪裡能找到兔子窩等等。她的教育都力求從實物開始，且每天更新，以提高孩子興趣。她還教孩子騎車、烹調等。全方位幼兒早期「智力體操」訓練，不僅使孩子增長了智力，同時也培養了孩子的各種能力，增強了孩子的自信心，錘煉了性格。

瑪里·居禮從整個科學生涯和人生道路上體會出一個道理：人之智力的成就，在很大程度上依賴於品格之高尚。因此，她把自己一生追求事業和高尚品德的精神，影響和延伸到自己的子女和學生身上，利用各種機會培養孩子形成良好的道德品格。

在丈夫皮埃爾去世以後，瑪里·居禮開始一人擔負起撫養孩子的重擔。當時她經濟上拮据，還得補貼一部分給科研。有人建議她賣掉與皮埃爾在實驗室裡分離出的那一分克鐳，這在當時價值 100 萬法郎。瑪里·居禮則認為，不管今後的生活如何困難，決不能賣掉科研成果。她讓女兒從小養成勤儉樸素、不貪圖榮華富貴的思想。瑪里·居禮毅然將鐳獻給了實驗室，把它用於研究工作。後來她帶著兩個女兒赴美國接受總統贈送給她的一克鐳時，也同樣告誡女兒：「鐳必須屬於科學，不屬於個人。」

在第一次世界大戰期間，瑪里·居禮再次做出一項重大的決定：將諾貝爾獎金獻給法國政府，用於戰時動員。瑪里·居禮還親自帶著 X 光機上前線服務，並帶著伊倫娜隨同前往幫助檢查傷病員。戰爭結束時，法國政府向伊倫娜頒發了一枚勳章，這對年輕的姑娘來說真是極大的榮譽。這使瑪里·居禮得以寬慰。孩子們成長起來了，尤其是伊倫娜在戰時的經歷使她變得更為成熟。

第九章　孩子的非認知能力（二）

　　瑪里·居禮的品德教育包括四個方面：

✧ 培養她們節儉樸實、輕財的品德。她對女兒的愛，表現為一種有節制
的愛，一種有理智的愛，她對女兒生活上嚴加管束，要求她們「儉
以養志」，她教育女兒說：「貧困固然不方便，但過富也不一定是好
事。必須依靠自己的力量，謀求生活。」

✧ 培養她們不空想、重實際的作風。她告誡兩個女兒「我們應該不虛度
一生」。

✧ 培養她們勇敢、堅強、樂觀、克服困難的品格。她常與子女共勉道：
「我們必須有恒心，尤其要有自信心。」

✧ 教育她們必須熱愛祖國。除了教她們波蘭語，瑪里·居禮還以自己致
力於幫助祖國科學發展和波蘭留學生的行動感染伊倫娜和艾芙。尤使
她們念念不忘的是：母親以祖國波蘭來命名首次發現的新元素「釙」
所表現出的赤子之情。後來，她的孩子都成為對社會有用的人才，尤
其是伊倫娜夫婦，不僅繼承了居裡夫婦的科學事業，也繼承了他們的
崇高品德。1940 年他們把建造原子反應堆的專利權捐贈給了國家科學
研究中心。

第十章　孩子的行為能力

第十章　孩子的行為能力

▎訓練孩子的行為

父母們經常有這樣的困惑：孩子想要什麼，就給買什麼，但是給他提點要求，他卻不幹；孩子特別不聽話，你給他講道理，他也懂，但就是不照著做。

一項對全國 2,000 多位父母關於孩子社會化問題的凋查，在涉及兒童社會化表現的 60 個問題中，得分最低的幾個題目，就包括「吃飯隨叫隨到，吃飯時不說笑停頓」，以及「父母不叫看電視就不看」。

可見，在當前家庭教育中，孩子不聽話，是最大的問題之一。但孩子不聽話，究竟是誰造成的呢？這當然還是父母自己造成的，而在父母方面，除了不恰當的溺愛之外，不懂得怎樣對孩子進行行為訓練則是另一個重要原因。

在愛孩子的前提下，對孩子進行必要的行為訓練，是父母的責任，但是要履行這個責任，必須學習一點訓練孩子的技巧。

美國行為主義心理學家華生認為，兒童是從環境所提供的示範中被動學習的人，父母要對他們的子女將來成為怎樣的人負很大責任。他告誡父母，如果想讓孩子養成好習慣的話，就不要對孩子嬌生慣養，應該像對待一個年輕的成年人那樣對待兒童……讓你的行為總是客觀、親切而堅定，永遠也不要無緣無故地抱他們，吻他們，讓他們坐在你膝蓋上。早上和他們握手道別；如果他們在課業上得到好成績，高興地拍他們腦袋一下。用不了一個星期，你就會發現，完全客觀又親切地和孩子相處是多麼容易，你會為自己過去對孩子那種荒唐的溺愛而慚愧。

當孩子長到一定年齡，變得懂事了以後，就不要完全滿足孩子提出的所有要求。孩子的要求，除了那些保障他們身體健康的，如吃飯、喝水、睡覺、一般的玩具以外，其他任何要求，都不要輕易滿足，而要有條件地

滿足，自己手裡要隨時掌握著一些籌碼：孩子非常需要、非常想得到的東西，包括物質的，活動的和精神的三個方面，把它們作為獎勵物，在訓練孩子好行為的時候使用。

物質的東西，如孩子特別想吃的食品，特別想得到的玩具（對大些的孩子，還包括錢），活動，如給孩子講故事，和孩子在家裡一起玩，帶孩子出去玩，允許孩子看電視，玩遊戲機等等；精神的，如通過講道理，讓孩子知道自己做得對，對了就能得到讚賞、表揚、爸爸媽媽就高興等等。

由於你掌握著孩子想得到的東西，所以當孩子表現出一個好行為之後，你就可以運用手中的籌碼，作為獎勵物，讓他的需要暫時得到滿足。孩子為了進一步得到獎勵物，自然會進一步表現出良好行為。心理學家把這個過程稱作「強化」，我們看馬戲時看到的動物表現出來的各種令人驚異的行為，如狗算算術，鸚鵡騎車，都是用這種辦法「強化」出來的。人雖然不是動物，但人的行為也時時需要強化，不光孩子，大人也一樣，你在公司表現好了，拿到的獎金多，或者被評為先進，你以後就會繼續表現好，否則，你就只能靠奉獻精神保持自己的行為了。

又比如，到了吃飯時間，孩子不能按時上飯桌，上了飯桌也不能好好吃飯，就可以進行「強化」訓練。此時，您手中必須有「籌碼」，要和孩子講好條件，「你想買玩具，好，只要你每天開飯時按時吃飯，好好吃，一個星期天天能做到，就給你買？」

如果孩子已經養成了不按時吃飯的壞習慣，要矯正孩子的壞習慣，也不是很難的事，但父母提出要求必須得到堅決執行。比如，吃飯時不能看電視，那就必須在開飯時堅決關掉電視，即使孩子哭鬧，也必須關掉。當然，如果孩子看的電視節目是對孩子有教育意義的連續片，可以盡量把開飯時間和孩子看電視的時間錯開。

第十章　孩子的行為能力

　　如果孩子堅持了一個星期好好吃飯，玩具買了，他的目的達到了，又恢復了原來的樣子，不好好吃飯怎麼辦？好辦，繼續提要求：「好好吃飯，玩具就給你玩，不好好吃飯，玩具就會被收起來，不給你玩。」

　　物質獎勵是最低級的獎勵，當物質獎勵已經對孩子產生效果以後，要逐漸向活動性獎勵和精神獎勵轉變。但是對小孩子來說，物質獎勵是不可缺少的。實踐證明，把物質獎勵和活動性獎勵、精神獎勵經常地結合起來，效果才能更好。

　　懲罰，是從另一個角度糾正孩子壞毛病和不良行為的好辦法。懲罰有四種方式，一是撤銷物質性承諾，如收起孩子喜歡的玩具；不給買原來答應好的玩具等；二是撤銷活動承諾，如不帶孩子出去玩；不給孩子講原來答應講的故事等；三是精神上的，如批評，斥責，情感上的暫時冷落，也就是暫時「撤回」對孩子的愛等；四是體罰，如關在屋子裡不許出來活動，罰站，以及在父母中被廣泛使用的嚴斥等。最後一種，即體罰，是專家們最不主張使用的，也是一種最可能產生負面作用的懲罰方式。

　　舉個例子，如果你帶孩子去商店，他見了一個玩具，非要買，而你因為玩具太貴或認為那個玩具對孩子沒有多大好處，決定不給孩子買，結果孩子就在商店裡大哭大鬧，躺在地下打滾，怎麼辦？在這種情況下，最好的辦法就是立刻把孩子抱離商店，回家以後，採取冷處理，冷落他，讓他知道他今天的表現讓媽媽不高興。等到孩子意識到媽媽為什麼不高興了，就可以給他講道理，告訴他為什麼不給他買，以後遇到這種情況應該怎麼做。同時還要結合物質懲罰，如收回孩子愛玩的玩具，讓孩子知道，他必須為他今天的「壞」行為付出代價。不出幾次，孩子就再也不會在商店裡大哭大鬧了。

　　有的父母可能說，如果我不給他買，他當時並沒有大哭大鬧，但是他

回家卻不理我了，怎麼辦？首先可以說，這樣的孩子一般屬於那種智商較高的孩子，他們懂得利用自己的情緒變化贏得父母的同情，從而達到自己的目的。對這樣的孩子，要用更高超的智慧去解決，例如，待雙方都冷靜下來之後，可以利用吃晚飯與家裡另外的人談話的方式，從側面提起當天發生的事，話可以這樣說：「今天我帶他去商店，他要買一個玩具，我沒給他買，他也沒跟我鬧，他今天很聽話。」孩子是有心的，他聽到媽媽說這話，知道媽媽對自己是滿意的，雖然玩具沒買，但自己的行為得到了表揚，他心理上就獲得了補償。然後，您可以委婉地給孩子講道理，講不給他買的原因。像這種智商較高的孩子，大多是講道理的孩子，媽媽的話他們會聽進去的。

在愛孩子的前提下，不滿足孩子的所有要求，利用這些要求作為條件，作為強化物，來培養孩子的好行為，這可以作為一條原則，來培養孩子的任何好行為，包括日常行為習慣、道德行為和學習習慣。

有的父母會提出疑問：這種方法，豈不是要培養孩子有好處就幹，沒有好處就不幹的惟利是圖思想？對於不太懂事的孩子來說，惟有運用這種訓練方法，才能使他們養成好的行為習慣，同時還可以使孩子從小就懂得是非、對錯，懂得什麼是公平、公正、守信和互惠。因為，對孩子的獎勵和懲罰，無形中傳達了父母對是非、對錯的判斷。和孩子講條件，則是一種契約行為，在契約行為中處處表現著公平、守信等道德原則。孩子從小就懂得這些，對他們將來適應現代社會，很有好處。

當孩子養成了很多好的行為習慣，越來越懂事之後，我們就可以進一步培養他們的同情心、助人行為等，如果您自己是一個崇尚雷鋒精神的父母，你還可以用「毫不利己，專門利人」的精神去教導孩子。

訓練孩子的過程，還有一個重要作用，它可以逐漸在你和孩子之間形

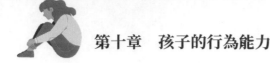

成一種關係模式，使孩子知道，他的什麼行為會使父母高興，什麼行為會使父母不高興，自己應該怎樣做，不應該怎樣做，等等。

在對孩子進行行為訓練時，首先，愛自己的孩子是前提，任何時候都不能粗暴地對待孩子，不到萬不得已的情況不使用體罰；其次，要把握好寬嚴度，在父母子女關係中，主動權、控制權應該在父母手中，父母不能被孩子控制；第三，行為習慣的養成只是教育的目的之一，而不是最終目的，最終目的是要培養孩子有好的個性品格，而個性品格是認識、情感和行為習慣的「合金」。因此，講道理才是家庭教育中永遠的主題。

▎培養孩子自理自立的能力

剛考進某大學的一名女學生，在媽媽的陪同下到學校報到註冊，又讓媽媽為她掛上蚊帳，鋪好床單，買好飯菜票。媽媽要走了，女兒拉著媽媽的手怎麼也不肯放，做媽媽的千交代、萬叮囑，一百個不放心。

果然，媽媽剛離校，麻煩事就來了。傍晚，女學生到學校的浴室去洗澡，等全身淋溼後，才突然想起沒帶洗滌用品和替換的衣服（平時都是由媽媽事先替她放置好的）。她既不知道怎麼洗下去，又想不出擦乾身子的辦法，只好在浴室裡號啕大哭起來。

有的父母捨不得讓孩子吃一點苦，經受一點磨難。他們會說：「我疼都疼不過來，還讓他幹活？」不知他們在說這句話時，是否知道作家高爾基也有句意味深長的話：「愛孩子是母雞也會做的事。」

過度愛護的又一原因是受「升學第一」的影響。

「你把書讀好就行，別的用不著你操心。」這樣，小孩子也喚起大人來了：「把鉛筆給我削了」、「把字典給我拿來」、「把書包給我整理好」⋯⋯做父母的也樂意照著辦。

其實，這種情形下的孩子學習也未必好。學習不僅要依靠智力因素，也有非智力因素。過度愛護下的孩子，智力再好，學習也很難獲得成功，因為在學習上一旦遇到困難，他就不會處理和克服。

在發展國家，父母普遍重視從小培養孩子的自理自立能力，因為他們懂得，社會的競爭，決不僅僅是知識和智慧的較量，更多的則是意志和毅力的較量。沒有這種精神，就永遠不可能在激烈的競爭中獲勝。

在日本，全家外出旅遊，無論多麼小的孩子，都要毫無例外地要背上一個背包。問為什麼，父母說：「這是他們自己的東西，應該由他們自己背。」

在美國，一些州立中學規定：學生必須不帶分文，獨立謀生一周方能予以畢業。父母對這一活動則是全力支援。

在瑞士，為了培養孩子自食其力的精神，孩子從國中畢業就送到有教養的人家去當一年傭人。

在德國，法律明文規定：孩子必須幫助父母做家務。這條法律已有100多年歷史，至今不但有效，還規定得更詳細：孩子們6歲前不承擔家務；6至10歲要幫助父母洗餐具、收拾房間、到商店買東西；10至14歲要在花園裡勞動，給全家人擦皮鞋；14至16歲要擦洗汽車，並在花園裡翻地；16至18歲要完成每週一次房間大掃除。

到底怎樣才能培養出孩子自理自立的能力呢？

✧ **父母要充分相信孩子，鼓勵孩子從小事做起**：小孩子對什麼事都有興趣，看見你在洗碗拖地，他也想試一試。你不讓他幹，他有時還不高興呢；你讓他幹，他又幹得不好。怎麼辦？有的父母索性自己包了。豈不知，正是自己的「包辦」，將會把孩子往「蠢材」方面發展又推

了一步，做任何事都有一個由不會到會，從生疏到熟練的過程，父母們要及時抓住這個機會，鼓勵孩子，讓他試著做力所能及的小事。

✧ **多肯定，少指責**：孩子幹活，用大人標準去驗收，肯定很少合格。洗碗時，不小心打破了碗；去倒髒水，裡面還落下個勺子什麼的。這時，你絕對不要發火，這都是很正常的。誰不想做得更好些呢？想一想你自己小時候摔過多少碗（如果你還記得的話），就算為培養孩子而付出的微不足道的學費。你要先肯定孩子的進步，表揚他能幹，然後才可以指出他的不足，提醒他注意，下次做時，孩子肯定會做得更仔細，更起勁。

✧ **適當幫助和指導**：生活中的許多事不是孩子生來會做的，而是父母耐心地教，孩子反復地練才會的。例如洗衣服，父母可以講講怎樣開機，怎樣加入洗衣粉，怎樣漂洗，怎樣甩幹和晾晒。經過幾次講解，孩子基本掌握了洗衣服的方法，接著就可以讓孩子自己動手做了。孩子是聰明的，他自己會琢磨，多次實踐，就會慢慢熟練起來。即使遇到困難，父母也不要急著上陣，可以一旁指導，鼓勵孩子用自己的智慧和力量，盡自己努力去幹。

✧ **對孩子的要求要適度**：不同年齡孩子的體力、智力是有區別的。低年齡段小學生可以做掃地、拖地；洗刷餐具；整理床鋪；洗小件衣物等家務勞動。中年齡段小學生可以做燒水、燒飯；洗小菜；整理室內等家務。高年齡段小學生可以做燒煮簡單的家常菜；或會使用洗衣機洗自己衣物。當父母不在時，能自己處理好個人衛生，準時起居，按時上學，安排好一天生活。

▍培養孩子適應市場經濟的素養

過去，在計劃經濟框架下，孩子一般是沿著小學、中學、大學的路子走，而一進入大學，國家就把學生的工作包下來。在這條路子的影響下，當父母的只認准了一個理，只注意孩子的學習分』數。而考不上學的孩子的思想往往也轉不過彎來，有的變得一無所能，束手無策。

現在，廣闊的市場為孩子提供了多種多樣的發展道路。而這些路子不再是一成不變，不再是國家包辦。它要求孩子們具有與計畫經條件下完全不同的競爭意識、創新意識、品格意識、服務意識、合作意識以及自強自信、獨立創新的意志品格。市場經濟的時代需要的是與計劃經濟條件下完全不同的具有新思想、新素養的一代新人。

但是，值得注意的是，不少父母還沒有認清形勢，仍在按計劃經濟的觀念走路，他們只注重孩子的智慧教育，片面追求孩子的名次、分數，根本不注意對孩子的技能、素養的全面培養。有的父母對孩子仍是一手遮天，一手包辦，不讓孩子接觸社會，不讓孩子參加勞動，不讓孩子參加學校外的所有活動。

試想，這樣的孩子一離開學校，能有競爭意識嗎？能適應激烈競爭的社會環境嗎？看一看現在的招聘會就知道了，那裡有一條鐵的法則，那就是：優勝劣汰，適者生存。

父母應順應潮流，積極為孩子創造不怕困難，獨立生存的條件，培養他們適應市場經濟的素養。

第十章 孩子的行為能力

▌培養孩子的說話能力

孩子是否敢大膽開口說話與家庭環境有著非常大的關係。父母要創設一個能使孩子想說、敢說、喜歡說、有機會說並能得到積極應答的環境。

父母的態度和情感要適宜孩子的發展，父母要有意識地創造一個和諧、良好、優美的家庭生活環境，營造出一種新型的民主關係，使孩子有任何想法都願意與父母交流。

孩子天生好奇好問，父母切不可因厭煩厭吵而讓孩子閉上嘴巴，而應就孩子感興趣的問題引導他思考、探索。父母要抽出時間與孩子進行語言交流。如果總是讓孩子一人獨自玩耍，語言交流又從何談起呢？

父母可製作和設計誘發孩子說話的材料和遊戲，使孩子有話可說。比如遊戲「小小答錄機」，兩個人面對面地坐著或站著，一個人扮答錄機，對方在「答錄機」上按一下，然後說一句話，表示錄音，再按一下表示放音，「答錄機」必須模仿重複出來，然後再交換角色。這就是一個很好的既能培養聽又能培養說的遊戲，其中還能增加親子之間的感情，何樂而不為呢。

父母要盡可能豐富孩子的生活經驗，讓孩子說話的內容更加豐富。父母可以有意識地帶孩子出到一些社交場合，多讓孩子參與社會交往。如逛商場時讓孩子買東西，看病時讓孩子自己告訴醫生病情，多與同伴交往，開辦「生日派對」，孩子想辦的事情要由他自己去辦，等等。

孩子喜歡讓父母給講故事，但多數父母講完故事就算完事。對此，專家們建議不妨改一改。首先，在講完故事後再提問，特別是提一些孩子感興趣又能增長知識的問題，效果就會更好。父母所提的問題要具有開放性，提問的範圍能大則大，提問的角度能變則變。

　　比如在講故事「三隻小豬」之前，父母可問孩子「從故事的名字中猜猜講的是誰的故事，他們會發生什麼故事」。這就比問「故事的名字是什麼」好很多，因為前者更有助於培養孩子的想像力。

　　比如在引導孩子看圖片時，父母通常會問孩子：「圖片上有誰？」如果提問改成：「你從圖片上看到了什麼？」這就要更好一些，儘管它們兩者的含義一樣，但後者提問的範圍擴大了，孩子必須仔細觀察圖片，理解後才能回答，而且答案不會單一和雷同。

　　要大力提倡雙向提問，即父母提問，孩子回答；孩子提問，父母回答。這不僅可以提高孩子的興趣，激發他們的思維，而且能讓他們變被動為主動。誰都知道提問比回答更難，如果有時講完故事之後，讓孩子提問，爸爸或媽媽回答，父母就更能了解孩子對故事的理解程度，教育就更有針對性。

　　父母還可在家庭中培養孩子的表演欲望。晚飯後，不妨一家人開一個表演會，輪流講故事或念兒歌。這既能發展兒童的語言能力，又能培養兒童的膽量和表現欲。

　　父母還應注意重視語言培養中的創造性。比如多讓孩子進行改編、續編和創編兒歌或故事的某一部分，自由選圖片、排圖片進行創造性講述，讓孩子從廢舊圖書中剪下自己喜歡的圖案，貼在白紙上做成小圖書，自編故事，進行講述。

　　只要父母留心，就會把更多的機會留給孩子。父母要做到：能讓孩子說的父母不說，該讓孩子專心聽的父母不去干涉；在與孩子發生意見分歧時，父母不可武斷地強迫孩子服從，而應在心平氣和的情況下說服孩子。

　　父母可以利用餐前飯後的時間來與孩子進行辯論。比如對「天上有些啥？」「獅子和熊誰更厲害？」等一些沒有具體答案的話題進行辯論，這

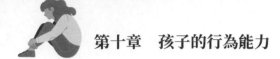

既能發展孩子的語言能力，又能培養孩子的思維能力，特別是對事事順從和怯懦的孩子的逆向思維培養大有好處。父母們鼓勵孩子積極參與活動，大膽地發表意見，這對培養孩子的語言表達能力也是十分重要的。

據有關資料顯示，很多卓越的領導人，很多優秀的企業家在他們童年時，就有很好的語言組織能力。不要小看語言表達能力，它從古至今仍然是衡量一個人是否具領導才能的重要標準之一。沒有一個領導人不具備號召鼓動能力，哪怕他是一個「七品芝麻官」，也從沒有哪本史書記載某個卓越的領導人是訥訥不出於口的人。

因此，希望孩子成才的父母們，千萬不要擋住孩子的嘴，不要因為孩子嘰嘰喳喳而呵斥他，讓他盡情地表達自己的意思吧，或許他就是一個未來的演說家呢。

▌培養孩子的交往能力

一位專家出席國際會議，會議地點是日本東京豪華的京王大飯店。有一次，這位專家匆匆忙忙地趕到一個專題報告會的會場時，在門口碰到了一位也正要進會場的外國同行，出於禮貌，他們兩人都停住，想讓對方先進會場。這位專家後來說：「那位看上去比我年長的男士朝我微笑了一下，用頭向門的方向一擺，示意讓我先進，其動作非常自然、得體，特別是那個西方式的擺頭動作，給人一種親切感和美感。在匆忙之中我竟無任何表示地先開門進去了。」

他說：「類似這樣簡單的事情，後來在我歷次出國時，經歷過不知多少。我於是認為，外國人比我們更善於和別人打交道。在和陌生人打交道時，他們善於運用表情語言和身體語言，也善於用非常禮貌的語言和你交談，從陌生變得熟悉。即使列車員懲罰逃票者和員警懲罰違法者時的態

度，也讓人覺得，你雖然做錯了事但你仍然受到尊重。」

這種西方式的文明是如何在西方人身上形成的？是生來如此，還是發達的社會教育和良好的社會風氣使然？

原來，外國人並不比東方人更禮貌和善於交際，經濟的發達和教育的普及也沒有自然而然地使他們更講禮貌，從每一個西方人身上反映出來的善交際性和禮貌談吐，是他們花了幾百年的時間，在家庭和社會教育中花功夫累積的結果，其中還包括著心理學家和教育家在研究和實施教育方面付出的努力。這一點，非常值得我們反思。

社會交往技能，是現代人的社會性當中最重要的內容之一，它指的是人在與別人進行交往時所表現出來的運用口頭語言、身體語言、情緒和認識等方面的技能。它包括很多的內容，如善於參與到一個社會活動中去並遵守活動規則，迅速地記住別人的名字，站在別人角度揣摩別人心理，與別人說話時控制音量大小，與別人交談時控制與對方目光接觸的時間，善於使用各種身體語言，準確而流暢地表達自己的思想和意圖，善於向別人表達自己的願望和要求，禮貌而得體地向別人的不良行為表示不贊同、不滿和不快，禮貌地拒絕別人，對一個人當面做出評價，在必要時容忍他人的缺點和不正當行為，對自己的過失行為表示歉意善於忍受人際交往中的挫折，對待別人成功或失敗的態度，結束與別人進行某種交互作用，等等。

人們大都認為，人的長相、體態這些外貌特徵，在人際交往中起著重要作用。的確，一個人對別人有沒有吸引力，外貌是重要的，但如果缺乏上述的社會交往技能，一個人縱然相貌超群，他同樣也會缺乏魅力；反之，一個人長相平平，如果很好地掌握了上述交往技能，也會充滿魅力，討人喜歡。

第十章　孩子的行為能力

　　社會交往技能在很大程度上決定著人的社會關係之好壞、事業的成功與失敗以及他在社會上的吸引力和別人對他的滿意度。大量的研究表明，良好的社會交往技能所導致的良好的同伴關係，是孩子心理健康和取得學業成功的必要前提。

　　1980 年代以來，國外心理學者掀起了一股研究兒童、青少年和成人的社會交往技能的熱潮。在兒童期的研究中，人們發現，兒童社會技能的發展與遺傳、母子關係、孩子在家庭中的出生順序、家庭的文化與教育背景等有密切關係。那麼，在家庭教育中，怎樣才能培養孩子的社會交往技能呢？

❖ **父母應該注意多表揚那些符合社會期望的「好行為」**：如合作與分享行為，而不鼓勵孩子那些「不好的行為」，如攻擊性和獨自遊戲、目中無人等。古代著名的「孔融讓梨」故事，就是一個很好的實例。當家裡吃好吃的東西時，可以讓孩子充當分東西的人的角色；當孩子有機會與別的孩子一起玩時，要鼓勵孩子想到別人，把玩具分給別人，等等。

❖ **要經常向孩子提供好的榜樣**：有的研究者做過這樣的實驗，讓一名善於交際的孩子充當模特，向那些性格內向、不善於交際的孩子演示各種社會技能，如對別人微笑、分享行為、發起正面的身體接觸、給以口頭讚許等，結果，這種方法有效地增加了模特所演示的各種行為。研究者還發現，榜樣與兒童越相似，效果就越好（例如充當榜樣的孩子起先也是內向、退縮的孩子）；對榜樣演示的行為當場做出評價，提醒孩子這樣做的好處是什麼，也會增強榜樣演示的效果。在家庭教育中，可以充分利用看電視、孩子跟別人一起玩等機會，發現這種榜樣，向孩子作解釋。

◇ **經常性的訓練非常必要**：有些社會技能是必須「教」的，如怎樣參與到別人的遊戲活動中去，怎樣對同伴的友善行為給予回報，怎樣與同伴分享食物、玩具，怎樣給予同伴關心、幫助和同情，在這些時候應該說什麼話，做出什麼樣的表情和動作，經常向孩子講述這些，比單純讓孩子模仿別人效果要好得多。

比口頭講述更好的一種方法是角色扮演。上面提到的讓孩子「扮演」孔融的角色就是一例。國外有人做了這樣一項實驗，為了幫助學齡前兒童對一些社會問題做出解釋和評價，讓兒童在一個由木偶組成的情境中扮演角色，讓他人解釋參與到一場衝突中去的所有當事人的心情，並展開討論。結果發現，兒童接受訓練的時間越長，他們做出的攻擊性的解釋就越少；而且，由於他們開始能夠考慮到自己行為的後果，他們在同伴中的表現也有明顯改進。

關於家庭教育方式的許多研究發現，如果父母熱情而態度鮮明地要求孩子遵守社會禮節所要求的各種規則，他們就往往能教育出懂規矩、善於和別人交往的孩子；相反，那些不大向孩子提要求、肆意縱容孩子的父母，培養出的孩子往往是攻擊性強、不受同伴歡迎的孩子，他們對別人提出的要求常採取對抗的態度。有的研究還表明，對孩子過於保護的母親，她們培養出的孩子在和成人打交道時表現得非常善於交際，但他們在周圍同伴中常顯得不安和拘束。因此，對孩子過分保護並不是一種可取的教育方法。

▋培養孩子的領導才能

一群在山裡野餐的小姑娘走錯了路，在潮溼與饑餓中度過恐怖的一夜之後，她們無望地失聲痛哭。「人們永遠也找不到我們，」一個孩子絕望地哭泣著說，「我們會死在這裡。」然而，11 歲的伊芙蕾·湯站了出來，

「我不想死！」她堅定地說，「我爸爸說過，只要沿著小溪走，小溪會把你帶到一條稍大點的小河，最終你一定會遇到一個小市鎮。我就打算沿著小溪走，如果願意，你們可以跟著我走。」結果，他們在伊芙蕾·湯的帶領下，順利地穿出了森林，最後她們的歡呼聲迎來了救護人。

人們也許會認為，像伊芙蕾·湯這樣的人生來就是領袖的材料，而其他人命中註定是隨從。可是領袖並不是天生的，而是後天造就的。如何培訓孩子的領導才能，應從以下幾方面著手。

✧ **樹立孩子的信心**：信心來自教導，因此應從小培養孩子有頑強的信心。當孩子成功地蹣跚著走向你時，他們取得了第一次勝利，隨之每一個小小的成功都會引導著他們取得下一個成功。

✧ **讓孩子探索**：春季裡的一天，一個小女孩在雨水浸泡的前院挖一塊石子，忽然她跑去對她爸爸說：「爸爸您瞧，我找到的這塊石頭多漂亮！」他爸當時並未責備她弄髒了裙子，而說：「是啊！多漂亮的石頭，來，我們把它洗乾淨，這樣就可以看清楚它到底有多漂亮了。」須知，衣服上的泥漿可以洗掉，但孩子印象中的痕跡卻會持續很久。

✧ **讓孩子樹立成功的信念**：一個在體操方面很有前途的 12 歲小女孩來見總教練，總教練沒有當即讓她表演體操，而給了她四支飛鏢，要她投射辦公室對面牆上的靶子。那個小女孩卻膽怯地說：「要是投不中呢？」這幾個字概括了她註定無望的一生，她不是把注意力放在如何成功上，相反卻時時想到失敗了怎麼辦？這個孩子當然不能成為運動員，因為她的心理素養不行。因此，生活中，你應告訴你的孩子，做任何一件事心理首先要想到成功，而不是失敗。相信自己能成功的人才能取得成功。

✧ **讓孩子多動腦**：一個小男孩因為腿太短而無法爬上滑梯的第一級臺階，他央求他的母親，她母親並不是把他抱上去而是告訴他：「動動腦筋你就有辦法了。」小男孩想了想說：「那我把我的小車拖到那裡，然後站上去。」「很好，去吧，孩子！」她說。小男孩這樣做了，一切都變得十分容易了。

✧ **給予鼓勵**：當你的女兒告訴你，她要當一名女刑警，或者你的兒子說他打算做一名電影特技替身演員，而這些都不是你所考慮的職業時，你或許會說：「女孩子不可以幹那個」或「太危險了吧」？但你說錯了，你應該鼓勵他們，儘管他們的夢想對你來說是多麼稀奇古怪，你應該高興的是他們已擁有較強的幻想力，幻想力是創造力的導師。

讓孩子學會理財

教育孩子從小就認識錢，用好錢，是父母不可推卸的責任。

認識錢，會用錢，是孩子邁向獨立自主的必須的一步。學會對金錢的正確使用，孩子才能逐漸摸索到現實社會中的一些生存規則。

孩子可能會說，錢等於愛，因為他覺得：「爸爸總是說，他那麼辛苦工作，就是為賺錢給我。他沒時間陪我，但總給我好多錢用，而我也只有在花錢時，會想到他；沒錢時，才思念他對我的愛」。

孩子也說，錢是種獎品。「成績好，獎品大些；成績差，獎品就小。沒整理房間，獎品被沒收；幫媽媽拖地，還有額外獎品。表現愈符合大人要求，獎品愈多，反之則一無所有。」孩子還說，錢能換來友情，有錢才能去咖啡廳、買最流行的運動鞋穿，隔壁樓的那個小妹妹才會叫我大哥哥……

錢，也是個麻煩。家裡中樂透的同學，晚上不敢接電話，因為他媽媽說，如果有陌生人打電話問他是不是一個人在家，千萬要回答說「不」。

第十章　孩子的行為能力

　　錢，在缺乏正常家庭教育的孩子幼小心靈裡，是一件複雜而矛盾的「鬼東西」！

　　孩子四、五歲時，就可以幫助他們建立金錢的觀念，並讓他們開始學習認識錢幣，它們有什麼用途，怎麼賺錢，又該怎麼用錢……並慢慢引導孩子熟悉並理解另外幾個動詞：消費與投資，儲蓄與流通等。

　　最可行的是，陪孩子玩「逛超級市場」、「銀行交換」的遊戲，讓孩子熟悉交易的禮節和方法；最好是遊戲中的訂價和幣值與實物相同，可更加加深孩子對現實的了解。平時則可到商場「實踐」學習心得，學習規劃消費一番。

　　有一位老師，他的女兒已讀小學一年級了，是處於一個不會用錢卻對錢有所認識的年紀，他便給女兒一隻儲蓄罐，有零錢就拿去「餵小豬」，再用儲蓄金購買孩子的用品。孩子覺得「餵豬」十分有趣，又可享受儲金累積的成就感，自然就養成了儲蓄的習慣，也達到了他所提倡「延遲孩子欲望滿足」的目標。

　　一旦孩子可以自由運用金錢，父母應提供孩子足夠的消費知識，像如何存、提款、分辨商品廣告的真偽、學習認識商品標籤等，使孩子懂得選擇安全的消費環境及價廉質佳的產品。此外，一位教育工作者指出，父母應以和緩的口氣與孩子溝通用錢的問題，讓孩子感受到父母的關心，讓他們在認識錢的同時，體會到人情比金錢更可貴。

　　在商業發達的美國，每一個成功的父母都十分重視理財教育，他們的經驗我們也可借鑑。他們按不同階段，由淺入深，培養理財觀念，養成節約的習慣，這一教育要求達到的目標是：三歲能夠辨認硬幣和美元紙幣；四歲知道每枚硬幣是什麼樣價值的等價物，認識到自己無法把商品買光，因此必須做出選擇；五歲時知道基本硬幣是多少美分，知道錢是怎麼來

的；七歲能夠找數目不大的錢，能夠數大量硬幣；八歲知道他們可以通過做額外工作賺錢，知道把錢存在儲蓄帳戶裡；九歲能夠制定簡單的一周開銷計畫，購物時知道比較價格；十歲時懂得每週節省一點錢，以備以後大筆開銷使用；11歲時知道從電視廣告中發現和認識商品的價值與價格關係；12歲能夠制定並執行兩周開支計畫，懂得正確使用銀行業務中的術語。

在競爭激烈的社會裡，如不能掌握理財之道及適當地處理投資事務，是一種危機。

從未有過金錢支配經驗的孩子，對金錢可能出現缺乏自製、依賴性強等情況；父母有求必應，孩子易養成揮霍無度的習性；嚴格約束孩子用錢的父母，則可能教育出一個性情拘謹、行為保守、缺乏獨立能力的孩子。

要培養孩子正確的金錢觀和消費理財的觀念，給不給孩子零用錢倒是其次，重要的是讓孩子有用錢消費的經驗及支配金錢的決策能力。

有人把零用錢比喻為「孩子學習消費的學費」。確實，花錢不是件簡單的事，從資訊收集、商家選擇、價格比較、物品的必需性等，甚至為了交易而投注的時間和心力，消費者都要仔細考慮。如此審慎的決策過程，更需在孩子生活中逐一加以培養。

隨著現代社會的進步、家庭收入的提高，父母在「要不要給孩子零用錢」這個觀念上已有很大的轉變。大多數人認為零用錢除了可滿足兒童需要外，還可培養兒童的數位概念，讓孩子在支配使用零用錢的同時，培養獨立自主的能力，並從花零用錢的過程中建立價值觀。所以父母在零用錢給予方式上，如果能運用得當，就可以達到教育子女的目的。

不同年齡的孩子對金錢、數字概念的認知不同，所以給孩子零用錢時，應先考慮孩子的成熟度及需要。對五歲以下的孩子而言，零用錢的意義並不高。六歲左右的孩子，則可考慮給予他小額的零用錢，讓他學習金

錢的運用及了解金錢的價值；對七、八歲左右的孩子來說，金錢已較具有意義，但在使用上，卻不懂得節制，因此面對這個階段的小孩，父母應灌輸他們正確的消費觀念。

通常零用錢的需求和年齡成正比，而年紀愈小的小孩，給錢的間距也應該愈短，也就是說，一個六七歲的小孩，可以考慮每天給他小額的零用錢。然而十歲左右的孩子，就可以一次給他多一點的零用錢，並考慮每個星期或每兩個星期給他一次，金額大小及間隔時間長短再依孩子的年齡逐步做調整。

給孩子零用錢不是在打發孩子，也不是補償孩子，應該在給孩子零用錢的同時，教給孩子零用錢的使用和保管的方法，這樣才能充分發揮零用錢的教育功效。

對於年紀較小的孩子，可採取以父母作為銀行的方式發給零用錢，孩子想要買東西時，可向父母申請，由父母陪同孩子一起購買、選擇商品；八九歲的孩子多半已有固定支付的零用錢，所以父母可以指導他們簡要地記錄零用錢的去向，協助他有計劃地支配零用錢。

無論孩子年齡是大是小，無論父母所給的零用錢是多是少，為人父母者，要記住一個大原則：隨時教導孩子節約開支、明智消費，向孩子輸入隨時儲蓄的概念。這對孩子將來有計劃地使用金錢、有效的管理金錢，均有很大的幫助。

▌洛克斐勒的小帳本

美國的「石油大王」洛克斐勒（John Davison Rockefeller），從小家教很嚴，靠給父親做「雇工」賺零用錢。他清晨便到田裡幹農活，有時幫母親擠牛奶。他有一個專用於記帳的小本子，把自己的工作量化後，按每小

時 0.37 美元記入帳，爾後與父親結算。這事他做得很認真，感到既神聖又趣味無窮。更有意味的是，洛克斐勒的第二代、第三代乃至第四代，都嚴格照此辦理，並定期接受檢查，否則，誰也別想得到一分錢的費用。

洛克斐勒這樣做並非家中一貧如洗，也不是父母有意苛待孩子，而是為了從小培養孩子勤勞節儉的美德和艱苦自立的品格。那小帳本上記載的豈止是孩子打工賣力的流水帳，分明是孩子接受磨難和考驗的經歷！

其實，在不少發達國家，對待在校學習的孩子，要求也是非常「刻薄」的。在日本，許多學生利用課餘時間，在飯店洗碗，端盤子，在商店售貨或照顧老人，做家教等，賺錢交學費零用。美國人一貫教育孩子自主自立，七八歲的小孩就成了「小生意人」，出售他們的「商品」賺錢零用。美國中學生有個口號：「要花錢自己掙。」每逢假期，他們就成了打工族，學習自食其力。

提高自我保護意識

對孩子的自我保護教育應該是具體而且可操作的：

✧ 要讓孩子多接觸社會，逐步了解社會上一些不健康、有危害的現象。

✧ 要讓孩子學會區分善意的和惡意的行為。

✧ 即使助人為樂，也要教育孩子學會科學助人，對於超出自己能力範圍的要求，如陌生人委託孩子看護物品等則應拒絕。

✧ 讓孩子掌握一些緊急求助的方法，如記住一些急救電話，遇到壞人糾纏知道報警等。

有一句俗話講「害人之心不可有，防人之心不可無」，對孩子從小進行自我保護教育，同樣是一種素養教育。

下面是幾道關於孩子自我保護能力的測試題：

第十章 孩子的行為能力

✧ 你一個人在家時有人敲門，並說「我是修電話的」，你拿起電話確實沒有聲音，從門鏡裡也看到來人有修理工具，你會怎麼辦？

✧ 你經過一棟樓時，樓裡有人向你招手說：「小朋友，快來看看，這只小貓多可愛呀！」你看到他的懷裡確實有小貓，你會走過去嗎？

✧ 你和爸爸媽媽去遊樂場所、商場時，發現找不到爸爸媽媽了，你會怎麼辦？是自己找還是去請別人幫助？找誰幫助？為什麼？

✧ 自己在家時，一位自稱是爸爸媽媽同事的人敲門，你會開門請他進來嗎？為什麼？

✧ 不小心劃破了手，傷口在流血，你會怎麼辦？

✧ 爺爺奶奶突然倒地，推也推不動，叫也叫不醒，你會怎麼辦？

也許孩子的回答並不讓您滿意，那就趕緊採取措施，多和孩子一起討論發生緊急情況的處理辦法。你可以和孩子一起認識安全標誌，教會他遇到緊急情況時應想辦法求救。別忘了你可是孩子的第一任自護老師！孩子是否具有自我保護意識，是否掌握了急救知識，是他們健康成長的一個重要保證。

第十一章　孩子的學習

第十一章　孩子的學習

家庭學校合作有益孩子學習

據美國教育部的網站透露，有研究表明，父母對於學校的教育是極其重要的，因為已得到證實，在父母參與時，學生的成績好，出勤率高，作業能夠完成，並能關注自己的學業。

可見，父母應該培養孩子良好的學習習慣，了解孩子的進步，並指導孩子的活動。因為學生成績差別是由在家中的習慣決定的，也就是說，家庭可以提高孩子在校時間的利用率，使之不缺課，在家中也能多讀書，而不是看電視。

父母參與孩子在校活動對自己也是有利的，因為他們會對能擔當教育子女的角色感到滿意，會增強自己的信心，改善社會關係，甚至會產生繼續受教育的願望。

為了改善家庭的學習氣氛，可以讓孩子放聲地讀書，要知道閱讀能力的提高比數學和自然科學更取決於家庭的活動。而且孩子在學校的成績與聆聽別人朗讀和自己讀書的多少有直接的關係，如果一至九歲孩子的父母每天都為他們讀書的話，孩子可提高理解力、閱讀能力和創造性。

父母還可以把孩子帶到圖書館，幫助他們找到自己喜歡的書。家中有藏書對於孩子提高閱讀能力是極其重要的。

了解孩子的學習狀況

了解孩子們的學習狀況是需要父母們經常做的一項工作。雖然父母們通過定期拜訪老師或詢問自己的孩子以及同學的方式進行一般性的了解工作，但仍然有對學生學習情況不甚了解的感覺，這是為什麼呢？

孩子一般的學習狀況，包括掌握基礎知識和解決問題的基本能力兩方面。只一般性地了解孩子的成績，並不能具體地把握孩子在這兩方面的實

際水準。隨著教育科學的發展，孩子解決問題的基本能力，在素養考核上占有越來越重要的位置，因此父母在了解孩子學習情況時不但要對基礎知識的掌握情況加以調查，而且更需了解其綜合能力的水準。

從教學的實踐角度看，不論哪一科，老師留的作業或試題都包括一般題目（檢查基礎知識）、難度較大的題目（重在檢查運用知識的能力）等內容。對於語文、政治、外語等學科，還包括課內知識部分和課外知識部分（閱讀、分析、寫作等）。通常情況下，知識部分與能力部分的比例是：前者占 20%～40%，後者占 60%～80%。了解這些情況，並在此基礎上進一步深入比較每學科中各部分知識之間，各種能力之間的水準差異，就是了解孩子學習狀況的基本方法。此外，各學科成績的比較是考查孩子知識結構是否協調和平衡的重要手段，它有利於糾正孩子身上可能存在的偏科現象。

▌讓孩子專心學習

學習專注是所有學者的共同特徵。每個孩子的頭腦裡都有著專注的成分，只不過由於引導上的差異才導致了在這方面的後天差距。

比爾蓋茲從小就表現出驚人的專注力，加之家庭的引導和培養，使其長大後能長期痴迷於電腦。孩子好奇心強，可能對許多事物都有興趣，但往往很難專注於某事，淺嘗輒止，結果一事無成。很多父母也存在浮躁心理，喜歡攀比，見別人的孩子學啥，也要讓自己的孩子學，恨不得天下所有的知識都要孩子知曉，所有的技能、特長都要孩子掌握。這只會造成孩子看起來什麼都會，卻無一技之長。培養孩子的專注力十分重要，父母在孩子小的時候就應該把孩子的專注力激發出來。當孩子做某事時，應要求他在規定的時間內完成並幫助他排除外界的干擾；讓孩子對感興趣的問題

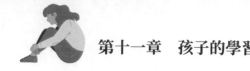

第十一章　孩子的學習

不斷尋根問底，深入思考；讓孩子在興趣廣泛的基礎上，選擇最著迷的對象深入下去，父母應有意識地強化孩子這方面的興趣。

孩子可能對許多事都有興趣，但往往很難專注於某事 —— 未能夠全身心地投入過去，往往只在目標的週邊徘徊，很難達到高成就。

法國大作家巴爾扎克（Honoré de Balzac）一次寫作時朋友來訪，他很長時間也沒有發現。中午僕人送來飯菜，客人以為是給自己送的，就把飯菜吃了，後來客人發現巴爾扎克還是那麼忙就走了。天黑了，巴爾扎克覺得該吃午飯了，就來端碗端盤。看到飯菜已被吃光，他責備自己「真是個飯桶，吃完還要吃！」法國昆蟲學家法布林為了解螞蟻生活習慣，曾連續幾小時趴在潮溼、骯髒的地面上，用放大鏡觀察螞蟻搬運死蒼蠅的活動。當時周圍有許多人圍觀議論，他竟毫不理會。大文學家羅曼‧羅蘭有一次去會見著名雕塑家羅丹並參觀他的工作室，欣賞他剛完成的作品。可是來到塑像前，羅丹突然發現還有幾處地方不滿意，於是拿起鑿子就修改起來，口中念念有詞，彷彿那座雕像是他的朋友。兩個小時後修改完畢，羅丹滿意地瞧了自己的作品一會兒，然後大搖大擺地離去，差點把他的朋友鎖在屋裡。事實證明，專心可以集中精力，調動整個大腦神經系統來解決問題，高效率地完成任務；分心就會降低學習效率，甚至對本來可以弄懂的問題感到迷茫。

只有聚其精，會其神，孩子才能取得成功，而孩子能否集中精力則與父母的教育、教養的態度和方法分不開的，正所謂，成功孩子的背後總會站著偉大的父母。

因此，要想提高孩子的學習成績，培養和開發他們的智力，第一步就要注意培養和訓練他們的注意力，養成專心致志的習慣。要不然，其他的訓練只能是事倍功半，甚至徒勞而無功。

　　注意力對任何一種勞動，尤其是腦力勞動具有很大的意義。能做到注意力集中的兒童，不但完成作業比較快，而且完成得比較好，效率高。那些作業馬虎、粗枝大葉的孩子主要是因為注意力不夠集中，沒能仔細地看准習題的要求和提供的條件。而且，善於集中注意力的孩子學習起來比較省勁，效果比較好，也因此有更多的時間來休息和從娛樂活動。在小學階段，低年級的孩子學習知識並不是最重要的，重要的是養成良好的學習習慣，而穩定持久的注意力是學習習慣中最重要的一方面。老師總要求一年級的孩子坐姿端正，目的就是訓練他們集中注意力，那些坐姿懶懶散散、東倒西歪的孩子顯然不可能專心致的聽課。

　　孩子學習的最大「敵人」就是注意力渙散。有的孩子在完成作業時，腦海裡想到的是電視機裡正在播放他們最感興趣的動畫片。有的孩子做作業時，無意識地東張西望，心猿意馬，擺擺這，觸觸那；有的甚至是一邊看電視，一邊做作業。很多父母向老師抱怨，孩子只需十分鐘完成的作業卻兩個小時還完成不了。

　　孩子的書桌上除了文具和書籍外，不應擺放其他物品，以免分散他的注意力，抽屜櫃子最好上鎖，免得他隨時都可能打開，在沒完成作業的情況下去清理抽屜，書桌前方除了張貼與學習有關的如地圖、公式、拼音表格外，不應張貼其他吸引孩子注意力的東西。女孩的書桌上也不應置鏡子，這會使她有時間顧影「自美」或「自憐」。更不能允許孩子一邊看電視，一邊做作業。

　　父母應要求孩子在規定的時間內完成作業。如果作業太多，可以分段完成。有的父母因為孩子的注意力不夠集中而在旁邊「站崗」，這不是長久的辦法，因為長期這樣，會使孩子產生依賴心理。此外，孩子的注意力跟孩子情緒有很大關係，因此父母應該創造一個平和、安寧、溫馨的學習

環境。聲音嘈雜的環境，雜亂無章的屋子，不正常的家庭生活，所有這一切都嚴重地影響著孩子注意力。同時，父母應該了解，能否集中注意力也與孩子的年齡有關。研究表明，注意力穩定的時間分別為：5～10歲孩子是20分鐘，10～12歲孩子是25分鐘，12歲以上孩子是30分鐘。因此，如果想讓10歲的孩子60分鐘坐在那裡去專注地完成作業幾乎是不可能的。

有些父母說：「我的孩子做事效率低，做作業動作慢，一邊寫一邊玩。」父母要注意培養孩子在某一時間內做好一件事的能力。對於家庭作業完成的進度父母要幫他們安排一下，做完一門功課一定要讓他們休息一會兒，不要讓孩子太疲勞。有些父母覺得孩子動作慢，不允許孩子休息，還嘮叨沒完，使他們產生抵觸心理，效果反而不好。

有些父母對孩子不放心，一件事總要反復講幾遍，這樣孩子就習慣於一件事反復聽好幾遍。當老師只講一遍時，他似乎沒聽見或沒聽清，這樣漫不經心的聽課常使得孩子不能很好地理解老師的講的內容，無法遵守老師的要求，自然也就談不上取得好的學習效果。因此，父母對孩子交待事情只講一遍，也是培養孩子注意力的一種方法。

「聽」是人們獲得資訊、豐富知識的重要來源。會聽講對學生來說是相當重要的，因為老師多半是以講解的形式向學生傳授知識。父母可以通過聽來訓練孩子的注意力，比如父母可以讓孩子聽音樂、聽小說，鼓勵孩子用自己的話來描述聽到的內容，從而培養專心聽講的好習慣。

研究表明，開始學習的頭幾分鐘，一般效率較低，隨後上升，15分鐘後達到頂點。根據這一規律，可建議孩子先做一些較為容易的作業，在孩子注意力集中的時間再做較複雜的作業，除此，還可使口頭作業與書寫作業相互交替。

▌讓孩子主動學習

一位母親從市場上買回來一個鳳梨，好奇的孩子被這個從未見過的東西吸引住了，這位母親可能會有兩種方式對待好奇的孩子。

一種方式是：母親告訴孩子「這是鳳梨，是可以吃的，它的外面是很硬、很尖的刺，不能去摸它！它很重，你提不動它，但是它是圓的，你可以滾動它。你聞一聞，它是不是很香啊？現在我們把它拿到廚房去切開它，切好後用鹽水泡一泡，它吃起來就又香又甜了。」

另一種方式是：母親告訴孩子「這是鳳梨」，然後就把鳳梨放在孩子面前的地板上，自己先去把買回來的其他東西處理好。好奇的孩子一定會對這個鳳梨「採取行動」，比如他可能伸手摸了一下鳳梨，趕緊又把手縮了回來，並且對著媽媽喊：

「媽媽，這個鳳梨很刺手，我被它刺了一下。」

媽媽回應說：「是的，鳳梨會刺手，不要緊的。」

於是孩子又嘗試抓起鳳梨的葉子，把它拎了起來，可是鳳梨很重，孩子很快就把它放下了，「媽媽，這個鳳梨很重，我拎不動它。」

「是的，鳳梨很重。」

孩子可能又嘗試著滾動鳳梨，結果真的把它滾動了，他高興極了：「媽媽，我把鳳梨滾動了。」

媽媽也很高興：「你真能幹！」

「媽媽，我聞到一股香香的氣味，鳳梨是不是可以吃的？」

「對，孩子，鳳梨是一種水果，是可以吃的。」

「怎樣吃呀？」

「把皮削掉，一片一片切開，用鹽水泡一泡，就可以吃了。」

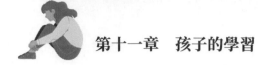
「讓我試一試……真好吃的！」

這兩種方式，你主張哪一種？你常用的是哪一種？它們有什麼區別，會產生不同的效果嗎？

我們不妨來分析一下：第一種方式，孩子很快就學會了，鳳梨是多刺的，是很重的，是可以滾動的，是很香的，是要泡了鹽水才可以吃的。這是媽媽直接告訴他的，不是孩子自己發現的。將來媽媽又帶回來一件新奇的東西，孩子也可能會像這次那樣等著媽媽告訴他關於這個東西的知識。

第二種方式，孩子最終也明白了，鳳梨是多刺的，會刺手，鳳梨是很重的；鳳梨可以滾動，因為它是圓的；它聞起來很香，切開來是金黃色的，沾上鹽水再吃，又香又甜。這一切都是孩子通過自己的嘗試發現的。孩子不僅懂得了鳳梨的特性，他還學到了認識鳳梨的方法，你可以摸它，可以拎它，滾動它，聞它，切開它，嘗它。

下一次媽媽可能帶回了一隻螃蟹，孩子當然又會嘗試去摸牠，可是很快被螃蟹夾了一下，於是孩子知道了，這個東西跟鳳梨不一樣，牠會夾人。媽媽可能建議說「你可以用筷子來動一動牠，這樣就不會被咬了」，於是孩子自己試著用筷子翻動螃蟹，他會發現螃蟹的許多有趣之處。

再下一次，媽媽可能買回來玻璃製品，孩子可能又會用他用過的方法來探索它，摸它，滾它，結果它可能掉到地上碎了，於是孩子又明白了，鳳梨、螃蟹、玻璃製品，這些都是性質不一樣的東西，要用不一樣的方法去認識它們。

兩種方法的結果很不一樣：第一種方式，孩子很快學到了知識，可是他是被動接受的；第二種方式，孩子也學到了知識，速度比較慢，但是孩子又同時學到了認識事物的方法，還學到了要根據事物的不同性質選擇不同認識方法的思維方式，更重要的是，他體會到了主動學習，主動探索的

樂趣和成功感，久而久之，孩子就能形成主動學習的習慣。

　　大部分的父母可能都在不自覺中採用了第一種方式對待孩子，這其實就剝奪了孩子自己主動學習的許多機會，對孩子是沒有什麼好處的。在我們每天的生活中，其實經常都有這種可以讓孩子主動學習的機會，關鍵在於我們是否善於把握。

　　比如三四歲的孩子，非常喜歡在吃飯的時候幫忙分發筷子，開始的時候他可能一雙一雙地拿，這雙是給爸爸的，再拿一雙給媽媽，最後拿一雙給自己。心急的母親可能會對他說：「傻孩子，你一次多拿些，一共拿三雙，不就不用多跑幾趟了？」其實，等待他自己去總結，才能讓孩子有機會學習動腦筋思考問題。

　　他可能要這樣來回跑了幾個月才想到，每次都做一樣的事情，是不是可以合起來做呢？於是他嘗試著多拿一些，可是要麼多拿了，要麼少拿了，這樣又過了幾個星期，後來才真正弄明白，每次要拿六隻才剛剛好。在這個過程中，孩子學會了自己思考，自己總結、自己解決問題，並且體驗到了思考的樂趣。花點時間等待一下孩子，其實是很值得的。

　　要幫助孩子建立主動學習的習慣。不要按照你的意願把孩子的時間安排滿，要多留一些時間讓孩子自己安排，如果他還小，想不出可以自己安排什麼活動，你可以給他多提幾個建議讓他選擇。父母要多鼓勵孩子主動探索，不要提出太多不必要的「不准」。在孩子專心做一件事情的時候，盡可能不要催促他，不要干擾他，更不要跟在身邊不斷提醒他不可以這樣、不可以那樣。在孩子解決問題遇到困難時，不要急於幫助他，可以多給他提些建議。父母不要急於把結果告訴孩子，要給孩子充分的時間自己去發現。不要代替孩子做檢查作業、收拾書包的工作，也不要養成整天看著孩子做功課的習慣，要讓孩子自己去做這些事情。

第十一章　孩子的學習

▍讓孩子安心做功課

　　孩子進入學校以後，一些父母就開始頭痛起來，因為孩子不能安心做功課。有的孩子雖然看似安安靜靜地坐在那裡做功課，但實際上卻在神游四方，心不在焉；還有的孩子做功課就像是在無休止的長跑，從放學回家一直做到深更半夜，可是作業仍然品格低下，漏洞百出。望子成龍的父母們不能不擔憂了。

　　於是，他們想出種種對策來改變這種現象。比如，採取嚴加「管教」的方法：不好好完成作業，就不准吃飯，不准睡覺，不准看電視，不准……有的父母索性坐在孩子旁邊加以監督，甚至採用體罰手段。然而，事實上，這些措施收效甚微。

　　那麼，如何才能很好的處理孩子的這種情況呢？這就要求父母根據孩子的心理特點，採取有針對性的方法，而不能急於求成。要注意以下幾點：

◇　**創造良好的家庭學習氣氛**：要讓孩子安心學習，父母首先自己安下心來，可以讀讀書，看看報，做一些不出聲，不惹孩子發生興趣的事。為孩子創造一個安靜、學習氣氛良好的空間，遠比坐在孩子身邊加以監督有效得多。父母應明白這樣的道理：「身教重於言教」。年幼的孩子還不懂得學習為了什麼，他們只會仿效父母，從父母哪裡知道應該怎樣學習。

◇　**不要跟孩子嘮叨**：有的父母出於感情交流的需要，不願讓孩子在做作業時感覺被忽略，所以他們總喜歡在孩子做功課時對孩子問這問那。「做幾道了？還有幾道？」看起來似乎是關心了孩子，其實是不時地干擾孩子，弄得孩子無法集中注意力，思考問題的思路也總是被打斷。因此提醒各位父母注意：不要在孩子學習時跟孩子嘮嘮叨叨。

✧ **接待客人時要注意不要影響孩子**：對於一個家庭，鄰居串門，好友來訪，這是常有的事。可是有的人話匣子一打開就沒完沒了，全然忘了還有孩子在做功課。大人聊天最易影響孩子的注意力，孩子的學習肯定會受影響。因此，父母應盡量地安排在不影響孩子學習的地方或孩子的娛樂時間裡接待客人。而親朋好友也最好在孩子的休息日去登門拜訪，如果有事急需登門，應把時間安排得緊湊些，以免影響主人家孩子的學習和休息。

孩子做不好功課，不能只從孩子那裡找原因，身為父母，也應時時反省自己是否有做得不周的地方，有則改之，無則加勉，盡自己最大的努力為孩子創造一個良好的學習空間。

正確對待孩子的課外學習

許多父母都認為，孩子學的知識越多越好，愛好越廣泛越好。因此，許多孩子在課外時間都被迫參加了各種各樣興趣班的學習。每到雙休日，滿懷期望的父母，帶著極不情願的孩子參加各種課外學習班。父母們著急上火，孩子也苦不堪言。課外學習，給孩子安排得太多也並不一定是一件好事。人的智力是有限的，有時大腦也需要調節和休息，誰也不願意去做自己不願意做的事。父母在給孩子報課外學習班之前，一定要調查清楚孩子的愛好，摸清孩子的智力情況，根據其愛好來選擇課外學習活動。一般一二年級孩子的性格和愛好已有了明顯的趨向，是激發孩子自覺、主動參加課外學習的最佳時期。

✧ **了解孩子課外學習的目的**：課外學習，要以陶冶情操和學一技之長為主，不要給孩子安排太多學習班，因材施教，防止分散孩子的精力，

第十一章 孩子的學習

造成一瓶不滿、半瓶晃蕩，加重孩子的負擔。兒童階段正是身心各方面打基礎的階段，也是體質發展的重要時期，如果過早地進行某方面的技能訓練，方法不當會加重孩子的負擔，可能會影響孩子的身心全面發展。

✧ **根據孩子自身的特點選擇學習班**：要用發展的眼光對待孩子，根據其專長來培養其愛好。目前，採取注重孩子特色教育來吸引生源的少年宮、學前班越來越多，例如繪畫、體操、奧數等。父母選擇這些課外學習班時，要看自己的孩子是否適合發展某方面的特長。孩子要是不具備那份天賦，就不要勉為其難，否則，不僅孩子不能得到因材施教，而且父母也背上了經濟負擔，得不償失。

✧ **了解特色學前班的師資水準和教育品格**：要選擇教師素養高、教育思想正確、方法得當的學前班。進行特色教育的同時，注重促進孩子的全面發展應該成為特色學前班的基本標準。也有些學前班以智力開發、教算術、教作文為特色，實際上是將小學的學習任務下放到學前班。如果未到上學年齡，就讓孩子接受超前教育，雖然能產生短期效果，但上小學後容易產生厭學、學習下降的情況，因此父母不要盲目選擇這類學前班。

✧ **學前班不要離家太遠**：孩子上學前班學習，一個最大問題是接送問題。現在我們的交通條件大多還是公車、自行車，如果少年宮離家太遠，不僅使父母為接送孩子耗費了許多精力，也使孩子小小年紀為上、下課而疲於奔波，這對孩子的成長是不利的，時間長了，孩子自然會厭煩。

▌幫助孩子考好試

　　近來，陳師傅訴說其子在家中常有心神不定、坐立不安、言語不多、悶悶不樂等現象，甚至不知因為什麼事就發起無名之火。這是一些孩子，尤其是中學畢業班學生在臨考前常會出現的一種反常現象，父母應予以足夠重視，並耐心加以疏導。

　　如何解除考前煩惱呢？一般來說，父母可採用如下做法為孩子排憂解難，引導其建立健康的心理，安然度過考試關。

　　有些孩子在考試前，由於心理上的原因，情緒會很不穩定，容易產生煩惱。父母發現這種情況後，應及時幫助孩子學會運用辯證的觀點去認識、分析和處理發生的問題，學會運用科學分析的方法去分析自己周圍發生的事情，並冷靜地、客觀地思考和對待這些事情，保持清醒的頭腦，千萬不要感情用事。

　　當孩子產生煩惱後，其情緒常會發生明顯異常，會流露出悶悶不樂，或時常會發脾氣等，如不及時加以控制和疏導，便會影響考試。此時，父母要主動與孩子交談，讓孩子從苦悶中解脫出來。其實，談心解除煩惱的方法，就是父母想方設法引導孩子談出鬱積於內心的煩惱事，以求得他人的幫助和理解。

　　俗話說，心裡煩惱，出去跑跑。生活實踐告訴我們，外出散步可以調節人的情緒。孩子感到煩惱時，父母可以陪同孩子外出散步，或郊遊踏青，盡情領略美好的自然風光，使其心情豁然開朗，拋棄煩惱。

　　父母發現孩子有煩惱時，可與孩子一起聽一段美妙動聽的音樂，這也能使孩子心情舒暢，或與孩子一同去看一場感人至深的電影，這樣，煩惱也就會隨之忘卻。

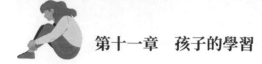

孩子由於會考、模擬考等幾次考試成績不理想而悶悶不樂,有時稍不順心就會發火,甚至沒有遇到什麼不順心之事也會產生無名火。這時,父母應及時關心,引導其避開有關考試的問題,根據孩子的興趣,和孩子一些或出去看看花草樹木,或上街購物,或下棋打球⋯⋯這樣就可使孩子減輕或忘掉煩惱。

給孩子「減負」

現在,許多孩子小小年紀背著沉重的書包,整天埋首在書本和作業中,童年的快樂和天真少了許多。減負,已開始讓學生逐步從書本多、課程多、作業多、考試多、補習多、競賽多的過重負擔中解放出來;減負,為全面實施素養教育創造條件,為學生身心健康提供了保障。

但「減負」不僅需要社會的大環境,需要學校的小環境,更需要良好的家庭教育環境,父母也要轉變觀念,為孩子們「減負」,替孩子們鬆綁。在實際「減負」過程中,有兩種情況,應該引起父母的注意。一是家庭加壓現象,父母的意識還沒有從自己經歷的以往應試教育的陰影中走出,認為孩子就是要抓緊時間、多用精力在課業學習上,以便在激烈的升學競爭中取勝。所以,出現父母給學生額外增加作業,請「家教」等情況,造成學校「減負」,家庭加負,學生增負的現象。其實,孩子除了學好課本知識外,還應騰出時間,積極參加形式多樣的課外活動,接觸自然,了解社會,開闊眼界,增長見識,不斷提高實踐能力,培養綜合素養。二是加壓的方法問題,父母教育方法不當是造成學生負擔過重的主要原因之一。許多事實證明,父母干預越多,給孩子壓得越多,對孩子造成的壓力越大,反而難以成才。作為父母要注意培養孩子的學習興趣,而不是監督逼其去學習。其實在孩子們成長過程中,關注學習興趣的培養,比

逼著孩子學習某一點具體知識更重要。缺乏興趣的學習，負擔過重的學習，往往會在孩子們身上帶來新的問題，甚至出現厭學和叛逆心理。

　　因此，讓孩子有一個快樂的童年，讓孩子身心健康，這才是決定孩子人生道路的基礎。

讓孩子愛上閱讀（一）

　　許多年輕父母，往往是孩子喜歡什麼就買什麼，沒有目的和計畫，錢花了卻收效甚微。購買適於孩子閱讀的知識智力型報刊，使其廣泛涉獵新知識也是啟迪孩子智慧的好辦法。

　　閱讀其實是一件不限於孩子自己的事情。孩子很小的時候，他們所謂的閱讀，主要是在聽大人們講。大人把書買來，看著書，把故事講給他們聽，他們感動、快樂、也受到教育。

　　那麼，如何讓孩子愛上閱讀，如何正確引導孩子的閱讀呢？

　　孩子學會閱讀的過程首先是從認識具體事物開始的，其次是將聲音與具體物聯結，接著是認識圖形，最後才將抽象的文字與具體物及其聲音、意義連結起來。

　　孩子兩三個月大時，視覺發展尚未成熟，只能看到圖像模糊的影子或外形。到了一歲左右，才能看清圖畫書上的圖像。之後，通過旁邊的人告訴他這是什麼，圖像和聲音便產生連聯結，知道圖像是什麼，是貓、狗等。最後，孩子語言發展逐漸成熟後，知道物的聲音、意思，並且能將詞彙組成句子，並懂得字句語法。

　　經過這樣的發展後，孩子逐漸能懂得文字的含意，能自主閱讀。

　　孩子三歲以前是讓其建立閱讀興趣、閱讀習慣的關鍵期，專家也建議孩子閱讀要及早開始。如果此階段的孩子有充分閱讀的機會，日後語文及

認知能力的發展都會明顯比沒有閱讀習慣的孩子高，且能培養專注力，有助於日後穩定其個性。

雖然孩子閱讀的培養愈早開始愈好，然而，孩子的理解從具體到抽象，有一定的過程，只是早晚不同。這個過程很重要，父母不要心急，不要逼迫孩子，而應讓他自然發展。

一些父母對孩子讀書寄予過高的期望，期望孩子通過閱讀能迅速提高思想覺悟、提高學習成績、提高修養等。所以，不少父母在讀書的問題上特別容易與孩子發生衝突。比如，孩子總喜歡看輕鬆的卡通，而父母則希望他們看有教育意義的書。談到讀書，父母大多談的是「教育功能」，談的是「一本好書能改變人的一生」。但如果我們能冷靜地面對現實，我們就會發現，「一本好書能改變人的一生」是一個神話。我們可以想想，是哪一本書使我們成為現在的自己。現在又有哪本書能改變你的孩子的一生呢？現在的孩子生活在一個多元化的資訊開放時代，他們面臨著比我們當年多得多的媒介選擇。除了書，他們可以看電視，玩電腦，聽音樂，甚至可以透過網路獲得比書多不知多少倍的各種資訊。所以，我們要做的第一件事，就是降低對讀書的期望值。讀書是孩子的一種娛樂，或者說，讀書首先具有娛樂功能。娛樂是孩子成長的需要，沒有娛樂活動，孩子就不能得到很好的發展。尤其是現代孩子面臨較大的競爭壓力，特別需要這種娛樂媒介。一項調查說明，孩子接觸媒介是為了滿足娛樂需要，而不是為了接著「上課」。在大多數情況下，書籍是孩子們的娛樂工具之一，孩子不會單純為了學習而去看書。父母如果硬將其發展為一種單純的教育工具，那麼，孩子對它的態度就會像對待課本一樣了。

書籍中的文學作品是一種藝術，孩子成長需要體驗藝術。所以，當孩子閱讀文學作品時，父母應注重的是藝術方面的教育。

從媒介中學習是一種伴隨性質的學習，即在滿足娛樂需要的過程中，無意中學到一些東西，即傳統的寓教於樂。雖然無意中學到的東西對孩子很重要，但並不會因為重要就改變了閱讀的性質。孩子閱讀的意義既然是娛樂、是體驗藝術，在這個過程中，當然會發生伴隨性質的學習，即接受思想、知識方面的教育。

閱讀，除了可以令人快樂、獲得知識與資訊外，關鍵是可以啟發孩子們的想像力及創造力，培養他們的形象思維能力和文學再創作力。而這種能力對於一個經常看書的人來說，幾乎是必不可少的。

在電視、電腦出現前，人們如果看到一本小說，就會在人們的頭腦中將書中人物的形象和情節，通過自己的想像在小說的基礎上再創作出來。一千個人就有一千種不同的再創作，就像電視劇會有一千個不同的版本一樣。而自從有了電視、電腦一類的媒體後，人們的形象思維就被限制住了。比如，一提到曹操、諸葛亮，頭腦中必定是電視劇中的形象。

因此，對孩子而言，閱讀不但促進其形象思維和再創作力的發展，更是一種學習的媒介之一，能學習到自己穿衣服、吃飯等生活自理能力，或學習關懷周圍的人和事物、擴展生活經驗。比如，童話故事中發揮正義感、善有善報的情節，也可提供孩子正確的人生觀。

▌讓孩子愛上閱讀（二）

不同年齡段的孩子有不同的識字能力和理解能力，因此，父母要根據孩子的閱讀能力來選擇書籍。如果孩子特別喜歡閱讀，可選擇稍微高於孩子實際水準的書籍；相反，如果孩子不喜歡閱讀，可以選擇略低於孩子實際水準的書籍。

父母要為孩子選擇他們「喜歡」的書籍，那麼什麼是孩子喜歡的書籍

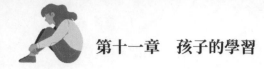

呢？可以根據孩子的下列表現來判斷：

✧ 當孩子走近書櫃時，他是否徑直走向某個特定的書架？

✧ 他是否懂得到哪裡去找科學書籍、小說或詩歌？

✧ 他有沒有跟在一兩個孩子後面，按別人的選擇來選書？

✧ 如果孩子閱讀時，看看孩子是否迅速進入了閱讀狀態，他實際閱讀的
時間有多長，是否經常談論與書有關的內容等。

　　如果孩子能自己直接找到一本書，不看其他的書，閱讀時迅速進入情
境，閱讀時間又較長，經常與夥伴談論書的內容，或做有關的遊戲，則說
明他對這類書感興趣。

　　父母要培養孩子良好的讀書習慣。這些習慣包括：

✧ 愛惜圖書。保持圖書整潔，不撕書，不折頁，鼓勵孩子保存看過的圖
書。

✧ 鼓勵孩子自己選擇讀物，和孩子討論哪些是適合他們看的讀物，哪些
是他們自己特別感興趣的讀物，並以此為標準推薦讀物。給孩子一定
的選擇讀物權力。如果為孩子訂閱報刊，請孩子自己選擇。

✧ 合理安排時間，父母可為孩子安排專門用於閱讀的時間。

✧ 定期買書或借書。教會孩子利用圖書館的技能，如圖書館是怎麼對圖
書進行分類的，怎麼能找到他最想看的書等。最好能參觀一下孩子常
去的圖書館，替孩子申請圖書證，幫助孩子適應圖書館；教給孩子買
書的技能。在孩子小的時候，每次買書都帶著孩子，商量好買什麼書
後，把錢交給他，讓他自己從售書員手裡親自接過書，完成模仿父母
買書的過程，這樣做比父母從街上帶回一本書更能讓孩子滿足。

✧ 鼓勵孩子記筆記。隨便寫什麼都可以，寫個簡單的書名也好，可以培

養孩子從閱讀中獲取一些東西的習慣。

❖ 創造好的閱讀環境。在家裡可以給孩子一個小書架，請孩子安排自己的書。孩子閱讀時，盡量保持安靜。

父母應經常與孩子交流。與年齡較小的孩子一起閱讀和創作（如編故事等），與年齡較大的孩子一起討論和交流。如果孩子在閱讀中提出問題，應盡量回答孩子的問題，同時，在家裡，最好常備一些少年兒童百科全書類的書籍。當孩子提出問題時，引導孩子從書籍中尋找答案。啟發孩子討論思想、藝術以及科學等方面的內容，盡量讓孩子發表自己的見解。

父母應鼓勵孩子利用讀物。許多介紹社會知識和科普知識的書籍有使用的價值。父母要鼓勵孩子在生活中利用這些知識。比如，某出版社出版的《兒童百科全書》，在講解什麼是機器的時候，作者介紹了家裡的鬧鐘、電動剃鬚刀、自行車等，也介紹了一種令人開心的「傻瓜機器」。這是一種滑稽設計，整個機器運轉的目的是為了叫醒一條酣睡的狗。作者在解釋了機器的運轉過程後，也請小朋友設計一種更為簡單的叫醒狗的機器。父母應該鼓勵孩子進行這樣的設計或創造，即使是非常不成熟的設計或創造。又如，孩子讀了地理讀物後，在旅遊時，可以讓孩子來設計旅行路線等。這種知識的利用不僅能增加孩子的閱讀興趣，還能增強孩子的自信心和培養孩子的科學世界觀。

一項關於兒童閱讀狀況的問卷調查是在七百餘名孩子及父母中進行的。在孩子組的問卷中，當被問及「最喜歡的圖書」時，回答的圖書屬於外國兒童文學經典的占 15%，屬於兒童文學經典的占 18%，屬於科普知識類的占 18%，屬於當代兒童文學讀物的占 14%，屬於外國現代兒童文學讀物的僅占 8%左右。

父母組的調查問卷結果與孩子組的結果大致相似。調查顯示，「父母

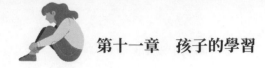

最喜歡的兒童書籍」也多為中外經典童話、故事及百科知識類。他們所回答的圖書屬於著名童話、經典故事的占44%，屬於科普讀物的占27%。而中、外現代兒童故事僅占7%（這當中，中、外兒童現代故事分別占5%和2%左右）。

　　父母對各類讀物的喜好其實也表明了他們對各類讀物的重要性的某種看法，由於父母往往是讀物的實際選購者，因此，父母的這種喜好直接影響到孩子的閱讀狀況，也由此逐漸影響了孩子對各類讀物的喜好。父母的看法與孩子的喜好雖然未必一一掛鉤，但這種密切相關的影響力不容忽視。教育界人士提醒父母，應注意避免將自己的看法和趣味強加於孩子。書對孩子來說，不只是書，更是玩具、朋友及跟大人溝通的橋梁。選書時首要考慮人，以孩子為本位，掌握適齡適讀的原則。

　　就選購書而言，還要考慮下列幾個方面：

✧ 封面印刷清晰優美。

✧ 裝訂牢固安全。父母要注意書的安全性，以免孩子在翻書過程中受傷，如立體書圖案是否有尖銳的角、紙張裁邊是否太利會割傷孩子、書的四角是否夠圓滑，玩具書的零件是否會脫落、或毛屑是否會掉落令孩子過敏等。

✧ 紙張白度適中不反光。對保護孩子視力較好。

✧ 字要大點，讓孩子看清楚。

✧ 文字流暢。內容語句的重複可和孩子產生互動，且劇情簡單，孩子容易對故事留下印象，將故事帶進生活。

✧ 動植物主角擬人化。孩子對動物等充滿好奇心、接受度高，也較能融入故事。

✧ 圖文協調。能充分表達內文想要表達的東西。

營造一個豐富的閱讀環境，有助提高孩子的興趣。處處有書，讓孩子可隨處看到、拿到書，孩子興趣一來，自然就會去閱讀。

◇ **空間**：書要放在孩子隨手可拿到的地方，且要有固定的地方讓孩子放書，如書櫃下面幾層。只要不影響起居，即使是餐廳的櫥櫃也可安排空間。如孩子有自己的房間或家裡有足夠的空間，排一個乾淨、安靜的角落放置書櫃或書箱，有充足的光線、舒服的椅墊及小椅子，讓孩子覺得那裡就是看書的地方，只要想看書，就會去那裡。

◇ **時間**：可固定在睡前閱讀。此時孩子的精力已發洩得差不多了，通常能靜下心來看書，且看書有助於安撫情緒，能幫助孩子入睡。此時應盡量避免冒險或誇張的故事，除非閱讀時間長達半小時。講完後要再講溫馨的如某些小動物睡覺的故事。如此孩子會百聽不厭，並當成是睡前必要的活動。

如果孩子精神狀態不好或情緒不佳，就不要閱讀，否則孩子會將不好的感覺與閱讀相聯結，適得其反。

要有固定時間閱讀。久而久之，孩子會習慣在這段時間閱讀，並使之成為自己生活中的一部分。時間固定之後，孩子自然會空出這段時間，不會去做別的事，也會覺得這段時間的閱讀很重要。

同伴閱讀的經驗對孩子也很重要，可以產生良性競爭的作用，孩子們會去爭相說出自己的感覺。專家指出，因與朋友處於平等位置，是朋友，故想提出自己意見及想法的企圖會較強，孩子們會變得比較有批判性，大大提高了閱讀品格。同伴閱讀的經驗除可與兄弟或親戚如堂兄姊妹共同建構外，也可跟鄰居的小朋友一起讀。

學齡前階段可說是閱讀的黃金時期，幼兒雖不會自己閱讀，但會享受

第十一章　孩子的學習

其中的樂趣，且有較多時間來閱讀。進入學齡以後，孩子獨立閱讀的能力愈來愈強，再加上課業壓力增加，會漸漸脫離課外閱讀的階段。尤其孩子接觸、學習的事物愈多，興趣也更廣泛，可能會選擇別的事物，如看電視、上網，相對會剝奪掉一些閱讀機會。

看電視不用思考，可快速接收資訊，不用費腦筋，只要照單全收就好。但看電視會影響孩子的思考，且因聲光刺激多，聽覺刺激易使其浮躁，也會傷害眼睛，甚至模仿畫面，如暴力鏡頭。相對而言，閱讀沒有畫畫，較沒有直接的影響，且孩子會揣摩故事情節及發展，需要思考，與看電視不同，故父母要持續激勵孩子閱讀，並以身作則。孩子喜歡模仿，父母常常閱讀，也會讓孩子樂於閱讀、喜愛閱讀。

父母千萬不要罰孩子閱讀，相反，閱讀可以當做獎賞。有時孩子如果想在睡前看書，但時間太晚，就應禁止他。也可以告訴孩子這段共讀時間專屬於爸媽和他，變成親子間的專用時間。適時加以誘導，可讓孩子化被動為主動，孩子會更懂得珍惜。

豐富的閱讀經驗，使孩子的文字組織及語言表達能力更好，想像力也更豐富。閱讀雖然對孩子助益良多，但最重要的是閱讀本身所帶來的喜悅及滿足。它是件快樂的事，更是件好事，只要父母善加引導，書和閱讀就會成為孩子一輩子的好朋友。

第十二章　怎樣對待孩子

▎尊重孩子

要教育孩子，首先要尊重孩子。孩子最初的受人尊重的感覺就是從父母那裡得到的，尊重別人的意識也是在日常生活中經過多次的訓練、教育，不斷強化而逐漸建立起來的。

現在有些年輕父母由於自身受過良好的教育，對孩子的成長需求認識得比較到位，在日常生活中能尊重孩子。但也有相當一部分父母雖說也知道一些尊重孩子的道理，但在實際生活中卻做不到。在他們眼裡，孩子是自己的私有財產，子女必須一切聽從大人的安排。這樣的父母往往把孩子置於完全依附自己的位置上，而沒有把他們當成一個獨立的個體來對待。一旦孩子的行為與他們的意志相左，或達不到他們的期望與要求時，斥罵、棍棒便隨之而來。

尊重孩子應建立在正確的家庭教育認識基礎上，是一種真正發自內心的自覺行為。

尊重孩子的基本權利

隨著社會的進步，尊重孩子權利的問題日益受到人們的重視。早在1959 年聯合國大會就首次通過了《兒童權利宣言》，1989 年又通過了《兒童權利公約》，明確規定了兒童的生存權、發展權、受保護權和參與權。兒童的生存權包括生命權、健康權和醫療保健的獲得；兒童的發展權是指兒童擁有充分發展其全部體能和智慧的權利，具體指資訊獲得權、受教育權、娛樂權、思想和宗教自由、個性發展權等；受保護權提出了反對一切形式的兒童歧視，保護兒童的一切人身權利；參與權是指兒童有參與家庭、文化和社會生活的權利。《兒童權利公約》可以說是人類在對待兒童問題上的最重要的文明成果，是約束現代世界各國兒童政策的國際性公

約，也是當今成人正確對待兒童、父母善待子女的指導思想。作為現代社會的父母應該關心和了解這些知識，並努力實踐之。

遵循孩子成長發展的自然規律

孩子的發展過程是一個自然的過程，無論是孩子生理還是心理的發展，均有其自身發展的內在規律。在教育孩子的過程中，如果違背了孩子發展的自然規律，往往會把事情弄糟，這不僅達不到父母的預期效果，還會影響孩子的正常發展。在學齡前兒童的教育中，表現得較為普遍的就是父母缺乏等待孩子自然成長的耐心。許多年輕父母迫不及待地要求幼小的孩子學這學那，過早地讓孩子投入到所謂的「學習」環境之中，把識字、學拼音、計數、學外語當成早期教育的全部內容。父母這種片面的認識和盲目的舉動，背離了孩子的自然發展規律，加重了孩子的認知負擔和心理負擔，以致產生不良後果。

一項研究課題調查結果顯示：兒童夢囈、磨牙、夜驚、夢遊，五歲以上孩子遺尿等睡眠障礙的發生率高達 46.97%，其中一個重要原因就是學習壓力過大。孩子過早進入學習階段，免不了會遭遇種種困境與失敗，而不少父母只是一味地批評、責罵孩子，卻很少檢討自己的心態和行為。父母在急於求成的心理驅使下，往往只能接受孩子的成功，不能接受孩子的失敗。在這種狀況下，尊重孩子就談不上了。其實，孩子們需要的是自然發展的時間表，父母應讓他們逐個地、循序漸進地走完每一個發展階段。

尊重孩子的獨立人格和自我意識

身為父母，要認識到孩子是一個獨立的個體，孩子雖然年幼，但他們有獨立的人格和自我意識，他們有自己的想法和觀點。父母不能因孩子的弱小、尚需對父母的依賴，就無視他們的獨立人格和自我意識的存在。

第十二章　怎樣對待孩子

　　孩子的自我意識是孩子社會適應性發展的基礎，沒有良好的自我意識就沒有良好的社會適應性。自我意識包括自我感覺、自我評價、自尊心、自信心、自制力、獨立性等。在孩子很小和時候，這些素養發展不好，就會影響他日後適應社會的能力。孩子最早的自我意識來自父母是如何看待他的，當他肯定自己被父母愛時，他就能認識到做人的價值。孩子在兩三歲時，其自我意識逐漸形成，他們會提出「我自己來」「我自己做」的要求，並躍躍欲試地嘗試著做每一件事，這是孩子心理發展到一定階段的正常現象。可是許多父母生怕他們做不好，總是包辦代替，從而剝奪了孩子學習與鍛鍊的機會。當孩子到時候什麼也不會做或什麼也做不好時，卻又受到父母的指責與埋怨，這對孩子來說是不公平的。作為父母應隨著孩子年齡的增長和獨立意識的增強，通過各種方式以實際行動給予支援，如對孩子表示信任、讓孩子擁有獨立的空間、給孩子支配時間的自主權、尊重孩子的選擇、善待孩子的朋友，等等。

　　尊重孩子，還要注意保護孩子的自尊心。心理學家認為，自尊是一種精神需求，是人格的內核。維護自尊是人的本能與天性。孩子的自尊心是他們成長的動力。保護好孩子的自尊心，增強他們的自信心，這是做合格父母的責任。父母應懂得孩子的自尊心是他們一生做人的資本，不能傷害與踐踏它。

給孩子一定的自由空間

　　我們經常聽父母說，現在的孩子不愁吃不愁穿，要什麼有什麼，真是身在福中不知福。可孩子們說，爸爸媽媽總是逼著我學這學那，一點自由都沒有，真沒意思。為什麼現在的孩子備受寵愛，卻反而感受不到快樂呢？為什麼父母為了孩子省吃儉用，卻得不到孩子的理解？其主要原因在於父母總是

以自己的願望和感受來替代孩子的主觀需求，忽視孩子除了吃好穿好的需要外，還有渴望得到尊重、渴望獨立自主、渴望自由創造的需要。

這些需要的滿足，才能使孩子真正地感到快樂和幸福。孩子在最初的幾年裡是用身體、用活動、遊戲去感覺世界和認識自己的，而不少父母卻剝奪了孩子的這種學習方式和活動的權利，用各種各樣的學習安排把孩子活動的時間和空間都占據了，這對孩子的發展十分有害。研究表明，受父母支配太多、指責太多的孩子自我激勵能力很弱，創造能力和想像力的發展受到壓制，好奇心也受到打擊，他們很難發現自我價值。同時，孩子們由於過早地承受太多的學習壓力，從而早早地失去了童年的樂趣，沒有正常孩子那樣的歡樂，這將影響他們的社交能力和其他各種能力的發展及心理發育。

尊重孩子，就要把自由和獨立還給孩子，就應該讓孩子自主選擇自由探索，父母的責任僅僅在於引導孩子的行為合乎社會的規範。孩子成長的每一個年齡階段都有其特有的身心發展特點和生活內容，父母應給他們一定的自由空間，把原本屬於他們的權利還給他們。只有這樣，孩子身心發展的巨大潛能才能得以挖掘。

正視孩子間的差異

由於受遺傳因素和不同環境的影響，孩子間存在著一定的發展差異，這並不奇怪。可有些父母總喜歡拿自己的孩子與別人的孩子比。當自己的孩子比別人強時，父母就沾沾自喜，反之就不停地數落、諷刺、挖苦孩子，這樣很容易使孩子消沉、迷惘。孩子由於年齡小，見識少，他們往往以父母、他人的評價來評價自己，過多的批評、責罵容易使年幼的孩子迷失自我。其實每一個孩子的身心發展特點都是各不相同的，父母不能用別

的孩子的長處來比掉孩子的自信，也不要因孩子某方面的欠缺而否定他的一切，更不能照搬別的孩子的成功個案來培養自己孩子。父母要有足夠的勇氣承認並正視孩子間的差異，要懷著沉穩的心態耐心引導孩子，以他們自己的速度成長。父母要牢記，對孩子的信任與尊重是促使孩子健康成長的最佳營養品。

當然，尊重孩子並不是一味地順從孩子，而應追求尊重與要求的和諧統一。

作為父母，要放下架子，把自己放在與孩子平等的位置上，努力尋求與孩子心理上的溝通與默契。愛孩子，尊重孩子，使他們從中感受到父母的愛和自身的價值，並由此學會尊重父母、尊重他人，這其實是特別有效的教子良方。

作為父母，怎樣才算是尊重孩子呢？美國密蘇裡大學一位專門研究兒童早期教育的教授列舉了尊重孩子和不尊重孩子的表現和行為。

▍尊重孩子的表現與行為：

✧ 認真聽取孩子想要告訴自己的事情。
✧ 再忙也要抽出時間和孩子在一起玩。
✧ 與孩子一同玩。
✧ 和孩子一起畫畫著色。
✧ 賞識孩子的才能。
✧ 放手讓孩子自己去解決他們間的爭吵。
✧ 喜歡聽孩子最愛唱的歌。
✧ 對孩子做的事情表現出興趣。
✧ 與孩子進行目光交流。

尊重孩子的表現與行為：

❖ 鼓勵孩子要有自己的看法和觀點。

❖ 允許孩子做出自己的選擇。

❖ 盡量為孩子安排一個能與父母或某一方相協調的時間表。

❖ 允許孩子有自己的隱私。

❖ 通過語言或行動對孩子與眾不同的出色表現作出反應。

❖ 稱呼孩子的名字。

❖ 知道該如何去表達「不」。

❖ 鼓勵孩子有獨立性。

❖ 回答孩子提出的各種問題。

❖ 讓孩子把話說完而不將其打斷。

❖ 尊重孩子選擇朋友和活動的權力。

❖ 允許孩子犯錯誤。

❖ 意識到孩子有其個性。

❖ 與孩子打交道有靈活性。

❖ 允許孩子有不同甚至反對的意見。

❖ 愛惜孩子的東西。

❖ 給孩子轉變過渡的時間。

❖ 傾聽孩子的問題，並認識到該問題會給孩子的心理造成怎樣的壓力。

❖ 與孩子平等交談。

❖ 讓每一個孩子都有交流發言的機會。

❖ 徵求孩子對某個問題的解決辦法。

❖ 尊重孩子的觀點和看法。

❖ 沒有忘記玩耍娛樂對每一個孩子都是必不可少的。

❖ 不浪費孩子的時間。

第十二章　怎樣對待孩子

不尊重孩子的表現與行為：

✧ 不重視孩子的看法和觀點。

✧ 不理會孩子認為急需要引起自己注意的問題。

✧ 過多占用孩子的時間。

✧ 把孩子單獨撇下來不管。

✧ 沒有停下手中的活去專門傾聽孩子要對自己說的事。

✧ 用不耐煩口吻回答孩子的提問。

✧ 使用與嬰兒說話的腔調與幼兒交談。

✧ 自己心裡有事，借罵孩子來出氣。

✧ 打斷孩子間的交談。

✧ 為趕時間而中斷孩子正在進行的活動。

✧ 忘了履行自己許過的諾言。

✧ 代替孩子回答客人提出的種種問題。

✧ 雖花了時間和孩子在一起玩，但卻沒有投入感情。

✧ 舉止顯得很不耐煩。

✧ 挖苦嘲笑孩子。

✧ 對孩子大聲嚷嚷。

✧ 採用體罰方式使孩子陷於一種難受的處境。

✧ 對孩子寄予過高的期望。

✧ 常催促孩子。

✧ 沒有處理好自己的感情問題，沒有愛惜自己的身體。

✧ 辱罵孩子是「笨蛋」。

✧ 當孩子的需要與自己的時間安排產生了衝突時，顯得很惱火。

✧ 老是看到孩子的缺點。

✧ 忽略了孩子的情感。

✧ 偷偷地走近一個正在做著錯事的孩子身旁。

✧ 冷落孩子。

✧ 不給孩子機會解釋他的朋友為什麼受傷，是怎樣受傷的，或者事故發生的經過。

✧ 阻止孩子做他們真心喜歡做的事情。

信任孩子

沒有信任就沒有真正的教育。父母大都喜歡自己的孩子，但能否信任孩子卻成了一個未知數，因為許多孩子的行為令大人不解甚至反感，這怎麼談得上信任呢？譬如，當您的孩子考試考砸了，您會相信孩子的陳述嗎？您會不會懷疑他貪玩不用功？或者懷疑孩子智力有缺陷？反正，每逢考試過後，常常聽到大人訓斥孩子：「你這是怎麼學的？連這麼容易的題都不會，簡直是豬腦子！」有的父母帶孩子去測智商，有的父母送孩子去做感覺統合訓練，花了上千元也不奏效。一位參與過檢測的心理學教授感嘆說：「這個孩子沒毛病，是父母有病！」

心理學研究說明，在 0 ～ 14 歲的兒童中間，弱智兒童僅占 1.07％，而超常兒童則在 3％以上。也就是說，98.9％的孩子不存在智力問題，而是愛學不愛學、會學不會學、勤奮不勤奮的問題。即使是那 1.07％的弱智兒童，經過適當的訓練和熱情的鼓勵，也會有不同程度的進步。香港有些弱智兒童種的番瓜個兒特別大，這不是教育的奇蹟嗎？

當你的孩子考試成績不理想時，作為父母一定要相信孩子，相信孩子自己也是很痛苦的，相信孩子也是非常願意學好的，並相信孩子有能力達

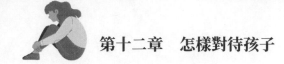

到自己所期望的目標。這種信任是非常重要的，因為它能使孩子在挫折面前鎮靜下來，得到精神上的鼓勵。與此相似的問題是，當你的孩子闖了禍，甚至犯下嚴重錯誤之時，你是否會說他是壞孩子呢？

「壞孩子」永遠是父母的忌言。相反，你應該對孩子肯定地說：「你是個好孩子！」這是一種更符合兒童心理發展的教育思想。

▌正確掌握對孩子的愛

有一位母親，她的孩子三歲，平時最不愛洗頭，有時她做錯了什麼事，便說給她洗頭，她就會嚇得馬上說我不再做那件事了。

一天早晨，她正跟一個四歲男孩在那裡洗頭，臉盆裡有一點水，可能是洗過手的水不太乾淨。她說「洗頭了，洗頭了。」就用手把水不斷往頭上抹。男孩子也幫助她往頭上澆水，笑聲充滿了整個房子。這真是一個很好的機會，父母完全可以利用這個機會，讓孩子學會洗頭，然後把洗頭的恐怖感去掉。

可是她母親一看這種情景，沖過來就大聲呵斥。這個孩子還沒有從洗頭的喜悅中走出來，就被這種呵斥弄得莫名其妙，於是就特別恐怖地站在那裡不知道怎麼辦。她媽媽轉頭對那個男孩說：「你怎麼這麼壞。」小男孩掉頭就跑，小女孩一看就哇哇大哭。然後她媽媽給她講了很多道理。說：「媽媽這麼愛你，你就是要天上的星星媽媽也摘給你，但是你不能這樣。」天上的星星太昂貴了，孩子想不起來要，她僅僅想要洗洗頭嘛。這些話孩子都聽不懂，孩子只知道一樣東西，就是大人的情緒，情緒往往是衡量愛的關鍵。

很多父母在孩子一旦開始獨立的時候，他的情緒就開始壓迫孩子。比如說，他希望孩子考大學、考研究生等等。這個想法是對的，但這個想法

的成立，必須建立在中學、小學、幼稚園的教育上，而最重要的是幼兒期。就從讓他洗頭、洗碗、到處觸摸開始，有了這個認識世界的良好開端，他自然就會發展到更高的認知狀態。但是你反復逼迫他，卻不為孩子花費更多的時間和精力，或者你所花費的時間和精力都是些「無用功」，不但於事無補，反而給孩子添亂，其結果是他最終考不上大學。

有一位母親，她弟弟經常酗酒，這位母親非常害怕她的孩子以後會跟她的弟弟一樣。所以她總對孩子講：「你不能跟你舅舅一樣，你不能跟你舅舅學喝酒。」她時時處處提醒孩子，使孩子感到非常壓抑。有一天她的孩子終於喝酒了，他想我一喝酒我媽媽大概就安心了。

實際上，父母對孩子生活上的過分照料（實際是成人對自己心理上的照顧）不但對孩子無益，而且對孩子的成長是有害的。孩子需要的是精神上的照顧和理解，也就是關心他的成長，關心他各種器官獨立，並逐步走向人格獨立的成長過程。這是愛孩子的關鍵所在。

美國在一個叫哈羅的人和他的同事做過一個經典性的實驗：將嬰猴養在一個有兩種無生命的「母親」的籠子裡。一個「母親」是用金屬絲做的，嬰猴可以從「母親」胸部隆起的橡皮乳頭吃到奶；另一個「母親」包著一層柔軟的有圈圈絨的布，但沒有食物可能供嬰猴吃。這個嬰猴抱著布做成的猴媽媽，而把嘴伸過去吃金屬絲做成的猴媽媽身上的奶。當實驗室裡放入一個嬰猴不熟悉的會移動的東西時，這只嬰猴會毫不猶豫地抱著布做成的猴媽媽。

這個實驗說明，兒童對吃不是很在乎，在乎的是不是在精神上能夠得到安全感。精神上的愉快占第一位，而不是吃的需求。這個小猴子在以後的成長過程中，把牠放入猴群中，不跟其他猴子合作，總是孤獨地呆著。後來這隻猴子沒有長大就死了。以後的實驗中，類似這種猴子即使長大

了，有了自己的孩子，他也會虐待自己的孩子。觀察我們周圍，人類的許多行為不比猴子強多少。孤兒院的嬰兒死亡率很高，很大的緣故是孩子得到的愛太少了。有些發達國家的孤兒院，物質需求能得到非常好的滿足，但孩子卻在兩歲時才能坐立，四歲時才行走，這完全是因為兒童沒有一個母愛的環境。

某幼稚園有條狗，孩子對待這條狗表現出三種狀態：第一種是特別喜歡這條狗，一來就把狗抱住或者跟它逗著玩；第二種是遠遠地見了狗就哭；第三種是虐待狗。把這三種情況分析一下，愛狗的原因是把狗當成了朋友，怕狗的原因是把狗當成了「野獸」，因此前兩種情況是正常的。為什麼有的孩子虐待狗呢？孩子本身並不知道他是在虐待狗。讓每個班的老師看看虐待狗的孩子是哪些。經過調查以後發現，虐待狗的孩子沒有一個是處在正常狀態中的孩子：他們平時膽小，容易看老師的臉色，做事情沒有自信，但他們打狗時卻很膽大，自信，而且用很多方法。他們都是心理上有問題的孩子，更深一點說是在「愛」的方面有問題的孩子。當有些孩子那樣的愛狗，同狗抱在一起，滾在一起，同狗親密地交談，那是一種自然與人交融在一起的感人的情景。可是當你看到那些虐待狗的情景時，你內心就會充滿悲傷和遺憾。

當一個成人愛另一個成人時，那個成人會明白他得到了愛。但當父母愛孩子時，孩子就學會了愛一切。愛是兒童成長的最好的食糧。有愛的能力是最美好的品格。心理學家說：「大腦是愛的器官。」我們知道無論老師如何愛孩子都無法完全代替父母，因為「愛」是不能透過任何其他經驗來代替的，只能透過父母來做好這一點。

擺正孩子在家中的位置

在家庭中，如果事事以孩子為主，他們一定會變得刁鑽古怪、得寸進尺，而且不管你付出多少，他們都會認為是理所當然的。所以，在一個家庭中，父母應居首要位置。夫妻關係是家庭整體健康的根本保證，孩子將會由於父母感情的和諧而獲得更大的利益。健康的家庭才能培養出健康的孩子，快樂的父母才能養育出快樂的孩子。

實際上，孩子不需要太多的注意。如果你隨時都在注意著孩子，孩子慢慢地就會有一種依賴心理。隨著依賴心理的增強，就會發展成一種習慣，對孩子日後的發展將會不利。孩子對幸福的認知只會圍繞一個想法，那就是他必須隨時獲得注意，才會有安全感。這種習慣阻礙著孩子自信的發展。

孩子最終是要脫離父母而獨立的，父母的任務是幫助他做到這一點。如果孩子總是籠罩在父母的注意力之下，就阻礙了孩子邁向獨立，而且獨立不是在孩子 18 歲以後，是在出生後一朝一夕之中的培養，是一個漫長的、漸變的過程。在這個過程中，孩子逐漸減少對父母注意的需求，父母也逐漸減少對孩子的注意。因此，為人父母一定要了解給予孩子的注意力是很快就會達到極限的。一旦超出極限，注意力對孩子的獨立將是弊大於利。

無論是父親或母親，首先都是一個人。作為一個人，他自己的需求要靠他自己來滿足，如果為了孩子把這些需求都置之不理，是不合乎心理健康要求的。因為，自己的需求與願望得不到滿足，家庭與婚姻就會受到影響，孩子的需求也很可能得不到滿足。父母作為家庭的中心，當然有權在家中「當家做主」。有些離了婚的父母，想要再婚時，竟然要得到孩子的

同意。當然,有些事是該同孩子商量的,而且允許孩子提出意見,可像這樣的婚姻大事,根本是不該讓孩子做主的。這完全是父母自己的事,當然是父母自己做主。有些父母任由孩子占用電話瞎扯或大叫大鬧卻不會強令禁止,實際上,無限制地容忍對父母對孩子都沒有什麼好處。

在生活中,夫妻之間爭吵時常常會徵詢孩子的看法。當孩子贊同一方的看法時,另一方便敗下陣來。這種以孩子決勝負的 2:1 絕對不可取的。意見不一致是人際關係中很自然的事,而且是不可避免的事。當關係逐漸親密時,意見不一致的可能性也隨之增大。在任何人的婚姻中,不可能沒有意見不一致的時候,但卻可能很少爭吵。爭吵只是正面應付意見不一致並設法解決的一種方式。首先,要讓孩子知道爭吵是隨著婚姻而來的,然後,要孩子了解,爭吵並不會把人摧毀。最後,要讓孩子學會如何與他人進行建議性的爭吵。如果你希望孩子能懂得爭吵不一定都具有破壞性,父母就有責任以文明、具有建設性的方式進行爭吵。這並不是說不能提高聲音,但絕對不能相互誹謗、辱罵。要尊重對方的觀點,所表現的態度是積極傾聽,除了交換彼此的看法外,還要討論其他的辦法,並且設法取得雙方都贊同的解決結果。所以,當著孩子的面爭吵時,任何一方不能帶有傾向性地徵求孩子的意見。如孩子想要打斷時,應該說:「我們意見有點不同,如果你不喜歡聽,你可以到自己的房間去。」當然,父母談的某些問題,無論是否在爭吵,最好不要讓孩子聽到。有時候,要等到孩子睡了之後,才能把意見不一致的事情提出來討論。這不是說家中的事不讓孩子參與,而要看是什麼事,有些事不但要讓孩子參與,而且還應該採納孩子的正確建議。提倡家庭成員之間的關係是民主、平等的,「關係」與「位置」是有本質區別的。

你是哪種類型的父母

有的父母不許孩子鎖自己的抽屜；有的父母要檢查孩子的日記；更多的父母是限制孩子除學習以外的一切社會活動和人際交往。有個女孩子，在家裡沒有接電話的權力，電話鈴一響，父母必先接，如果是女孩子來電話，她可以接，若是男孩子來電話，父母則當「信使」，一切事情負責轉告。

在力量強大無比的傳統觀念影響下，父母們希望自己的子女成材，他們相信自己應該對孩子的成長負主要責任，如果給孩子太多自由，放棄對他們的約束力，孩子就會出各種問題，而社會則認為這樣的父母是失職的父母。

研究資料表明，臺灣的父母以及生活在美國的華裔父母，對孩子也大多持這種態度。

這個問題涉及從 1970 年代起在國際上普遍受到重視的父母教育方式問題。1960 年代末期，美國有一位女心理學家，名字叫戴安娜‧鮑姆琳德，她深入成百上千個家庭，親自觀察、了解父母的教育方式，最後她把父母的教育方式劃分為最基本的三種類型：權威型、寬容型和專制型。

按照鮑姆琳德的解釋，權威型父母認為自己在孩子心目中應該有權威，但這種權威來自他們與孩子經常的交流，來自父母對孩子的尊重和理解，以及父母對孩子的卓有成效的幫助。例如，權威型父母想對孩子提出一個要求，孩子可以對這個要求提出異議並說出自己的理由，在這種情況下父母就會改變自己最初的要求，而提出另一個更適合孩子的要求。權威型父母與孩子的溝通很好，親子之間彼此互相了解對方的心思和願望。在孩子遇到困難時，父母會不惜時間和力量給他們以切切實實的幫助。

第十二章　怎樣對待孩子

　　寬容型父母很少向孩子提出要求，他們給孩子最大的行動自由，把尊重孩子的個人意願放在首位，甚至採取「聽之任之」態度。但寬容型父母和孩子之間有很好的溝通和交流，在孩子需要幫助時，他們也願意提供幫助。

　　專制型父母要求孩子絕對聽從自己的意見，「我養大了你，你就得聽我的」，這是專制型父母的基本信條。在專制型家庭裡，孩子的自由是有限的，因為父母希望孩子的所有行為都受到保護和監督。他們希望孩子按照自己為孩子設計的發展藍圖去成長。他們與孩子之間的關係是不平等的，是一種「大人」和「孩子」的關係，是「管」與「被管」的關係。因此，相對來說，他們之間的溝通是不好的，而且這樣的父母儘管心是好的，他們對孩子是「恨鐵不成鋼」，但他們卻往往不能向孩子提供切實有效的幫助。

　　大多數父母的教育方式，用鮑姆琳德的標準來劃分，大概介於專制型與權威型之間的方式。在相當長的一段時間裡，這種家庭教育的基本方式大概很難改變。

　　生活在美國的華裔，在學校的學習競爭中不比美國兒童差，但他們同時也做出了犧牲，這就是他們犧牲了對自由、自主的追求。他們在學校時有著勝過美國人的聰明才智，但在走上職業以後，從總體上看，他們的職業成就大多數不比美國人強，儘管他們也加入美國國籍，是道地的美國公民，但他們更多地是在歐裔美國人的領導下工作。例如，在美國最有名的微軟公司、IBM 公司和許多所美國大學裡，亞洲人很多，他們在自己的技術和研究上發揮著極其重要的作用，但是，從總經理、總裁，到部門經理和研究項目的主持人，卻大多是美國人。華裔美國人只能支配自己領域裡的技術問題，卻很少能支配別人，也不能支配自己創造出來的產品。

　　做父母者究竟應該繼續對孩子「專制」下去，還是應該反思一下，朝著「寬容」的方向鬆動呢？

　　專制的父母還是有必要改變自己的觀念，學習一下美國的父母，像對待朋友那樣對待自己的孩子。

跟孩子訂個協議

　　法國思想家盧梭（Jean-Jacques Rousseau）曾提出一個觀點：老師和學生之間應該形成一種平等的協議關係。在他之前，沒有人這樣說，因為老師歷來是管學生的，學生只能是被管的，學生怎麼能跟老師訂協議呢？那樣不是把老師貶低了嗎？

　　什麼是協議？協議就是雙方經過談判，為了確定各自的權利和義務而訂立的一種對雙方均有約束力的約定條文，它可以是口頭的，也可以是書面的。像小孩子們一起玩彈玻璃球、跳房子之前大家「說好」的規則，就是一種口頭協定，玩撲克牌，先說好，誰輸了就鑽桌子、在臉上貼紙條，也是協議。人的協議，如國家要購入 50 架波音飛機，要先談判，談好條件，價格是多少，交貨時間等等都寫進去，雙方必須遵守，不得違約。協議本身帶有一種平等的性質，因為它必須是雙方都同意的。

　　現在在許多發達國家，不但師生之間包含著這種協議關係，家庭裡也有不少這種協議關係，如夫妻結婚之前先訂個婚前協議，怎樣處理婚前各自的財產，父母與子女之間訂的協議，則比較多地帶有教育性，大多是為了訓練孩子的行為而訂的。

　　在美國的一個再婚家庭，少年阿爾伯特是個非常不聽話的孩子，他與繼父關係很緊張，平時對繼父總是繃著臉，對立情緒很嚴重。甚至為一點小事用菜刀威脅繼父，嚇得繼父找來員警管他。後來，心理學家採用訂立

協議法，解決了這個家庭的問題。心理學家了解到阿爾伯特特別喜歡開汽車，希望自己有一部汽車。就讓他的繼父用 400 美元買了一部舊汽車，之後和阿爾伯特訂立了這樣的協議：

繼父借給阿爾伯特 400 美元買一部二手汽車，以後每週支付 5 美元，但只要做到下列各項就可充抵 5 美元：

◇ 週日到週四晚上能留在家裡，或在 9:30 之前把汽車鑰匙交給繼父（每晚 4 角）。

◇ 週五、週六晚上能留在家裡，或在 12：00 之前把汽車鑰匙交給繼父（每晚 6 角）。

◇ 每週一次，在白天（具體時間由阿爾伯特自定）把門前屋後的草坪修整好（每週 6 角）。

◇ 週一到週五每天晚飯前把家裡養的狗餵好（每次 1 角）。

◇ 每天 6:30 前回家吃晚飯，或按早上母親說的時間按時回家吃飯（每次 5 分）。

◇ 早晨離家前，最遲不超過中午，收拾好房間（每天 5 分）。

如果阿爾伯特做不到怎麼辦？協議裡也寫得很明白：不能做到上述條款，就要給處罰，具體辦法是：

◇ 按不能做到的條款的價值，對阿爾伯特在下週限制使用汽車，每缺 5 分錢就限制 15 分鐘。

◇ 上述限制由繼父執行。

◇ 如果什麼都做不到，則在下一週完全剝奪汽車使用。

如果阿爾伯特做了其他好事，他可以向繼父和母親提出來，商量這些好行為的價值。協議雙方只要提出要求，均可以修改甚至重新訂立協議。

　　這份協議還真靈驗，從此以後，阿爾伯特很快地改變了他不聽話的行為，為了儘快地得到這部汽車，他還表現出了許多意想不到的好行為，他與繼父之間的關係也變好了。等到這部汽車屬於阿爾伯特自己所有之後，他與繼父之間已經建立起了親密的感情。

　　在家庭教育中，有些父母常常覺得孩子有許多缺點，如不愛學習，不聽話，跟父母頂嘴，任性，固執，不愛勞動，不關心父母，出門不通知父母到哪裡去，等等。而有的孩子覺得爸爸媽媽說話不算數，答應的條件又變卦取消，因此父母子女之間形成對立。在這種情況下，採用訂立協定的方法，既能規範孩子，也能規範父母，而且能夠建立起父母與子女之間一種關係模式，這種模式可以培養孩子的公平、公正意識以及遵從正確教導的行為習慣。這種模式一旦形成，孩子的很多壞毛病，像任性、固執、懶惰、自己管不住自己等都可以迎刃而解了。

　　跟孩子訂協定時應該注意，協定最好是文字性的，特別在矯正孩子的比較頑固的不良習慣時。在協議執行過程中，父母要嚴格檢查，作紀錄，對孩子做的情況進行及時地評價。父母發現協定有缺點和需要改進的地方，要及時修改協議。父母要起到監督作用，執行協議要不折不扣，客觀公正。孩子按協定做了，就一定要履行協定，滿足協定上規定的條件，父母不能反悔。

　　人與人之間的協議關係，是資本主義社會最早、最重要的產物，其思想淵源也是來自 18 世紀法國傑出的思想家盧梭，來自他的代表作《民約論》，因為寫了這部為所有人爭取自由、平等的宣言，盧梭幾乎一生都在被迫害、被追捕，不得不東躲西藏。後來經過資產階級革命，封建統治被推翻，資本主義得以發展，社會協議才成為人們普遍接受的處理社會關係的原則。

我們沒有經歷過真正意義上的資產階級革命，沒有經歷過西方的「文藝復興」。雖然社會上長期以來也流行請中人「作保」的立字據式的協定，但那種協定的意義很單純，大多只涉及買賣關係。誰能接受父母與孩子之間的協議關係呢？父母和孩子訂立協議，首先必須改變傳統的父母與子女不平等的觀念。

　　有心理學者曾經成功地用這種方法對一個小學生的作業潦草行為進行矯正。這個小學生寫的字東倒西歪，字的大小不一，行與行不分，筆順不規範，作業和測驗經常因此被扣分。另外，這個小學生的生活習慣也過於隨便，如書本皺褶，文具凌亂等。對他進行多次規勸和告誡都不管用。但是，有一次，老師發現，當他知道認真做作業後可以獲得一本自己愛看的書時，他便會下功夫仔細做作業，字跡比平常清楚了許多。研究者決定用訂協議的方法對他進行糾正。

　　他給這個小學生提出的要求是，每天仔細、認真地做作業，認真書寫，字跡端正清楚，成績有進步，同時生活習慣要有所改進。給他的獎勵物是一種「代幣」，就是硬紙做成的小圓紙片，上面寫有 1、2、5、10 等分值。做到了某種行為，就獎給相應的分值，用分值可以換他喜歡的食品、活動，如對照字帖練 100 字，筆順正確，可以得 8 分；數學家庭作業字跡清楚，沒有扣分，得 3 分；作文、周記每篇 500 字以上，字跡工整，可以得 15 分；整理書包，可以得 2 分。如果某些行為違犯了協議上的規定，還可以扣分。

　　得到的獎勵分做什麼用呢？在協議上也有明確規定，例如，吃愛吃的食物，7 分；看動畫片 15 分鐘，7 分；選愛看的一本書，40 分；買一套新的運動服，500 分；和爸爸一起去露營或長途旅行，1000 分。

　　經過兩個月的訓練，這個小學生的語文成績提高了，做作業花的時間

少了，作業潦草行為大大改觀，其他行為如衛生習慣，愛勞動，生活作息等也有明顯進步。

訂立協議對有些比較調皮的孩子尤其管用，即使對那些懂事、聽話的孩子，也不失為一種培養平等、守約觀念的好辦法，父母不妨一試。

交給孩子選擇權

充滿民主的家庭教育，要求父母尊重子女「選擇」的權利。在家庭中，子女與父母當然會有不少分歧：有生活方面的（晚飯吃什麼菜呀，今天穿什麼衣服呀，房間怎麼布置呀等等），有學習方面的（學習時間的安排，學習計畫的制定，學習方法的採用等等），還有思想認識方面的（對某種社會現象的不同評價，對某部電視劇的不同看法等等），而對孩子的不同見解，父母們應該高興而不應慍怒，因為這說明孩子試圖用自己的大腦進行思考並嘗試不依賴大人的幫助而自己獨立前行。這時，父母明智的做法是與孩子一起商量，在親切的交談中探討、比較各種方案或觀點的優劣，從而引導孩子做出正確的選擇。

也許有的父母會說：「孩子的選擇不一定正確，因為他們畢竟還小呀！」是的，尊重孩子的選擇並不能保證孩子每一次選擇都是正確的。這就要求父母們在尊重孩子選擇權的同時，還應培養孩子的「辨別」能力。不過「辨別」的能力也只有在「選擇」的實踐中培養。所以，父母最好的培養辦法還是多為子女提供「自作主張」的機會。孩子需要添置衣服了最好在式樣、顏色等方面由孩子做主；星期天，最好讓孩子辦一天伙食，吃什麼、怎麼吃由他去操心；學習上遇到困難了，父母就應幫著出出主意，但解決問題的辦法最後還得孩子自己拿……

在這個過程中，孩子肯定會摔幾個跟鬥、走一段彎路，但選擇的能力

正是在一次次選擇的嘗試中得以提高。父母千萬不要用「不聽老人言，吃虧在眼前」的責備來剝奪孩子的選擇甚至阻止孩子選擇的實踐。

有一個很優秀的女學生王霞，她的家庭教育有一個很明顯的特點：父母無論大小事最終都是讓女兒自己拿主意，他們只作一些點撥；即使出現分歧，他們也充分尊重女兒的意志。王霞高一擔任班長，進入高二後她又準備競選學生會幹部。她的父母考慮到學習負擔越來越重，不主張王霞當學生會幹部。但王霞覺得自己學有餘力，而且到了學生會可以更全面地鍛鍊自己的能力，因此，堅持要參加競選。於是，她父母不但同意了女兒的選擇，而且積極為她的競選出主意。高三畢業前夕，王霞與父母在填報志願的問題上又產生了分歧。父母希望她報電腦等熱門科系，而王霞想報考她喜歡的地質系。父母和王霞坐下反復討論、商量，但王霞仍然堅持自己的意願。她說：「電腦系雖然發展前景廣闊，但我毫無興趣；地質系雖屬冷門，但我熱愛。」父母再次依從了女兒，王霞後來考上了某大學地質系。後來，王霞父母說：「我們就是做地質研究的，深知其艱苦。但王霞未來的人生之路畢竟應由她自己走。因此，我們當父母的雖然感到遺憾，也只能尊重女兒的選擇。」

需要說明的是，尊重孩子的選擇與孩子尊重父母的選擇是不矛盾的。在充滿民主氣氛的家庭中，尊重是相互的。父母不把自己的意志強加給孩子，並充分理解並善於聽取孩子的合理主張，這實際上是為孩子樹立了一個尊重他們意見的榜樣。

▌善待孩子的成績和榮譽

著名教育家陶行知說：「小心你的教鞭下有瓦特，你的冷眼裡有牛頓，你的譏笑裡有愛迪生」。

　　分數只是在一定程度上反映了學生掌握知識的狀況，而不能完全反映學生的智力水準，更不能以分數高低來衡量學生的優劣。孩子的年級越低，學習內容相對較簡單，考試分數也較高一些。隨著年級的升高，學習科目增多，內容加深，考高分就不容易了，而且分數還與題目難易程度、覆蓋面大小、孩子的身體、心理狀況等多種因素的影響有關。因此，父母不能只看分數多少，硬性規定指標，不然會壓抑孩子的學習積極性，使孩子產生厭學、畏懼心理，還會造成孩子撒謊、考試作弊等不良行為。

　　心理學家指出，人的能力，除智力外，還有語言能力、交際能力、操作能力和運動能力。我們有什麼理由看到孩子的某次分數不高而失望呢？父母可以幫助孩子認真分析試卷，總結學習情況，肯定其進步和優點，指出不足，並耐心啟發孩子，正確看待學習成績。

　　父母應科學對待孩子的考試成績。當孩子的考試成績不理想時，有的父母不能正確對待，往往對孩子做出強烈的反應。

　　有些父母「望子成龍」心理過於迫切，一旦孩子達不到目標，就恨鐵不成鋼，對孩子橫加指責，嚴屬處罰，肆意打罵，嚴重阻礙了孩子的身心健康；有些父母不管孩子的學習，從不過問孩子的考試情況。這樣使孩子不努力學習，考試成績下降；有些父母常常無意識地對孩子進行諷刺、挖苦，嚴重傷害了孩子的自尊心，使孩子失去了自信心和自覺性，產生了自卑感。父母這些不正確的處理方式是一種錯誤，不僅對孩子日後的改進毫無幫助，甚至可能產生相反的作用。利用懲罰的手段，去期望孩子獲得改進，是事與願違的。

　　父母怎樣對待孩子的考試成績呢？

◇　**擇善讚賞**：如果你的孩子有幾門功課不及格，不要發怒，也不要憂慮，應平心靜氣，在孩子的成績單內「發掘」一些可以稱讚的「成

就」，及時給予讚賞和鼓勵，同時指出不足，不使孩子喪舞信心，以激發孩子努力學習的熱情。

❖ **探查原因**：父母應與孩子一起探查某些科目成績欠佳的原因，可以向孩子提出一些問題，例如，「你能否解釋某一科目成績低落的原因」？「是否經常完成老師布置的作業」或「該科目在學習上是否有困難」？等等。在探查原因的過程中，父母始終要態度和藹，使孩子敢說真話，不作搪塞的回答。一方面，父母要堅持深入地探究分析，直至能和孩子共同總結出失利原因和改正措施為止。另一方面，父母不要發怒，不要責備孩子。

❖ **合理解釋**：父母在查問原因的過程中，不要接受孩子的「我不知道」這種回答，要讓孩子做出「合理」的解釋。所謂合理的解釋，就是幫孩子總結出導致成績低下的真正原因。當然，在這些原因中，包括了正面的和反面的。比如功課太艱深，是屬於正面的；而自己懶散和上課時注意力不集中等，則是反面的。當孩子做出了合理的解釋之後，父母一方面要和孩子共同提出改進的方法和今後應該採取的行動；另一方面要讓孩子提出需要協助的要求，父母應該想方設法切實地給予滿足。

孩子的成績欠佳，父母一般不要懲罰，而要多用鼓勵和理解的態度，激發孩子樹立信心，努力學習，迎頭趕上。在萬不得已要採取某種懲罰手段時，也要防止孩子產生抵觸情緒，避免孩子失去自覺改進的動機。

德國作家席勒有句名言：「還有比生命更重要的，那就是榮譽。」如何正確對待孩子的榮譽，也是一個值得父母重視的問題。

當孩子被評為三好學生，優秀班幹部或參加文體比賽獲得了獎後，一

些父母卻漠然視之，無動於衷，有的甚至把孩子的獎狀視若敝屣，使孩子的自尊心受到極大傷害。而有的父母卻過分重視孩子的榮譽，在孩子取得成績或獲獎後，廣邀親戚朋友來到家中慶賀，並且通過各種關係和多種途徑大加宣傳張揚。

西班牙作家賽凡提斯（Miguel de Cervantes）認為：「榮譽和美德是心靈的裝飾。要是沒有它，肉體雖然很美，但不應該認為美。」英國唯物主義哲學家洛克在《教育漫話》中說過，榮譽雖然不是德行的真正原則和標準，但是它離德行的真正原則和標準是最近的，它是一種指導鼓勵兒童的正當方法。生命是短暫的，榮譽是長久的；榮譽的桂冠，都是用荊棘編織而成的。孩子通過不懈努力以得到的種種榮譽，父母應該珍視，同時又要掌握分寸。

▋允許孩子犯錯

一個留學生到美國老師家做客，無意中看見老師不滿三歲的孩子拿著一把鑰匙，動作笨拙地試著插進鎖孔中，想打開臥室的門，可是怎麼也插不好打不開。於是留學生主動過去想幫他一下，卻被美國老師阻止，並說，讓他自己先犯些「錯誤」吧，琢磨一會兒總能把門打開，這樣他就再也不會忘記這門應該怎樣打開。果然，那孩子折騰了很長時間後，終於如願以償，他欣喜地大拍其手，興高采烈的程度絕非大人幫他開門所能比。

其實，孩子作為社會中的一個人，不犯錯誤，沒有失敗是不可能的，關鍵是我們教師、父母應學會如何面對和處理孩子的失誤。

孩子的錯誤大致有兩類，一是長輩應予以立即糾正的。如亂丟垃圾、不講整潔、欺侮弱小等，一旦放任以後就難以收拾。而另一種，即孩子能夠自行糾正的，主要是如何適應生活的那一類，卻是應該允許其犯一犯錯的。

第十二章　怎樣對待孩子

　　如前所述，孩子不斷犯錯誤的過程，其實正是不斷改正錯誤、完善方法的過程，假如不給予這類機會，輕易地幫他打開門，非但剝奪了孩子尋求正確「開門」方法的樂趣，也會使他們變得懶於動手，疏於嘗試，習慣依賴他人。其實，正像曾經迷過路的孩子再也不會忘記回家的路一樣，往往只有犯過「錯誤」，才能糾正錯誤，少犯錯誤。

　　據報載，日本科技廳鑑於近年科技領域相繼發生重大事故和失誤，設立了一個令人耳目一新的機構——「活用失敗知識研究會」。它的任務是構築「失敗學」，把科技領域裡發生的事故和失誤等搜集起來作為「知識資源」，以從中獲取有益的經驗。日本科技廳的一份報告認為，新的知識和發現以及科技的開發，不少都是建立在不斷失敗的基礎上的，從事故和失敗中一定能夠學到知識，把從中得到的教訓作為社會共有的財產，是提高技術可靠性的有效手段。日本人對待失誤的態度很是值得父母學習、借鑑。

　　孩子是一個正在努力求得完善和發展中的人，他們知識貧乏、經驗缺乏，生理、心理尚未成熟，父母不應苛求孩子不犯錯誤。其實犯一些錯誤，「聞過則改」，有助於孩子的成長，而父母需要做的是如何將「犯錯誤」過程中不利的、消極的因素轉化為有利的、正面的因素，多給孩子「嘗試－錯誤－完善」的機會。

　　容不得孩子的一點兒錯誤，過分的照顧，太多的「言傳身教」，一味地指責懲罰，恰恰牽制了孩子的想像力和動手能力，抑制了他們改正錯誤的勇氣和信心，也傷害了他們的自尊，最終不利於培養他們適應社會的能力。

孩子本無錯

　　有的孩子不僅犯起錯來膽大包天，而且如果你想管管他，他還有一大堆道理。每當碰到這種情況，你也許會認為自己很失敗，甚至可能有些惱羞成怒。但是孩子畢竟還是孩子，因此，最重要的不是憤怒，而是思考。是什麼使我們的孩子變得粗暴無禮的呢？有人認為「當今學生不缺溝通和激勵，缺的是管教」，顯然，這還是有點偏激了。

　　近年來，在教育界的確引進了不少新的觀念，如宣導激勵教育、賞識教育等。父母們也做了很多努力，與孩子們接近和溝通。但是，絕不是因為激勵賞識太多使孩子們變得嬌縱無理，孩子們不服管教，原因是多方面的。

　　不服管教的孩子，在學校大多是所謂的「差生」，學習成績一般偏下。而成績好的學生大都比較乖，為什麼呢？大家都知道，在現行教育中，分數幾乎是衡量一個學生優劣的惟一標準，成績好的學生受老師寵愛，受同學尊敬，在班裡威信高，他們的心理更容易得到平衡。而一個不能考高分的學生，即使比別人更誠實、更健壯、更樂於助人，也很難博得老師歡心，在班裡也得不到重視。

　　舉一個小例子，同樣是一次遲到，成績好的學生容易被認為有合理的理由而原諒，而成績差的學生就有可能被責問是不是睡懶覺了。孩子們的心靈是很敏感的，他們非常清楚老師對自己的喜歡、欣賞有多少。長期處於一個群體中而不被承認，很容易使人變得壓抑和易怒，更何況是正處在「懷疑一切，反抗一切」的青春期的孩子們呢？

　　再看看我們的管教，在以成績第一的前提下，管教往往就是讓孩子們心無旁騖地學習，而很少考慮孩子的其他需求，試問這種「管教」能不遇

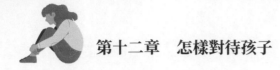

到反抗嗎？其實愛玩是孩子的天性，很多父母也不是不明白這一點，但在成績、升學率的重壓下，卻不得不「嚴加管教」，於是，那些不服「管教」的孩子就成了「刺頭」。談到溝通，稍微做一些調查就會知道，父母能與孩子進行平等、有效溝通的，絕對是少數。而老師也許能做到和學生平等地談話，但多是諄諄教導和灌輸，很少讓孩子可以保留自己的觀點與看法。活躍的思想，青春的煩惱，我們又能有多少人可以和他們感同身受？有些父母還往往認為「管你是為你好」，因而理直氣壯，這樣矛盾就很容易激化。

相信無論多麼難纏的孩子，他也都是一個孩子，美好和純潔是他們內心的主流。以肯定和賞識的目光注視他們，愛他們，是不會寵壞他們的，因為愛是最好的教育。

▌平民化的態度

如何成功地教育孩子的呢？很重要一點就是父母的平民化的人格力量。

孩子人格的好壞，直接受父母的影響，父母的人格力量是潛移默化地通過模仿、暗示和感染而影響、傳遞給孩子的。這些父母雖然沒什麼文化，但有人格力量，他們不僅教育孩子學習好，更教育他們首先學會做人，做一個什麼樣的人。

上海婦聯的一項調查也顯示，有一些母親的學歷越高，對子女的管教越嚴格，越可能導致兒女不成器。高學歷母親，大多持「嚴教型」態度，她們將自己作為孩子的比較對象，對孩子提出更高要求，不願讓孩子「順其自然」地發展。同時，她們用於工作的時間要比低學歷的母親更多。因此，直接參與育兒的時間較少，與孩子缺少親情。專家指出，這種狀態對孩子的健康成長沒有好處，建議父母應該以平民化的態度來對待孩子。

▎「精神虐待」不可取

童年少年是最美好的時光，也是一個人身心完整的發育成長的階段。這個時期的情緒體驗既顯得「單純」，又終身難忘，它對一個人的心智結構、道德觀念、性格模式的形成至關重要，深深影響著人的一生。

「精神虐待」有多種表現。有些父母為了給孩子施加壓力，或者發現了孩子的思想違背了自己的意願，便採用警告、恐嚇、揭短、諷刺等方式來治服孩子，這極大地束縛了孩子的想像空間和創造精神。有些父母為了防止孩子產生驕傲情緒，便常用挖苦的形式拿別的孩子的優點來比照自己孩子的缺點，這使得自卑這團烏雲遮蓋了孩子的心靈空間。眾多的精神虐待並沒有使父母感到滿意，繼而父母又加大了「精神虐待」的強度，導致了惡性循環，並且誘發了孩子的叛逆心理，使兩代人的隔閡越來越深，甚至產生敵對情緒。

「哀莫大於心死」，父母用尖刻的語言奚落、諷刺、挖苦孩子，表面上看比體罰「文明」，但它帶給孩子的傷害絕不會比體罰小。體罰更多傷害的是孩子的身體，而「心罰」更多傷害的是孩子的心靈。受「心罰」的孩子自尊被摧毀，自信被打擊，智慧被扼殺。

兒童心理教育專家認為，孩子性格的養成是從小潛移默化培養出來的，在孩子成長的過程中，經常使用帶有懲罰性質的話語，會使孩子養成自卑膽小的性格，或者產生對立情緒。有些父母認為孩子年齡還小，沒有自尊心、羞恥感，這就錯了，其實再小的孩子也有自尊心，只不過孩子的自尊表現形式不一樣。

俗話說：「良言入耳三冬暖，惡語傷人六月寒」，家庭教育成功的父母是深知「良言」妙用的。他們善於觀察與揣摩子女的心態處境，然後選

擇時機有針對性地用「良言」撫慰他、溫暖他、激勵他。當孩子受窘時，不妨說幾句話解圍；當孩子沮喪時，適時說幾句熱情的話予以鼓勵；當孩子疑惑時，及時用柔和的語言給他提下醒；當孩子自卑時，不忘記用他的「閃光點」燃起他的自信心；當孩子痛苦時，盡量設身處地說些安慰的話……這樣，孩子蔫了的理想之花又會漸漸開放，垂落的人生之帆又會慢慢揚起。「良言」是家教的清風和春光，會迎來家庭氛圍的青山綠水。

有關專家認為，一個健康的家庭教育方式，應從三方面著手：首先與孩子進行心理溝通，尊重孩子的主觀願望和實際能力，調整自己的期望值；其次，注重孩子情感方面的需求；再次，加強自身修養，改善自己的觀念。而有過「精神虐待」的孩子，會出現很多心理行為上的障礙，比如自卑、焦慮、自私等心理疾病，難以適應社會，父母們千萬不可再使用「精神虐待」對待自己的「生命延續」。

第十三章　走出教育的盲點

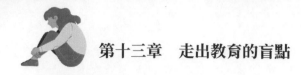

第十三章　走出教育的盲點

▎盲點一：投資不投時

　　全世界的父母都有一個共同的心願：望子成龍。現在，每家只有一個孩子，誰不想讓孩子出息大點兒啊！尤其是三四十歲的中青年父母，消費觀念比較新潮，懂得「能掙會花」，往孩子身上投資，捨得！那麼，這個錢往哪裡投呢？　一位小學校長談起這個問題時說，他們學校一位父母形容自己是「週末遊擊隊」，一到星期六，上午帶著孩子上游泳班，下午帶孩子學琴，第二天上午帶孩子上英語班，下午又去學畫畫。

　　這位「遊擊隊員」父母的例子很典型，代表了當前不少家庭的實情。北京市西城區一所小學，週末上游泳班的就占一半以上。現在北京市十歲以下的孩子學習各種樂器的也占到一半以上。

　　這是一件好事，這種智育投資和體育投資都是把錢花到了正經地方，無可非議，對孩子也有好處。

　　可見，在教育孩子上，有一個明顯的「盲點」，那就是認為投資的萬能的。只要是對孩子智力培養有好處的，父母們趨之若鶩，惟恐落在別人後面。好像有錢沒處花似的。

　　其實，教育孩子還需要投入時間和孩子在一起。和孩子在一起幹什麼呢？簡言之，就是做有意義的事。比如：

為孩子講故事

　　每天講一個，故事要選擇有教育意義、又生動有趣的。像童話、寓言、歷史故事等，父母小時候不就是聽著這些故事長大的嗎？從這些故事中，孩子懂得了是和非，懂得了什麼是勤勞和懶惰，懂得了正義和邪惡，懂得了誠實和謊言，懂得了善良和同情。你儘管滔滔不絕地給孩子講吧，講得越多，好處越大，不光對孩子德育有好處，對他們的語言發展、

理解能力的發展也很有好處。小時候聽過很多故事，也能講出很多故事的孩子，上小學以後很可能是語文學習不費勁的孩子，也很可能是那種懂事早、成熟早的孩子，將來有很大可能成為語言表達能力很強的領導型人物。

教孩子做家事

　　這是現在的大多數父母最不願意做的。在國外，一到週末，就能看到孩子們跟著爸爸媽媽幹活：用割草機割草，擦汽車，整修花木，刷房子，等等。甚至一些七八歲的孩子，就在自家的「後院甩賣」中，跟父母一起向人們兜售用過的舊東西，還很內行地跟來人「侃價兒」。在這些勞動和「家庭貿易」活動中，孩子學會了幹活，學會了勤儉節約，學會了吃苦耐勞，學會了與人交往，發展了語言表達能力，學會了和別人合作，也密切了親子關係，好處真是數不過來。但是相對國內，有的父母們自作聰明，覺得讓孩子幹活是屈著了孩子，耽誤了孩子。

　　教孩子幹活其實並不簡單，得手把手地教，得有耐心，得肯花時間，不能著急。不怕孩子開始時做得不像樣，你得專門地花時間教他，不能讓孩子順便地跟著自己做，否則你肯定會嫌孩子礙手礙腳，耽誤了功夫。你要缺乏耐心，最後的結局十有八九是「去，去，去！別在這裡瞎弄了？」把孩子哄走了事。

　　有一位教育專家說，他現在能包一手好餃子，那本事全是上小學和國中時母親教會的，從揉麵、揪斤兒、擀皮兒、和餡兒，到包出像模像樣的餃子，哪一道工序都有要領，不耐心教哪能學會？可是這「童子功」到底使自己終生受益。1994 年他在荷蘭當訪問學者時，有一次到荷蘭教授家給他們包餃子，教授夫人見他擀皮兒飛快，擀得又圓又勻稱，大聲疾呼，叫所有的家人來參觀，那陣勢真像是一幫老外在看雜技表演。待餃子煮熟，

他們一邊吃，一邊交口稱讚。還問：「你跟誰學的？」他不無自豪地說：「跟我媽媽。」那半年中，同樓層住的中國人、義大利人、西班牙人、法國人、挪威人，沒有一個人沒吃過他包的餃子的。

帶孩子出門遠足，爬山，到郊區野遊，參觀農民家

　　這是一種獨特的家庭旅遊，不同於參加一切安排好了的旅遊團。如果孩子已經上了國中，就讓他一起騎車去，不要乘汽車。全家人一路上說說笑笑，一塊兒野餐，給孩子講講自己過去插隊、受苦受難的經歷，講講現在許多人還有人在受窮，讓他們自身感受一下農民喝的井水，用的土茅坑。在這種活動中，全家人的情緒得到放鬆，孩子欣賞了大自然的景色風光，培養了吃苦耐勞的品格，跟著大人在這種「節儉」的旅遊中知道了旅遊也可以不用花什麼錢，湊合湊合就能吃飽肚子，精神上卻獲益匪淺。

　　但是，現在沒有幾個孩子願意和父母一起出去旅遊的。究其原因，主要還是因為我們傳統化的父母子女關係，這種關係是權威、統治型的，而不是平等、朋友型的。孩子們哪裡有願意長期被統治、壓迫的道理，他們要獨立，要平等，和同伴出遊自然是最好的選擇。

　　現在這樣做的父母不是沒有，只是很少罷了。一位小學生的媽媽是個老闆，家裡很富有，但自己富裕了，並沒有忘掉向孩子的個性培養「投時」。在一個星期六，她騰出一天時間，專門帶著自己的孩子，還有孩子的幾個同班同學——其中有一個孤兒出去玩。她對自己的孩子說：「看××，沒爸沒媽，又可憐，又孤單，帶他一起去好不好？」這個「大款」媽媽真是了不起，可以說是翻身不忘別人的苦。這種行為意義非同一般，它既豐富了孩子的課餘生活，使孩子在沉重的學習壓力之餘得到精神上的放鬆和喘息，又培養了孩子的同情心、憐憫心、助人思想和團結友愛精神。

還有一位做媽媽的，剛從國外留學回來，在學校開展的與盲童學校「手把手」活動中，她讓兒子把盲校的學生接到自己家裡一起玩，一起吃飯。在希望工程中，她又與一位邊遠地區的殘疾人孩子簽訂撫育協定，向她提供資助，直到中學畢業。這位媽媽的行為既滿足了她自己的道德需求，因為她不用再說什麼，她的行為本身已經具有無窮的說服力。像這樣的媽媽，我們沒有理由不相信，她的兒子將來也可能會成長為一個有同情心、肯幫助別人的人。

▎盲點二：陪讀

父母「陪讀」的用意在於敦促孩子按時按質完成作業，遇有疑難之處，可給予輔導。父母也可從中及時掌握孩子的學習動態，主動取得與學校老師的聯繫、配合。但是由此帶來的弊端也是十分明顯的。其負面作用主要有：

首先，父母跟著陪讀，孩子容易產生依賴思想。課堂聽講易於思想分散，注意力難於集中，反正回家父母會再講一遍；題目不會做，反正有父母幫忙；作業完了，也無需檢查，反正有父母把關。無疑，這些都不利於孩子非智力因素、心理品格、學習習慣、學習能力等方面的培養和發展。

其次，由於受父母自身文化水準、知識結構、教育基本技能等因素的局限，輔導過程中難免會出現與學校老師所授內容有所出入甚至相悖的境況，無形中給學生造成不少疑慮和困惑，使他們無所適從。個別情況還會對老師或父母所講知識常持不信任態度，久而久之削弱孩子的求知欲。

再次，許多父母都有這樣的體會：孩子剛上小學輔導起來不太費勁，可一到高年級就逐漸感到不好對付，力不從心了。確實，父母即使受過高等教育，要全面輔導國中的學習課程，也得自己預先啃一遍，否則也難於

勝任，更何況中等文化水準的父母呢？可見，陪讀並非是提高孩子學業成績的上策。

隨著近年來人們生活水準的提高，獨生子女的增多，越來越多的父母更為注重子女的家庭教育，這是值得欣喜稱道的。一個人長大成才，當然更多是依靠學校的系統教育，同時學校教育也離不開家庭教育的支持和配合。但是，學校和家庭的教育職能各有不同，家庭教育並非簡單地是學校教育的繼續和延伸。其主要教育功能表現在關心孩子身心的正常發展，道德品格的薰陶，孩子良好習慣的培養，支持學校教育，與學校密切配合，而不在於給孩子傳授知識的多寡。

顯然，陪該是家庭教育的一大盲點，往往事倍功半。對待孩子課外作業的正確方法應是：給孩子創設一個安靜、舒適的學習環境，並時常施以關心，督促，逐步使孩子養成自覺、獨立完成作業的習慣。遇有疑難問題，切忌越俎代庖，而是給予點撥啟發，只在孩子思索不解之時再予以指導解答。基於學生父母文化水準的現狀，這並不有礙孩子的成才。

作為父母，最重要的是對待知識和學習要有正確的認知，尊師重道，孩子就會受到良好的影響，學習奮進，智力發展，將來成才的可能就大。美國教育家阿貝‧鮑梅爾說：「優教的關鍵不在於你家中有多少書，你懂得多少知識同樣無關緊要，而在於你對學習的態度，這比你懂得多少知識要重要得多。」望子成龍的父母們，從這位教育家的見地中，想必能悟出些道理。

▎盲點三：製造菁英

在書店，像《哈佛女孩劉亦婷》、《清華男孩章啟軒》、《輕輕鬆鬆上哈佛》、《每個孩子都是天才》等有關書籍大受父母歡迎。這種現象一方面讓人欣喜，說明國人對應試教育有了較為深刻的反思，對素養教育有

了較為理性的認識和高度的熱情；另一方面又非常令人擔憂，大多數人對素養教育類書籍的關注是「醉翁之意不在酒」，其骨子裡喜愛的卻是帶有濃厚功利色彩的「製造菁英」教育。

父母把眼光投注於提高孩子的素養本無可厚非，但問題的關鍵在於，「素養」的內涵究竟是什麼？不幸的是，我們恰恰在此出現了嚴重偏差，把「素養」片面地理解為考上北大、哈佛等名校，然後就可以工作無憂、生計不愁，一躍而成為社會菁英、人中之傑，以至平步青雲、光宗耀祖。

試想，當眾多的父母把目光聚焦於製造一個「清華男孩」或「哈佛女孩」時，那將是一種何等荒謬與悲哀的情形？為了實現父母的願望，孩子們整天讀英語、進奧校、學鋼琴、練舞蹈，沒有休息日，沒有自由的空間，完全像一個陀螺在永不停息地旋轉，而父母則是抽打他們的鞭子……

孩子的世界一旦摻雜了成人的功利觀念，孩子也就必然失去人格的獨立性，完全異化成父母滿足自身願望的工具。或許，無微不至和揠苗助長可能能換來高一點的分數，可能縮短與北大、哈佛的距離，然而，它吞噬的卻是孩子對未知世界的新奇和興趣、對事業的激情與追求、對生活的熱愛和參與、對命運的思考與主宰，他們心靈中微弱的智慧閃光和創造靈感也就因此失去了生存的土壤，甚至還可能親手將「諾貝爾」的種子扼殺在萌芽狀態。以犧牲孩子玩樂的天性為代價，讓寶貴而幸福的童年變得痛苦不堪，這給孩子帶來的傷害有多大？這樣的孩子還存留多少鮮活和靈性？

教育資源是有限的，全世界有幾所哈佛和北大？又有多少孩子能夠有幸走進哈佛和北大？誰又敢保證讀了《輕輕鬆鬆上哈佛》的父母就能確保自己的孩子輕輕鬆鬆上哈佛？難道真的用製造「哈佛女孩」的那套並不完整的經驗就能克隆一個「哈佛女孩」？一個高中生要過託福關、專業關、簽證關等通向哈佛的層層關隘，談何容易！渴望每個孩子都成為「清華男

孩」或「哈佛女孩」，既不現實，也無必要，這既違反教育規律，又扼殺孩子天性，有必要幹這種無謂的蠢事嗎？

世界學前教育組織在《童年憲章》中寫道：「所有的兒童都不應該受成人剝削，他們的心、腦和身體是屬於他們自己的，必須不受分割。」「所有的兒童有權在安全並有激勵性的環境裡遊玩、成長和學習，不受傷害和煩惱。」「所有的兒童都享有他們所需要的一切來充分發揮他們的潛能，從而使他們的頭腦、身體和情感都得到健康的成長和發展。」對孩子的教育，真的應該少些「菁英」意識、多些平常心理，像《童年憲章》所宣導的那樣，讓孩子享受應有的快樂，讓孩子得到充分的尊重，讓孩子擁有選擇的權力，讓他們成為一個身體、心靈、智慧都健康的人，這才是最好的，也正是現代社會所必需的素養！

儘管，你的孩子也許成不了名校的菁英或天才，但至少是一個完整而健全的人，是一個會交往、重感情、負責任、有思想、符合國家需要的合格的勞動者，這就足夠了。因為，社會的需要是多元的，它需要政治領袖，也需要普通公民；人的個性也是千差萬別的，他可以成為科技菁英，也可以成為熟練技工。市長和百姓並無人格的差異，教授和商販只是職業的分工。事實上，技工同碩士的工資持平在深圳已有了明證，經理的雇員當上老總早就成為過時的新聞。

關愛孩子的父母們，請冷靜一下火熱的希望，少一些功利的色彩，還孩子一片自由的天空，這將是你的大幸，也是孩子的大幸。

┃盲點四：與學校教育不協調

現在，父母對孩子的期望過高是一種相當普遍的現象。有一項調查顯示，90.83％的父母期望自己的子女考上大學。為了使這種期望不落空，

盲點四：與學校教育不協調

父母們紛紛為孩子請家庭教師，讓孩子參加特長班，有的父母還額外為孩子布置家庭作業。對學生成績的過高期望、過分投入，相應地帶來了期望的單一化。他們自覺或不自覺地忽視了思想品德、勞動等方面的教育。父母期望的過高與單一，無論對學習成績好還是差的學生，都會造成精神負擔，甚至誘發嚴重的心理障礙。

父母對孩子的過多干涉，反映在對孩子學習成績的過分關注及教育方法的簡單粗暴上。有這樣一名同學，從她入學那一天開始，每一次考試，無論哪一科，也無論經大考、小考，她的父母都要把她以及班上一些好學生的成績記錄下來，認真的比較、分析，如果哪一次沒考好，便會嘮叨幾天。父母堅持不懈地努力了三年，該生的學習成績的確沒有讓她的父母失望。但是就在中考前夕，她做了一件讓所有的人吃驚的事：她翹課了。在後來的談心過程中，她泣不成聲地說出了一直深藏著的心裡話：由於父母的做法使她感到沒有得到應有的尊重和理解，她才做出此事。

當家庭教育和學校教育不能協調一致時，該怎麼辦呢？

首先需要增進溝通。有個女生，她對於課內所學的知識能夠基本掌握，學習成績一直處於中游。她的父母都是名牌大學畢業的高材生，在公司又都是有所作為的骨幹。他們對孩子的期望很高，該生的學習成績一直讓他們不滿意。國中二年級的時候，該生突然一連幾天沒來上學。經過家訪，了解到因為學習成績問題，該生同父母發生了激烈的衝突，以至於撕毀書本，拒絕上學。衝突發生的直接原因是父母不滿意孩子的學習成績，而孩子無法承受來自父母的壓力。

事情的根本原因在於兩代人對學習的不同認識和態度。父母是恢復高教後第一批大學生，十分珍惜學習機會，認為學習應該是無條件的、不遺餘力的，而孩子認為學習只是她生活的一部分，學習和「追星」可以排在

並列的地位。作為父母，要尊重孩子的實際能力，要顧及孩子的自尊。在孩子成長的重要階段，父母有責任營造一種自由寬鬆的氣氛，使她的人格不受到壓抑和傷害，讓她健康地發展。

教育家蘇霍姆林斯基曾經說過：「盡可能深入地了解每一個孩子的精神世界。」學習的緊張，升學的壓力使我們的孩子不堪重負，如果我們不能及時地為他們排解壓力，就會發生意想不到的後果。

▋盲點五：不會看待孩子

東方父母寵愛孩子在世界上是數一數二的。他們一輩子甘願為兒女付出，從孩子上幼稚園、上小學、上中學、上大學，到找工作、結婚、生孩子，父母無時不在操心，「為孩子把心都操碎了」是許多父母都有的感受。

然而我們的許多孩子卻體會不到這些，他們喜愛和崇拜的人可以是歌星影星或政界商界的巨頭，唯獨很少有父母。在一些調查中，孩子們對為他們「操碎了心」的父母，不但不領情，還有頗多抱怨，惹得很多父母感嘆「好心沒好報」。

「好心沒好報」是什麼原因呢？

有一個很傷心的媽媽說到孩子兩門功課只得了 197 分時，這位媽媽難過得直流淚。站在一邊的女兒看著媽媽感到十分困惑，她不能理解媽媽為什麼如此痛苦。此時這位媽媽就是忽略了孩子的感受。媽媽的價值標準是要得雙百，孩子沒有滿足她的需求，她就感到傷心。而換個位置看看孩子，她努力了，得了 197 分，她感到高興。而媽媽卻只關注自己的感受，而忽略了孩子的感受。

父母的行為與孩子的體驗相反，孩子幼小的心裡就會產生疑問：這就

是媽媽在愛我嗎？一而再再而三，孩子就會形成一種理念，認為這就是愛。現在社會上很多人反映大學生冷漠，不懂得愛，很大程度上是因為他們缺乏愛的體驗，父母的做法在他們內心留下了深深的印記。父母只有學會施愛，讓孩子體會到愛，並學會去愛別人，才能成為一個智慧型的父母，投入才能有理想的產出。

很多父母，在生活中極端寵愛孩子，為孩子提供力所能及甚至是力所難及的物質條件，寧可自己省吃儉用，也要讓孩子應有盡有。但在精神上卻經常忽略孩子的需求，對孩子的情感和人格缺乏應有的尊重。這與西方的家庭教育理念正相反。在培養孩子的過程中，西方人更重視孩子的精神需求和對孩子人格的尊重，而生活上只要吃得有營養，穿得舒服就可以了。這就是教育理念上的差異。

教育理念產生差異的關鍵是如何看待孩子。

✧ **把孩子當成一個人，一個與你一樣的大人**：是個人，就要尊重他的人格。這種說法有的父母就是不能接受，覺得自己為孩子做了那麼多，可以說一切都是為了孩子，怎麼能說沒有把孩子當成人來看待呢？可是回過頭來看看我們的教育理念、教育方式和溝通方式，往往就沒有把孩子當成一個主體，一個有思想的人。比如有些父母打孩子，訓斥孩子，對孩子冷言惡語。如果真把孩子當成了一個與你同樣的人，下面的問題就好解決了。能與孩子平等地交談，你的眼神、語調、用詞都會表現出對孩子的尊重。

✧ **把孩子當孩子看待**：孩子既是與我們一樣的 —— 一樣的大寫的人，又是與我們不一樣的 —— 是發展中的人，他還不完善、不成熟，但他具有潛能，潛在發展的可能性。他們更需要關心、關注和愛護，但並不是擺在至高無上的位置上。

第十三章　走出教育的盲點

　　孩子在成長過程中出現問題是必然的，沒有問題就沒有成長，孩子伴隨著問題的不斷發生，在解決問題的過程中不斷學習成長。有時問題雖然出在孩子身上，根源卻在父母或學校。父母要客觀地認識和處理孩子的問題。教育者需要引導，指導，嚴格要求。現在不少父母一談尊重就沒有要求了。在很多人的意識中，認為西方的父母對孩子非常放縱，孩子想幹什麼就幹什麼。其實不然。西方的許多父母都是極為重視孩子家庭教育的，從生活到學習上都有嚴格的要求。但在對孩子的期望值方面從不強加於孩子，亞洲父母關心孩子上什麼樣的學校，美國父母關注孩子適合幹什麼。

　　東西方在家庭教育方式上有一個明顯的差異：東方注重理論的指導，粗線條的講道理；西方更注重具體的、微觀的指導，告訴你具體的方法，讓孩子在做的過程中去領會其中的道理。

　　有不少父母，只從道理上講該怎麼做，如果孩子做錯了，稀裡糊塗打一頓，打完了孩子還不知自己錯在哪。讓孩子從體驗中去認識道理，他才會記憶深刻。

　　在國外不少家庭中，孩子無論犯了大錯小錯，都要受到懲罰（懲罰不是體罰），比如不讓看電視，或幾天不許到外面和小朋友做遊戲等，就是你想做的事不讓你做，讓孩子在他的行為所產生的後果中來體驗對與錯。孩子就從這各式各樣的體驗中，明白了該做什麼，不該做什麼；做什麼是對的，做什麼是錯的，從而一步步明白做人的道理。

　　當今的父母應該學習和掌握正確的教育理念，並把這些理念轉化為自身的智慧，用智慧來指導自己的教育行為。父母應改變教育方法，讓孩子感受到你對孩子所施的愛，感受到你的關注，感受到你的期望，而這種期望是你的孩子成長的動力。只有這樣，父母的期望在孩子身上才能產生正效應。

盲點六：重智育輕體育

現在的教育導致學生的課業負擔重，課外活動時間少。這直接導致了兒童的近視率長期居高不下。過重的學習負擔正影響著孩子的生長發育，中小學生自己深感最苦最累的就是他們自己。每天所有的時間就是上課做作業，睡眠時間普遍不夠，結果成績上去了，身體卻垮了。

由於教育的壓力，有的學校體育課可有可無，到了複習備考的緊張階段，某些學校乾脆把體育課停了。還有，體育課容易發生一些意外事故，學校和老師為了安全起見，存在因噎廢食的傾向，稍微有些難度的動作就不讓學生開練了，有些學校的體育課，乾脆就全是老鷹抓小雞，貓捉老鼠之類的遊戲，倒不是說不能開展這些遊戲，而是說學生的耐力、柔韌性、爆發力、力量等體能已呈全面下降趨勢，相伴隨的情況是，肥胖學生增加，學生肺活量下降。

而子女在成長過程中，總體上存在著嬌生慣養的傾向。特別是有些孩子是老人給看大的，老人對孩子難免過分溺愛。不叫跑不叫鬧，一會兒要加飯，一會兒要加衣，許多孩子小時候生病，只有兩個原因，一個是吃得過飽，撐的，一個是穿得過厚，焐的。

許多父母在養育孩子方面，過分重智力，忽視體力。在教育方面，又過分重成績，忽視體質。有關專家正發出呼籲：中小學生要增強體質，必須保持每天兩小時的運動！可是這兩小時的時間誰來保證？學校若給了這兩小時的時間，誰又負責把孩子推到運動場上？父母不逼著孩子聽家教，同意孩子活動一下，那誰又給孩子提供運動場地？

總之，學生的體力需要社會、家庭和學校共同關注。

孩子本無錯，父母逼太過：

菁英培養、才藝投資、陪讀輔導，究竟是父母「想要」還是孩子「需要」？

編　　著：孫桂菲，欣悅

發 行 人：黃振庭

出 版 者：崧燁文化事業有限公司

發 行 者：崧燁文化事業有限公司

E-mail：sonbookservice@gmail.com

粉 絲 頁：https://www.facebook.com/
　　　　　sonbookss/

網　　址：https://sonbook.net/

地　　址：台北市中正區重慶南路一段六十一號八
　　　　　樓 815 室

Rm. 815, 8F., No.61, Sec. 1, Chongqing S. Rd., Zhongzheng Dist., Taipei City 100, Taiwan

電　　話：(02)2370-3310

傳　　真：(02)2388-1990

印　　刷：京峯彩色印刷有限公司（京峰數位）

律師顧問：廣華律師事務所 張珮琦律師

-版權聲明

定　　價：375 元

發行日期：2023 年 01 月第一版

◎本書以 POD 印製

國家圖書館出版品預行編目資料

孩子本無錯，父母逼太過：菁英培養、才藝投資、陪讀輔導，究竟是父母「想要」還是孩子「需要」？ / 孫桂菲，欣悅編著 . -- 第一版 . -- 臺北市：崧燁文化事業有限公司，2023.01
面；　公分
POD 版
ISBN 978-626-332-956-0(平裝)
1.CST: 子女教育 2.CST: 親職教育
528.2　　111019284

電子書購買

臉書